CATÁLOGO / CATALOGUE

Responsables de la edición. Editors
Xavier Costa
Guido Hartray

Coordinación y edición de textos
Coordinator and text editor
Albert Ferré

Coordinación dpto. publicaciones
Coordination publications dpt.
Elisabet Surís

Diseño gráfico. Graphic design
Ramon Prat
David Lorente

Traducciones. Translations
Glòria Bohigas
Isabel Núñez
Graham Thomson

Reproducción de imágenes
Photographic reproductions
David Cardelús

Producción. Production
Font i Prat Ass. SL

Impresión. Printing
Ingoprint SA

Distribución. Distribution
ACTAR
Cristina Lladó - Anna Tetas
Roca i Batlle 2. 08023 Barcelona
Tel. +34.3. 418 77 59. Fax +34.3. 418 67 07
e-mail. arquitec@actar.es
www.actar.es

Editores. Publishers
Museu d'Art Contemporani de Barcelona
ACTAR

ISBN 84-89698-30-9
D.L. B-12.438-97

Barcelona. Abril 1997. April 1997.

Printed in the European Union

EXPOSICIÓN / EXHIBITION

Comisarios. Curators
Xavier Costa
Guido Hartray

Coordinación. Coordinator
Suzanne Strum

Diseño de la exposición. Exhibition design
José María Torres Nadal

Colaboradores. Collaborators
Ferran Grau
Xavier Bustos

Diseño gráfico del montaje. Exhibition graphics
Ramon Prat
David Lorente

Montaje. Execution
Mètode, Sistemes de Conservació i Exhibició

Coordinación de audiovisuales
Coordination of audiovisuals
Unitat d'audiovisuals del Centre de Cultura Contemporània de Barcelona
Àngela Martínez
José Antonio Soria

Servicio de conservación-restauración
Conservation and restoration
Sílvia Noguer
Xavier Rossell

Transportes. Transport
Manterola División Arte, S.A.

Agradecimientos. Acknowledgements
Frances Loeb Library Special Collections, Harvard University Graduate School of Design
University of Oregon, Knight Library, Division of Special Collections and University Archives
Ruth Guggenheim Nivola
André Emmerich Gallery
Estate of Hans Richter
Fundació Joan Miró
The Museum of Modern Art
L'Architecture d'aujourd'hui
Galería Senda
Huson Jackson
Lillian Kiesler
Jaume Freixa
Fondation Le Corbusier
Institut für Geschichte und Theorie der Architektur, ETH, Zürich
Biblioteca de l'Escola Tècnica Superior d'Arquitectura de Barcelona
Col·legi d'Arquitectes de Catalunya. Demarcació de Barcelona. Biblioteca

y la colaboración de Mobles 114 y de

Delta Air Lines

SERT

arquitecto en Nueva York

MIQUEL MOLINS
DIRECTOR, MUSEU D'ART CONTEMPORANI DE BARCELONA

From our present standpoint, the post-war years reveal themselves as a key period in the construction of contemporary culture: the sudden, convulsive confluence of a European culture represented by architects and artists who went into exile in the 40s and the expansive, growing culture of North America. As a member of the group of European exiles who met regularly in the Jumble Shop Café in Greenwich Village, Josep Lluís Sert would converse with Mondrian and Ernst, with Calder and Duchamp, and with architects such as Kiesler and Chareau.

A concern with the confluence of art and the public space has a central place in Sert's work of those years, as is evident in the "Nine points on monumentality" that he had drawn up with Léger and Giedion. Ever since Le Corbusier's trip to Latin America in the early 30s, the Modern Movement had regarded the American continent as the territory in which the new and ambitious proposals for the city and for territorial growth could take root. Sert's projects for Latin America gave him the opportunity to develop these terms and to give a new inflection to the urbanism of the Modern Movement.

The Museu d'Art Contemporani de Barcelona is interested in exploring contemporary trajectories of approximation between art and the public space, amongst which Sert's post-war work constitutes a very significant point of reference. Sert is thus an indispensable figure for any evaluation of the presence of Barcelona architecture in international culture of the second half of the 20th century.

We would like to extend a very special thanks to Harvard University and the University of Oregon for their co-operation in making available to us the documents in their possession relating to Sert. We are also indebted to the generosity of the André Emmerich Gallery, of Ruth Guggenheim Nivola and of the Fundació Joan Miró, amongst others who have loaned us valuable materials. The contributions made by the authors of the catalogue have been decisive in making it possible to situate these materials in a wider context.

MIQUEL MOLINS
DIRECTOR, MUSEU D'ART CONTEMPORANI DE BARCELONA

Desde la perspectiva del presente, los años de la posguerra se revelan como un período clave en la construcción de la cultura actual, como la confluencia repentina y convulsa entre la cultura europea representada por el exilio de artistas y arquitectos durante los años cuarenta y la realidad expansiva y creciente del mundo norteamericano.

En el grupo de europeos exiliados que se reunía asiduamente en el Jumble Shop Café del Greenwich Village, Josep Lluís Sert conversaba con Mondrian y Ernst, con Calder y Duchamp, y con arquitectos como Kiesler y Chareau.

La preocupación por la relación entre arte y espacio público es central en el trabajo de Sert durante esos años, tal como se manifiesta en los "Nueve puntos" que redactó junto con Léger y Giedion. Desde que Le Corbusier había viajado a América Latina a principios de los años 30, el movimiento moderno contemplaba el continente americano como el territorio que podía acoger de un modo más ambicioso las nuevas propuestas de ciudad y crecimiento territorial. Los proyectos latinoamericanos permitirán a Sert desarrollar estos temas y dar una nueva inflexión al urbanismo del movimiento moderno.

El Museu d'Art Contemporani de Barcelona desea investigar las trayectorias contemporáneas de aproximación entre arte y espacio público, y en este sentido, el trabajo de Sert durante los años de la posguerra es un referente muy significativo. Además, Sert es una figura indispensable para evaluar la presencia de la arquitectura de Barcelona en la cultura internacional de la segunda mitad de siglo.

Queremos agradecer de un modo especial la colaboración de la Harvard University y la University of Oregon, que nos han facilitado los documentos relativos a Sert. El resto de obras han podido incorporarse gracias a la generosidad de la André Emmerich Gallery, de Ruth Guggenheim Nivola y la Fundació Joan Miró, entre otros. La contribución de los autores del catálogo ha sido decisiva para poder situar estos materiales en un contexto más amplio.

Art, war and public space

XAVIER COSTA

This publication and the exhibition it accompanies set out to examine a particular period in the professional and personal development of Josep Lluís Sert, the first years of his exile in North America, from 1939 to the mid-50s in New York. The new situation he found himself in was then becoming more stable, and in 1953 he accepted the position as Dean of the Graduate School of Design at Harvard University, where he was to settle on a permanent basis five years later.

The theme we wish to put forward here presents a two-fold aspect. On the one hand, we are interested in Sert as a symptom of that European culture which emigrated to North America with the outbreak of the war. In the specific context of architecture, this change of place and the convulsive background of the war manifested themselves in new formulations of Sert's propositions, a number of which were directly commissioned by the wartime American government. Taken in a broader perspective, exile in New York was to give rise to a series of encounters between artists and architects, most of them European, which in Sert's case was to result in various collaborations.

On the other hand, this New York period in Sert's work is dominated by a series of projects for Latin American cities. The various urban projects for Brazil, Venezuela, Colombia, Peru and Cuba all share a common concern with renewing the premisses of modern architecture. These engagements with the urban space serve to exemplify the ideas that Sert was to develop in some of his writings of the period.

We have chosen to incorporate here two of Sert's texts. These are the ones that most clearly manifest his thinking about the new condition of architecture and the city in post-war culture. In the first instance, we have included the manifesto produced in conjunction with Fernand Léger and Sigfried Giedion, the "Nine points on monumentality" (1943), which describes the new monumentality that the text's authors proposed for modern architecture.

The collaboration between Léger, Giedion and Sert is a good reflection of the desire to bring together art, architecture and history.

In its concise and unambiguous exposition, this manifesto anticipated many of the issues that were to focus attention during the next twenty or thirty years: the problem of signification in architecture, of its intelligibility over and above technique or the efficiency of the programme – functionality; the relationship with history, with contemporary art, and the demands made by larger scales of intervention, by new materials, new forms of the public, or even by elements of ephemeral architecture such as the large, brightly lit expanses of commercial advertising. The essay by Joan Ockman offers a well thought-out introduction to this text. In her anthology devoted to post-war architectural culture and the 60s, *Architecture Culture 1943-1968: A Documentary Anthology*, Ockman has provided us with a very useful context for the understanding of this manifesto, which holds an inaugural position in post-war thinking.

The second text by Sert that we have included is "Centres of Community Life", his contribution to CIAM VIII, subsequently published as the first essay in the book *The Heart of the City: Towards the Humanisation of Urban Life* (1952). This text enjoys a privileged status, documenting as it does Sert's ideas about public space; ideas that were to find their direct expression in those projects for Latin America referred to above. In this text he defines the notions of "civic centre" and the urban nucleus that were to have a decisive impact on the

Arte, guerra y espacio público

XAVIER COSTA

Esta publicación y la exposición a la que acompaña examinan un período concreto en la trayectoria profesional y personal de Josep Lluís Sert, los primeros años de su exilio norteamericano, desde 1939 hasta mediados los años cincuenta en Nueva York. La nueva situación de Sert se fue estabilizando gradualmente, hasta que en 1953 aceptó el decanato de la Graduate School of Design en la Universidad de Harvard, donde se trasladó de manera definitiva cinco años más tarde.

El tema que queremos mostrar presenta una doble vertiente. Por un lado, nos interesa Sert como síntoma de la cultura europea que con la guerra debe emigrar a Norteamérica. En el ámbito estricto de la arquitectura, este cambio de ubicación y la convulsión del trasfondo bélico se traducirá en nuevas formulaciones de sus propuestas, algunas directamente promovidas por la propia administración de guerra norteamericana. En un sentido más amplio, el exilio neoyorquino propiciará una serie de encuentros entre artistas y arquitectos, mayoritariamente europeos, que en el caso de Sert se traducirán en diversas colaboraciones.

Por otro lado, este periodo neoyorquino de la obra de Sert está dominado por una serie de proyectos para ciudades de América Latina. Las distintas propuestas urbanísticas para Brasil, Venezuela, Colombia, Perú y Cuba participan de la preocupación por renovar los planteamientos de la arquitectura moderna. Estos casos de planificación urbana constituyen ejemplos de las ideas que Sert desarrolla en algunos escritos de esta época.

Hemos querido recoger dos textos de Sert. Se trata de aquellos que más claramente manifiestan sus ideas en torno a la nueva condición de la arquitectura y la ciudad en la cultura de la posguerra. En primer lugar, incluimos el manifiesto producido conjuntamente con Fernand Léger y Sigfried Giedion, "Nine points on monumentality" (1943), que describe la nueva monumentalidad propuesta por sus autores para la arquitectura moderna. La colaboración entre Léger, Giedion y Sert es un buen reflejo del encuentro que se pretende promover entre arte, arquitectura e historia.

En su concisa y rotunda exposición, el manifiesto anticipa muchos de los temas que ocuparán la atención de las dos o tres décadas siguientes: el problema de la significación en arquitectura, de su inteligibilidad más allá de la técnica o la eficacia programática – la funcionalidad –, la relación con la historia, con el arte contemporáneo, y las exigencias de mayores escalas de intervención, de nuevos materiales, nuevas formas de publicidad, o incluso de elementos de arquitectura efímera como son las grandes superficies luminosas y publicitarias.

El ensayo de Joan Ockman ofrece una cuidadosa introducción a este texto. Ya en su antología sobre la cultura arquitectónica de la posguerra y los años sesenta, *Architecture Culture 1943-1968: A Documentary Anthology*, Ockman ha aportado un contexto muy útil para la comprensión de este manifiesto, que ocupa un lugar inaugural en el pensamiento de posguerra.

El segundo texto de Sert que hemos incluido se titula "Centres of Community Life", constituyó su aportación al VIII CIAM y se publicó como primer artículo en *The Heart of the City: Towards the Humanisation of Urban Life* (1952).

Este texto presenta las ideas de Sert sobre el espacio público, que hallarán su traducción directa en los citados proyectos para América Latina. El documento define la noción de "centro cívico" y de núcleo urbano, que supone un cambio decisivo en el urbanismo del movimiento moderno.

urbanism of the Modern Movement. At the same time, the text also argues for the confluence of art and architecture with which Sert had earlier experimented in the Pavilion of the Republic in Paris (1937), and which he was to develop in New York in his projects with artists such as Hans Hofmann and Costantino Nivola. Sert's essay was followed, in the original book, by an article by Giedion on public spaces in the cities of antiquity, a text that was to open the door on a new conception of the city and its design on the part of modern architects.

In addition to Sert's original texts we have included a number of studies of the central themes of his work in New York. Joan Ockman gives us her view of the New York scene in the 40s, in the context of the war and in particular in relation to the emigré European artists and architects. Her essay also serves as an introduction to Sert's own writings from this period.

The article by Eric Mumford concentrates on the urban projects for Latin America, and directs a special focus on three cases: the Cidade dos Motores in Brazil, Chimbote in Peru, and the project for Bogota, on which Sert and his partner Paul Lester Wiener worked in close collaboration with Le Corbusier. The text by Maria Rubert expands on this examination of the urban projects, at the same time bringing in references to his other work and affording a wider vision of Sert in relation to the urbanism of the period.

This group of texts concludes with a study by Josep M. Rovira of the architecture that Sert produced in New York, especially the projects for prefabricated housing commissioned by the War Production Board and his own house on Long Island.

The present publication also includes a body of documentary material, comprising the catalogue of works on show in the exhibition and a chronological summary of the period under consideration, in which Guido Hartray, who also acted as curator of the exhibition, offers a final synthesis of the materials published here.

In very much the same way that the Sert of the Spanish Republican years considered himself to be imersed in the GATCPAC, in his relations with Le Corbusier and the early CIAMs, or the Sert of the 60s and 70s was thoroughly immersed in his academic activities at Harvard, we have sought to direct our attention here to the New York Sert, too, as a part of a cultural complex shaped by the circumstances of the war, and one which affords us a special insight into the historical phenomenon of the transfer of European culture to the North American context during the 40s and 50s; a phenomenon that has been of decisive importance in determining the course of the art and architecture of the second half of this century.

Asimismo, se reclama la confluencia entre arte y arquitectura que Sert ya había experimentado en el Pabellón de la República de París (1937) y que en Nueva York desarrollará en sus propios proyectos, con artistas como Hans Hofmann y Costantino Nivola. El ensayo de Sert iba seguido en la publicación original de un artículo de Giedion sobre los espacios públicos en laciudad antigua, un escrito que había de abrir la puerta a una nueva concepción de la ciudad y de su diseño por parte de los arquitectos modernos.

A los textos originales de Sert se suman varios estudios sobre los temas centrales de su trabajo en Nueva York. Joan Ockman aporta su visión del entorno neoyorquino de los años cuarenta, el contexto de la guerra, especialmente en relación a los artistas y arquitectos europeos. Su ensayo supone también una introducción a los propios escritos de Sert durante esta época.

El artículo de Eric Mumford se centra en los proyectos urbanos para América Latina, abordando de manera especial tres casos: la brasileña Ciudad de los Motores, la peruana Chimbote, y el caso de Bogotá, proyecto en el que Sert y su socio Paul Lester Wiener colaboraron estrechamente con Le Corbusier. El texto de Maria Rubert de Ventós amplía el examen de estos planes e incorpora referencias a los restantes, a la vez que ofrece una visión más integral de Sert en el urbanismo contemporáneo.

Se cierra este ciclo con un estudio de Josep M. Rovira sobre la arquitectura que Sert realiza en Nueva York, especialmente los proyectos de viviendas prefabricadas encargados por la War Production Board, y su propia residencia en Long Island. La publicación cuenta con una parte documental compuesta por el catálogo de obras recogidas para la exposición y un estudio cronológico del periodo considerado, en el que Guido Hartray, responsable también del comisariado de la muestra, ofrece una síntesis final a los materiales de esta publicación.

Del mismo modo que el Sert de la época republicana debe considerarse inmerso en el GATCPAC, en su relación con Le Corbusier y los primeros CIAM, o el Sert de los años sesenta y setenta no puede desprenderse de su labor académica en Harvard, también aquí queremos dirigir nuestra atención al Sert neoyorquino como parte de un complejo cultural dictado por los hechos de la guerra, y que nos habla de manera especial del fenómeno histórico de la transferencia de la cultura europea al contexto norteamericano durante los años cuarenta y cincuenta, un fenómeno que ha determinado de modo decisivo el curso del arte y la arquitectura de esta segunda mitad de siglo.

Fernand Léger
Composition
Óleo sobre madera
Oil on wood
Fundació Joan Miró
Donación de Josep Lluís Sert

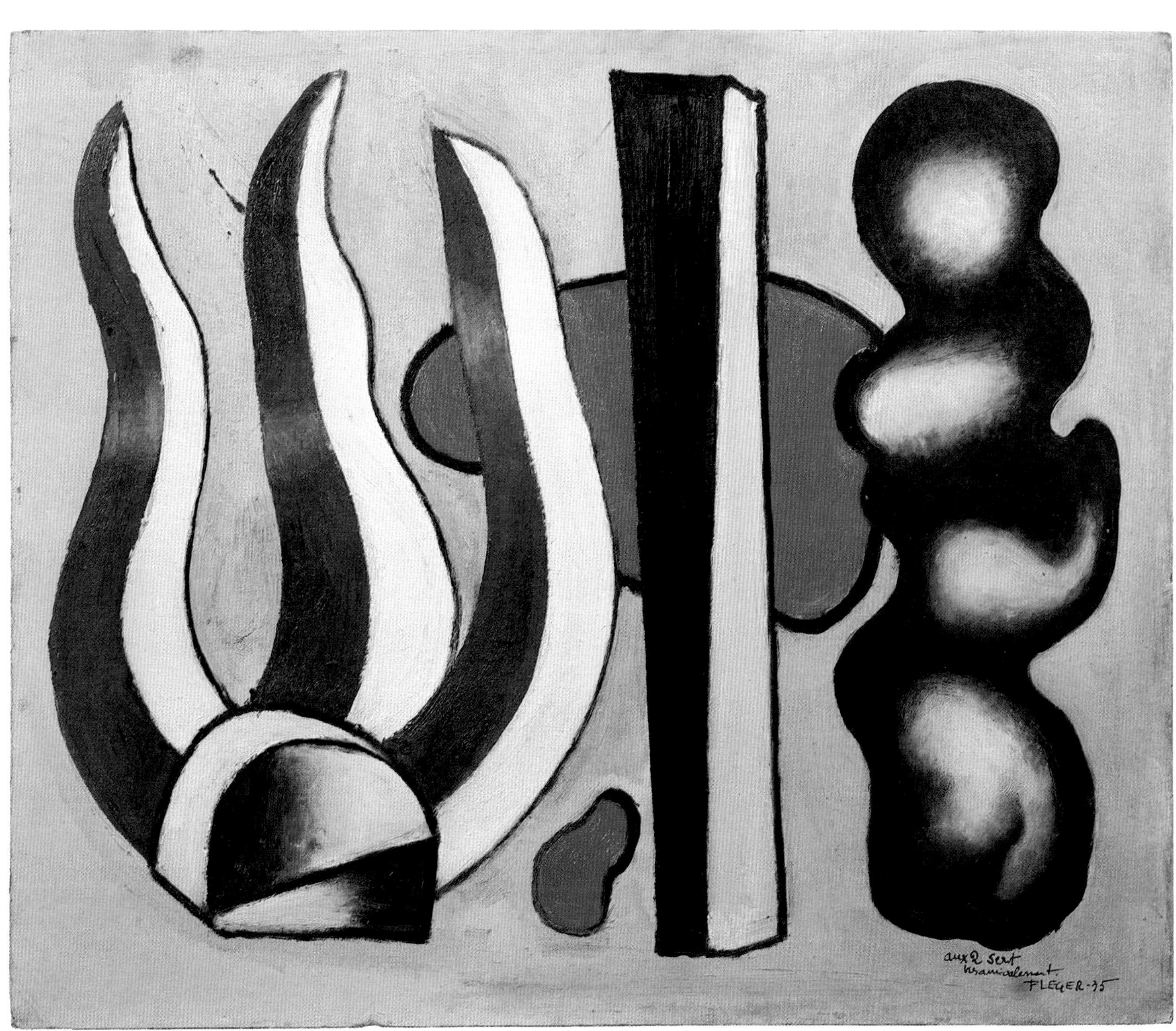
aux 2 Sert
F LEGER-35

Nine points on Monumentality

JOSEP LLUÍS SERT, FERNAND LÉGER, SIGFRIED GIDEON

Que donneriez vous ma belle
Pour revoir votre mari?
Je donnerai Versailles,
Paris et Saint Denis
Les tours de Notre Dame
Et le clocher de mon pays.
Auprès de ma blonde
Qu'il fait bon, fait bon, fait bon.
(From an old French song, "Auprès de ma blonde")

1. Monuments are human landmarks which men have created as symbols for their ideals, for their aims, and for their actions. They are intended to outlive the period which originated them, and constitute a heritage for future generations. As such, they form a link between the past and the future.

2. Monuments are the expression of man's highest cultural needs. They have to satisfy the eternal demand of the people for translation of their collective force into symbols. The most vital monuments are those which express the feeling and thinking of this collective force - the people.

3. Every bygone period which shaped a real cultural life had the power and capacity to create these symbols. Monuments are, therefore, only possible in periods in which a unifying consciousness and unifying culture exists. Periods which exist for the moment have been unable to create lasting monuments.

4. The last hundred years have witnessed the devaluation of monumentality. This does not mean that there is any lack of formal monuments or architectural examples pretending to serve this purpose; but the so-called monuments of recent date have, with rare exceptions, become empty shells. They in no way represent the spirit of the collective feeling of modern times.

5. This decline and misuse of monumentality is the principal reason why modern architects have deliberately disregarded the monument and revolved against it. Modern architecture, like modern painting and sculpture, had to start the hard way. It began by tackling the simpler problems, the more utilitarian buildings like low-rent housing, schools, office buildings, hospitals, and similar structures. Today modern architects know that buildings cannot be conceived as isolated units, that they have to be incorporated into the vaster urban schemes.

There are no frontiers between architecture and town planning, just as there are no frontiers between the city and the region. Co-relation between them is necessary. Monuments should constitute the most powerful accents in these vast schemes.

6. A new step lies ahead. Postwar changes in the whole economic structure of nations may bring with them the organization of community life in the city which has been practically neglected up to date.

Nueve puntos sobre la monumentalidad

JOSEP LLUÍS SERT, FERNAND LÉGER, SIGFRIED GIEDION

Que donneriez vous ma belle
Pour revoir votre mari?
Je donnerai Versailles,
Paris et Saint Denis
Les tours de Notre Dame
Et le clocher de mon pays.
Auprès de ma blonde
Qu'il fait bon, fait bon, fait bon.
(De una vieja canción francesa, "Auprès de ma blonde")

1. Los monumentos son hitos que el hombre ha creado como símbolo de sus ideales, sus objetivos y sus actos. Pretenden sobrevivir al período que los engendró y constituirse en herencia para generaciones futuras.
En este sentido, crean una conexión entre el pasado y el futuro.

2. Los monumentos son la expresión de las necesidades culturales más elevadas del hombre. Deben satisfacer la eterna necesidad humana de símbolos que traduzcan o expresen la fuerza colectiva. Los monumentos más esenciales son aquellos que expresan los sentimientos y el pensamiento de esta fuerza colectiva: la gente.

3. Todos los períodos de la historia que engendraron una auténtica vida cultural tuvieron el poder y la capacidad de crear esos símbolos. Por tanto, los monumentos sólo son posibles en períodos en los que existe una conciencia y una cultura unificadoras. Los períodos que sólo viven en función del presente no son capaces de crear monumentos duraderos.

4. En los últimos cien años se ha producido una devaluación del monumentalismo. Esto no significa que no haya monumentos formales o ejemplos arquitectónicos construidos con esta finalidad, pero los supuestos monumentos de fechas recientes se han convertido, con raras excepciones, en receptáculos vacíos. No representan de ningún modo el espíritu o el sentimiento colectivo de los tiempos modernos.

5. La decadencia y el uso erróneo del monumentalismo constituyen la razón principal por la cual los arquitectos modernos han ignorado deliberadamente el monumento y se han rebelado en su contra.
La arquitectura moderna, como la pintura y la escultura, tuvo que empezar por lo más difícil. Empezó por abordar los problemas más simples, los edificios más utilitarios como viviendas sociales, escuelas, edificios de oficinas, hospitales y estructuras similares. En la actualidad, los arquitectos modernos saben que los edificios no pueden concebirse como unidades aisladas, que hay que incorporarlos a proyecto urbanísticos más amplios. No hay fronteras entre la arquitectura y el urbanismo, como tampoco hay fronteras entre la ciudad y la región. La correlación es necesaria.
Los monumentos deben constituir los elementos visibles más contundentes de esos amplios proyectos.

6. Hay que dar un paso adelante. Los cambios producidos durante la posguerra en la estructura económica de las naciones pueden afectar a la organización de la vida colectiva en la ciudad, un aspecto que ha sido prácticamente olvidado hasta nuestros días.

7. The people want the buildings that represent their social and community life to give more than functional fulfillment. They want their aspiration for monumentality, joy, pride, and excitement to be satisfied. The fulfillment of this demand can be accomplished with the new means of expression at hand, though it is no easy task. The following conditions are essential for it:

A monument being the integration of the work of the planner, architect, painter, sculptor, and landscapist demands close collaboration between all of them. This collaboration has failed in the last hundred years. Most modern architects have not been trained for the kind of integrated work. Monumental tasks have not been entrusted to them. As a rule, those who govern and administer a people, brilliant as they may be in their special fields, represent the average man of our period in their artistic judgments. Like this average man, the experience a split between their methods of thinking and their methods of feeling. The feeling of those who govern and administer the countries is untrained and still imbued with the pseudo-ideals of the nineteenth century. This is the reason why they are not able to recognize the creative forces of our period, which alone could build the monuments or public buildings that should be integrated into new urban centers which can form a true expression for our epoch.

8. Sites for monuments must be planned. This will be possible once replanning is undertaken on a large scale which will create vast open spaces in the now decaying areas of our cities. In these open spaces, monumental architecture will find its appropriate setting which now does not exist. Monumental buildings will then be able to stand in space, for, like trees or plants, monumental buildings cannot be crowded in upon any odd lot in any district. Only when this space is achieved can the new urban centers come to life.

9. Modern materials and new techniques are at hand: light metal structures; curved, laminated wooden arches; panels of different textures, colors, and sizes; light elements like ceilings which can be suspended from big trusses covering practically unlimited spans. Mobile elements can constantly vary the aspect of the buildings.

These mobile elements, changing positions and casting different shadows when acted upon by wind or machinery, can be the source of new architectural effects. During night hours, color and forms can be projected on vast surfaces. Such displays could be projected upon buildings for purposes of publicity or propaganda. These buildings would have large plane surfaces planned for this purpose, surfaces which are nonexistent today. Such big animated surfaces with the use of color and movement in a new spirit would offer unexplored fields to mural painters and sculptors.

Elements of nature, such as trees, plants, and water, would complete the picture. We could group all these elements in architectural ensembles: the stones which have always been used, the new materials which belong to our times, and color in all its intensity which has long been forgotten. Man-made landscapes would be correlated with nature's landscapes and all elements combined in terms of the new and vast facade, sometimes extending for many miles, which has been revealed to us by the air view. This could be contemplated not only during a rapid flight but also from a helicopter stopping in mid-air.

Monumental architecture will be something more that strictly functional. It will have regained its lyrical value. In such monumental layouts, architecture and city planning could attain a new freedom and develop new creative possibilities, such as those that have begun to be felt in the last decades in the fields of painting, sculpture, music, and poetry.

7. La gente quiere que los edificios que representan su vida social y colectiva les ofrezcan algo más que una satisfacción funcional. Desean satisfacer sus aspiraciones de monumentalidad, alegría, orgullo y esperanza.
La satisfacción de esta demanda puede lograrse mediante los nuevos medios de expresión que tenemos a nuestro alcance, pero no es una tarea fácil. Las siguientes condiciones resultan esenciales: Dado que el monumento o el edificio singular aúna el trabajo del urbanista, el arquitecto, el pintor, el escultor y el paisajista, exige una estrecha colaboración entre todos ellos. En los últimos cien años, esta colaboración no se ha producido. La mayoría de arquitectos modernos no están preparados para este tipo de trabajo en equipo. Las tareas monumentales no se les han confiado. Por regla general, aquellos que gobiernan y administran un pueblo, por muy brillantes que sean en sus especialidades, representan al hombre medio de nuestro tiempo en lo que respecta a sus juicios artísticos. Al igual que este hombre medio, experimentan una escisión entre su manera de pensar y su manera de sentir. Los sentimientos de quienes gobiernan y administran los países no han sido educados y siguen imbuídos de los seudoideales del siglo XIX. Por esta razón, no son capaces de reconocer las fuerzas creativas de nuestra época, que podrían construir por sí solas los monumentos o edificios públicos que deberían integrarse en los nuevos centros urbanos, como reflejo y auténtica expresión de nuestra época.

8. Hay que planificar el emplazamiento de los monumentos. Esto sólo puede hacerse en el contexto de una replanificación a gran escala que cree grandes espacios abiertos en las zonas más degradadas de nuestras ciudades.
En estos espacios abiertos, la arquitectura monumental encontrará la ubicación adecuada que ahora no existe.
Los edificios monumentales podrán situarse en el espacio, porque al igual que los árboles y las plantas, los edificios de esta índole no pueden comprimirse en cualquier solar de cualquier barrio. Sólo cuando se perfile y complete ese espacio se harán realidad los nuevos centros urbanos.

9. Tenemos a nuestro alcance materiales modernos y nuevas técnicas: estructuras metálicas ligeras;
arcos de madera laminada; paneles de distintas texturas, colores y tamaños; elementos ligeros como falsos techos suspendidos de elementos estructurales de luces prácticamente ilimitadas. Los elementos móviles pueden variar constantemente el aspecto de los edificios. Al cambiar de posición y proyectar distintas sombras por la influencia del viento o la maquinaria, estos elementos pueden originar nuevos efectos arquitectónicos.
Durante las horas nocturnas, puede proyectarse color y formas sobre amplias superficies construidas con objetivos publicitarios o propagandísticos. En este caso, los edificios dispondrán de grandes superficies planas concebidas a tal efecto, superficies que no existen en la actualidad. Mediante el uso del color y el movimiento, y animadas con un nuevo espíritu, estas grandes superficies ofrecerán un terreno inexplorado a escultores y pintores murales.
Los elementos de la naturaleza, como árboles, plantas y agua, contribuirán a completar la imagen. Podríamos agrupar dichos elementos en conjuntos arquitectónicos: la piedra que siempre se ha utilizado, los nuevos materiales de nuestra época y el color en toda su intensidad, que ha sido olvidado durante mucho tiempo.
Los paisajes creados por el hombre se equipararán a los paisajes naturales, y todos los elementos se combinarán en función de la nueva gran fachada, que puede abarcar grandes extensiones, tal como nos ha revelado la perspectiva aérea. Esta perspectiva no sólo podrá contemplarse durante un viaje rápido en avión, sino también desde un helicóptero parado en pleno vuelo. La arquitectura monumental será algo más que estrictamente funcional. Recuperará el valor lírico de la arquitectura. En estos trazados monumentales, la arquitectura y el urbanismo lograrán una nueva libertad y desarrollarán nuevas posibilidades creativas, como las que han empezado a percibirse durante las últimas décadas en el ámbito de la pintura, la escultura, la música y la poesía.

Hans Hofmann
Estudios para el campanario de Chimbote.
Studies for the Chimbote bell tower.
Fragment of part one, 1950.
Untitled, 1950.
Courtesy André Emmerich Gallery.

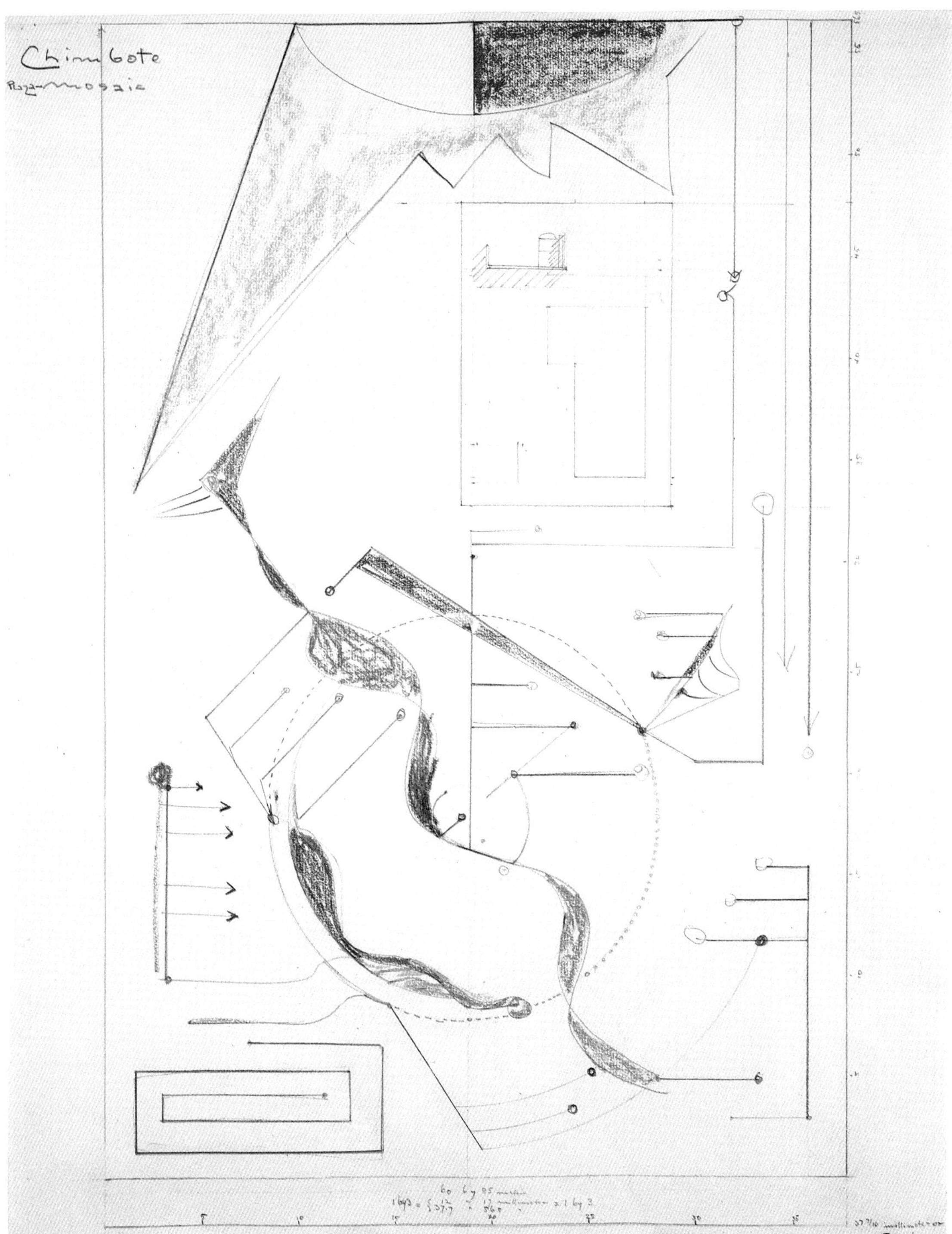

Hans Hofmann
Boceto del mosaico de la plaza.
Sketch of the plaza mosaic.
Chimbote, 1950
Courtesy André Emmerich Gallery.

Hans Hofmann
Boceto del campanario.
Sketch of the bell tower.
Chimbote, 1950
Courtesy André Emmerich Gallery.

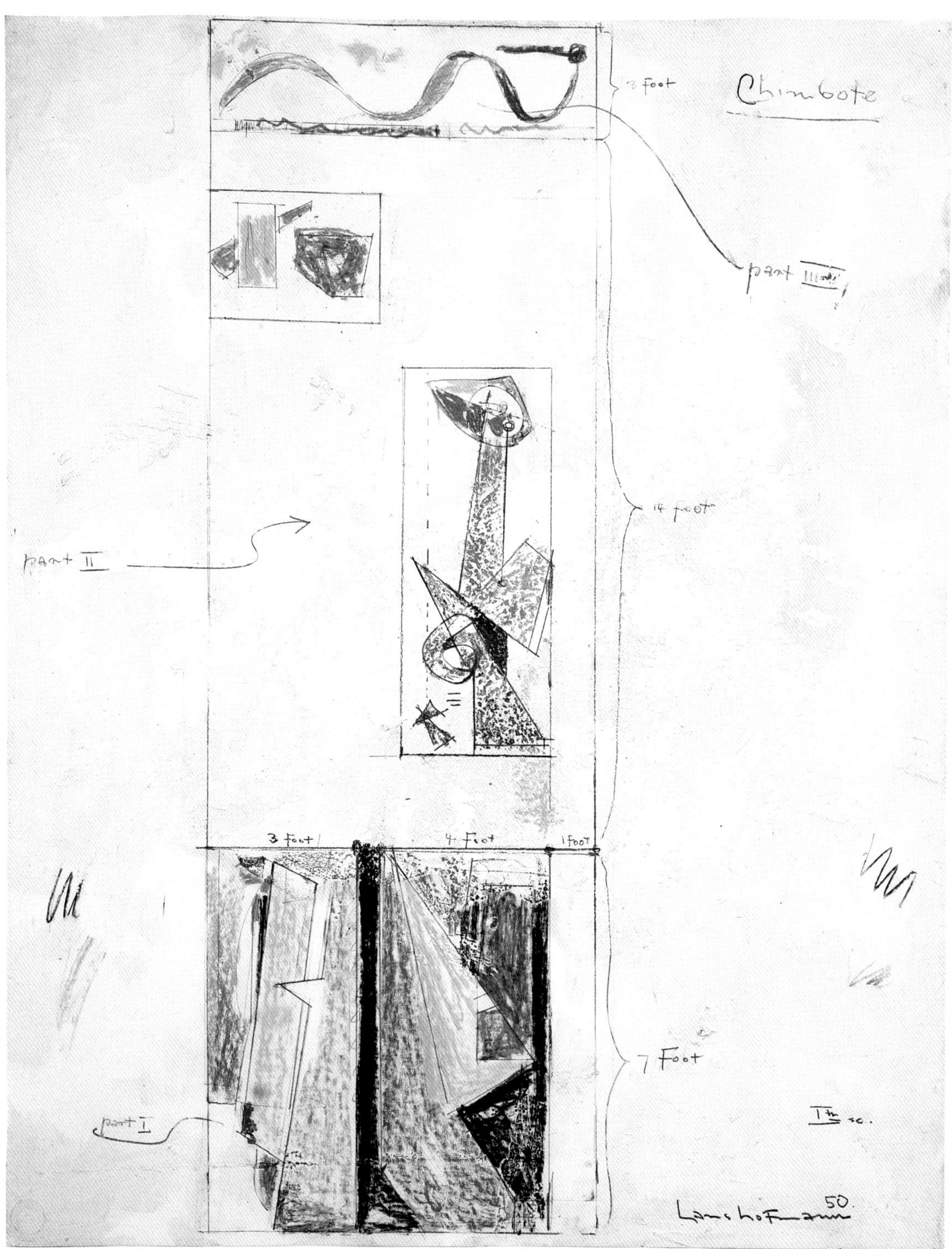
Chimbote
3 foot
part III
14 foot
part II
3 foot
4 foot
1 foot
7 foot
part I
1th sc.
Lans Hofmann 50.

The War Years in America: New York, New Monumentality

JOAN OCKMAN

Josep Lluís Sert arrived in New York in June 1939, a few months after the civil war ended in Spain, having, at age thirty-seven, been declared "unfit to practice his profession" by the Franco government. Paris, where he had been living for the last two years, was on the eve of world war. New York, meanwhile, was pulsating with excitement. The World's Fair had opened in Flushing Meadows with its "World of Tomorrow" theme and the notable participation of international architects like Alvar Aalto, Sven Markelius and Oscar Niemeyer. There was no Spanish Pavilion owing to political events. Like the Spanish Pavilion at the 1937 World's Fair in Paris, which Sert had designed together with Luis Lacasa for the Republican government, the Spanish Pavilion in New York was to have been built around the display of Picasso's *Guernica*. Instead *Guernica* was exhibited in May 1939 at the Valentine Gallery in Manhattan, an event arranged by the American Artists Congress to raise funds for Spanish refugees.

It was exhibited again in November as part of a major Picasso retrospective at the Museum of Modern Art. Among the New York intelligentsia, the outpouring of sympathy over the outcome of the war in Spain was matched only by enthusiasm for Picasso's art.

Having secured a six-month visitor's permit, Sert took a small hotel room in Manhattan. He immediately came into contact with former friends and acquaintances from Europe. Among them was Alexander Calder, who had also collaborated with Sert on the Spanish Pavilion in 1937, having designed an ingenious mercury fountain for it that Sert had convinced the Spanish government to commission. Sert became a frequent guest at Calder's farmhouse in Connecticut, where he met other "artists in exile", expatriates and members of the international avant-garde displaced by circumstance or choice. [1] Sert also had a personal connection to New York in the murals that had recently been executed in the lobby of the RCA Building at Rockefeller Center by his uncle, José María Sert, a painter who had designed sets for Diaghilev's ballets in the teens and twenties. One of the murals, an allegorical depiction entitled "Triumph of Man's Accomplishments through Physical and Mental Labor", featuring Abraham Lincoln and Ralph Waldo Emerson framed by laboring giants, had replaced the fresco by Diego Rivera that John D. Rockefeller had censored because of the Mexican painter's inclusion of a portrait of Lenin.

Shortly after his arrival Sert was invited to lecture at Harvard Graduate School of Design by Walter Gropius, who had become chairman of the school two years earlier under its new dean, Joseph Hudnut. Sert had first met Gropius in 1929 in Frankfurt at the second meeting of the International Congresses of Modern Architecture (CIAM). While in Cambridge Sert renewed his acquaintance with other Bauhaus members, including Marcel Breuer and László Moholy-Nagy, and met Joseph Albers and Serge Chermayeff. He also resumed work on a project that he had begun in Paris. This was a compilation of the research and conclusions of CIAM's fourth and fifth congresses, held in Athens in 1933 and Paris in 1937. The result was *Can Our Cities Survive? An ABC of Urban Problems, Their Analysis, Their Solutions*, published in 1942 by Harvard University Press, with a jacket design by the Bauhaus émigré Herbert Bayer - a photomontage of a sardine can filled with human beings superimposed on a network of highways - illustrating the twin threats posed to contemporary cities by congestion and suburban decentralization. The book contained a foreword by Hudnut and an introduction by the Swiss art historian and secretary of CIAM, Sigfried Giedion. Giedion also was at Harvard at the time, having been invited, at Gropius's behest, to

Los años de la guerra: Nueva York, Nueva Monumentalidad

JOAN OCKMAN

Josep Lluís Sert llegó a Nueva York en junio de 1939, pocos meses después del fin de la Guerra Civil española y tras ser declarado, a sus 37 años, "incapacitado para ejercitar su profesión" por el Gobierno de Franco. En París, donde había vivido durante los últimos dos años, estaba a punto de estallar la II Guerra Mundial. Entre tanto, Nueva York bullía de excitación.

La Exposición Universal se había inaugurado en Flushing Meadows con el tema "World of Tomorrow" (El mundo del mañana) y una notable participación de arquitectos internacionales, como Alvar Aalto, Sven Markelius y Óscar Niemeyer. No había pabellón español oficial, debido a los acontecimientos políticos del país. Como el Pabellón de España de la Exposición Internacional de París en 1937, que Sert había proyectado junto con Luis Lacasa por encargo del Gobierno republicano, el Pabellón de España en Nueva York iba a construirse en torno al *Guernica* de Picasso. Finalmente, el *Guernica* se exhibió en mayo de 1939 en la Valentine Gallery de Manhattan, en un acto organizado por la asociación American Artists Congress, con el objetivo de recaudar fondos para los refugiados españoles. La obra volvió a exponerse en noviembre de aquel año, integrada en la retrospectiva dedicada a Picasso en el Museum of Modern Art. Entre la intelectualidad de Nueva York, la expresión de simpatía hacia los derrotados de la guerra en España sólo podía compararse con el entusiasmo que suscitaba la obra de Picasso.

Tras conseguir un visado para una estancia de seis meses, Sert se instaló en una pequeña habitación de hotel de Manhattan. Inmediatamente entró en contacto con antiguos amigos y conocidos europeos. Entre ellos estaba Alexander Calder, que en 1937 había colaborado con Sert en el Pabellón de España en París, diseñando una ingeniosa fuente de mercurio, encargada al artista por el Gobierno republicano español gracias a la mediación de Sert. Sert se convirtió en visitante asiduo de la casa de campo de Calder en Connecticut, donde se reunía con otros "artistas en el exilio", expatriados y miembros de la vanguardia internacional, desplazados por las circunstancias o por una opción personal. [1] El arquitecto tenía otra conexión especial con Nueva York, puesto que las pinturas murales del vestíbulo del edificio RCA del Rockefeller Center eran obra de su tío, José María Sert, el prestigioso muralista que había diseñado escenografías para Diaghilev en las dos primeras décadas del siglo. Uno de los murales, una alegoría titulada *Triumph of Man's Accomplishments through Physical and Mental Labor* (Triunfo de los logros humanos mediante el trabajo físico y mental), que representaba las figuras de Abraham Lincoln y Ralph Waldo Emerson rodeados de laboriosos gigantes, había sustituido un fresco de Diego Rivera, censurado por John D. Rockefeller porque incluía un retrato de Lenin.

Poco después de su llegada, Sert fue invitado a pronunciar una conferencia en la Harvard Graduate School of Design por Walter Gropius, quien había sido nombrado director de la escuela por el nuevo decano, Joseph Hudnut, dos años antes. Sert había conocido a Gropius en 1929, en Francfort, en el II Congreso Internacional de Arquitectura Moderna (CIAM). Durante su estancia en Cambridge, Sert aprovechó para renovar sus contactos con otros miembros de la Bauhaus, como Marcel Breuer y László Moholy-Nagy, y conoció a Joseph Albers y Serge Chermayeff. También reanudó un proyecto que había iniciado en París: la recopilación de la investigación y conclusiones del IV y V CIAM, celebrados en 1933 en Atenas y en 1937 en París, respectivamente. El resultado fue *Can Our Cities Survive? An ABC of Urban Problems, Their Analysis, Their Solutions*, publicado en 1942 por Harvard University Press con una memorable portada diseñada por el emigrado y miembro de la Bauhaus Herbert Bayer; un fotomontaje que superponía una lata de sardinas repleta de gente a una red de autopistas, ilustrando así la doble amenaza planteada para la ciudad contemporánea por la densidad y el crecimiento de las periferias residenciales. El libro contenía un prólogo de

El edificio del número 15 de la calle Cincuenta y nueve Este de Nueva York, donde vivía Josep Lluís Sert a mediados de los cuarenta. Piet Mondrian vivió y trabajó en un estudio situado en el ático del mismo edificio hasta su muerte, en 1944.

The building at 15 East 59th Street, New York City, where Josep Lluís Sert resided in the mid-forties. Piet Mondrian lived and worked in a studio on the top floor of the same building until his death in 1944.

Fernand Léger, portada de la revista *Fortune*, diciembre 1941.
Fernand Léger, cover of *Fortune* magazine, December 1941.

Hudnut y una introducción del historiador del arte suizo y secretario de los CIAM, Sigfried Giedion. En aquella época, Giedion también estaba en Harvard, invitado por Gropius a impartir el seminario Charles Eliot Norton durante el curso 1938-1939. Sus conferencias se publicarían en 1941 bajo el título de *Space, Time and Architecture*.

En septiembre de 1939, cuando la guerra estalló en Europa de forma generalizada, Sert empezó a buscar un trabajo más estable en Estados Unidos. Gropius no había logrado asegurarle una plaza permanente como profesor en Harvard, que ya estaba saturada de emigrados europeos, de modo que Sert volvió a Nueva York, donde, desde 1941 a 1943, trabajó en un estudio de arquitectura diseñando estructuras prefabricadas por encargo de la War Production Board. En esta época recibió diversas invitaciones para dar conferencias en las universidades de Columbia, Princeton, Yale y otra vez Harvard. Mientras tanto, Nueva York era escenario de una nueva oleada de artistas refugiados, que huían de la Europa ocupada. En las semanas o meses que siguieron a la llegada de Sert, muchos antiguos conocidos y miembros del mundo del arte parisino aparecieron por la ciudad. Entre ellos estaba Marc Chagall, Jacques Lipchitz, Georges Duthuit, Max Ernst, André Breton, Marcel Duchamp, André Masson y el viejo amigo de Sert, Fernand Léger, que volvía a Estados Unidos por cuarta vez en aquella década. También vivían y trabajaban en Nueva York Amedée Ozenfant, Matta Echaurren, Hans Richter e Yves Tanguy. Mondrian, que llegó a la ciudad a finales de 1940, se instaló en un estudio situado en el ático del mismo edificio donde vivía Sert, en el número 15 de la calle Cincuenta y Nueve Este, cerca del hotel Plaza, y los dos solían pasear juntos por Madison Avenue. A pesar de las noticias cada vez más inquietantes que llegaban de Europa, y de la intromisión diaria de los simulacros de bombardeos aéreos, los apagones, las cartillas de racionamiento, las estadísticas de producción bélica y la censura, la vida en la colonia de exiliados en Nueva York vibraba en plena efervescencia (aunque en general, todos echaban de menos el ambiente de cafés y bares donde poder encontrar casualmente a los amigos).[2] Léger había logrado recrear "una especie de atmósfera parisina" en torno a su estudio, situado en la calle Cuarenta, cerca de la Quinta Avenida. Allí se reunían Calder, Sert y Giedion, que acababa de volver de Suiza, para cambiar impresiones sobre el panorama americano y especular sobre el futuro.[3] Calder era el organizador de los encuentros semanales en el Jumble Shop, un gran restaurante situado entre las calles Ocho y MacDougal del Greenwich Village, donde los habituales Frederick Kiesler, Hans Hofmann, Arshile Gorky y Sert pontificaban, casi siempre en francés, y recibían a los recién llegados. Los espectadores, como el joven Peter Blake y el artista sardo Costantino Nivola, escuchaban. Blake, que conoció a Sert en esta época, recuerda su seguridad en sí mismo y su facilidad de palabra, así como su

***Artists in Exile*, fotografía expuesta en la galería Pierre Matisse durante la II Guerra Mundial. Primera fila, de izquierda a derecha: Matta Echaurren, Ossip Zadkine, Yves Tanguy, Max Ernst, Marc Chagall, Fernand Léger. Segunda fila, de izquierda a derecha: André Breton, Piet Mondrian, André Masson, Amédée Ozenfant, Jacques Lipchitz, Pavel Tchelitchew, Kurt Seligmann, Eugene Berman. Foto de George Platt Lynes, 1942.**
Artists in Exile shown by the Pierre Matisse Gallery during World War II. First row left to right: Matta Echaurren, Ossip Zadkine, Yves Tanguy, Max Ernst, Marc Chagall, Fernand Léger. Second row left to right: André Breton, Piet Mondrian, André Masson, Amédée Ozenfant, Jacques Lipchitz, Pavel Tchelitchew, Kurt Seligmann, Eugene Berman. Photograph by George Platt Lynes, 1942.

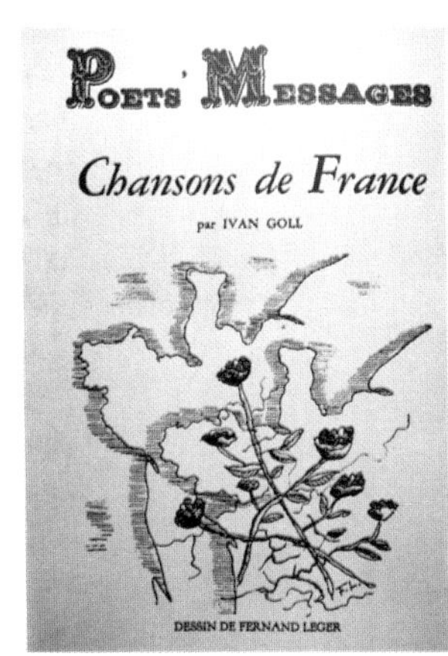

Fernand Léger, portada de *Songs from France* de Ivan Goll. Opúsculo publicado en Nueva York durante la guerra.
Fernand Léger, cover of *Songs from France* by Ivan Goll. Booklet published in New York during the war.

give the Charles Eliot Norton lectures in 1938-39. His lectures would be published in 1941 as *Space, Time and Architecture.*

When full-scale war broke out in Europe in September 1939, Sert began to look for more permanent occupation in the United States. Gropius was unsuccessful in securing him a job on the faculty at Harvard, already overstocked with European émigrés, so Sert returned to New York City, where, from 1941 to 1943, he worked in an architectural office designing prefabricated structures commissioned by the War Production Board. Lecture invitations came from Columbia, Princeton, Yale, and again Harvard. Meanwhile, New York was the scene of a new wave of refugee artists arriving from occupied Europe. Within weeks or months of Sert's arrival, numerous former acquaintances and members of the Paris art world turned up, including Marc Chagall, Jacques Lipchitz, Georges Duthuit, Max Ernst, André Breton, Marcel Duchamp, André Masson, and Sert's old friend Fernand Léger, now returning to the United States for his fourth time in a decade. Also living and working in New York were Amédée Ozenfant, Matta Echaurren, Hans Richter and Yves Tanguy. Mondrian, who arrived in New York at the end of 1940, moved into a studio on the top floor of the building where Sert was living, at 15 East 59th Street, close to the Plaza Hotel, and Sert and he took walks together along Madison Avenue. Despite sobering news from Europe and the daily intrusion of air-raid drills, blackouts, ration books, war production statistics, and censorship, life among the colony of exiles in New York was by most accounts ebullient (even if the lack of a café life where one could meet friends spontaneously was generally lamented). [2] Léger recreated "a kind of Parisian atmosphere" around his studio on 40th Street near Fifth Avenue, gathering Calder, Sert and Giedion, who had also returned from Switzerland now, to share impressions of the American scene and speculate about the future. [3] Calder was the impresario for weekly gatherings at the Jumble Shop, a large, barnlike restaurant between Eighth Street and MacDougal Alley in Greenwich Village where regulars like Frederick Kiesler, Hans Hofmann, Arshile Gorky and Sert held forth, mostly in French, and met new arrivals. Bystanders like the young Peter Blake and the Sardinian artist Costantino Nivola listened in. Blake, who first met Sert at this time, remembers Sert as being highly articulate and self-confident, speaking at a great clip and much preoccupied with theories of city planning. [4] Sert, for his part, recalled the conviviality of émigré life in wartime New York with fondness: "We had a wonderful time together here." [5] For the transplanted Europeans, the impact of Manhattan with its thrusting skyscrapers and breakneck pace was intense, jarring but stimulating. Léger considered New York "the most colossal spectacle in the world". [6] For Salvador Dalí, who settled in California after 1938, it was "an Egypt turned inside out... Atlantis of the subconscious". [7] Masson celebrated "a sublime city...entirely made by our contemporaries". [8]

In 1943, Sert, Léger and Giedion discovered that each had been invited by the American Abstract Artists - a group of painters and sculptors especially oriented to European abstract aesthetics, in which Léger was active at the time - to contribute an article to its forthcoming publication. They decided to address a single issue in which they all were interested, each approaching it from the standpoint of his own field of activity: that of the architect-planner, the painter and the architectural historian. The issue was that of monumentality, and the three summarized their collective views in a polemical statement entitled "Nine Points on Monumentality".

The statement began by affirming humanity's age-old need for monuments, emphasizing their role in representing the social ideals of a people and unifying their collective consciousness. The authors then distinguished what they considered to be authentic monuments from the "empty shells" of the past hundred years, "which fail to represent the spirit or the collective feeling of modern times". Their next two points acknowledged that modern architecture had to undergo a utilitarian evolution before it could take the "new step" of addressing questions of civic and communal life. This, they suggested, was to be the task of the postwar period. The last three points outlined the means for achieving the new civic

tendencia a hablar constantemente sobre teoría del urbanismo. [4] Por su parte, Sert recordaba la vida social de aquellos años con afecto: "Pasábamos muy buenos ratos todos juntos". [5] Manhattan, con su perfil de rascacielos y su ritmo dinámico, producía en los europeos un intenso y estimulante impacto. Léger consideraba que Nueva York era "el espectáculo más colosal del mundo". [6] Para Salvador Dalí, que se trasladó a California en 1938, era "un Egipto vuelto al revés... el Atlantis del subconsciente". [7] Masson la calificaba de "ciudad sublime... creada enteramente por nuestros contemporáneos". [8]

En 1943, Sert, Léger y Giedion descubrieron que los tres habían recibido una propuesta para publicar un artículo en la nueva publicación de la American Abstract Artists, un grupo de pintores y escultores próximos a la estética abstracta europea del que Léger era miembro activo en aquella época. Decidieron abordar un único tema que les interesaba a los tres, cada uno desde la perspectiva de su propio campo de actividad: el del arquitecto-urbanista, el del pintor y el del historiador de la arquitectura. El tema era la monumentalidad, y los tres resumieron sus puntos de vista colectivos en el polémico manifiesto titulado "Nine Points on Monumentality".

El manifiesto empieza afirmando la necesidad de monumentos que la humanidad ha tenido desde la antigüedad, subrayando su función de representación de los ideales sociales de un pueblo y como factor integrador de la conciencia colectiva. A continuación, los autores distinguen entre lo que ellos consideran auténticos monumentos de los "receptáculos vacíos" construidos en los últimos cien años, que "no representan de ningún modo el espíritu o el sentimiento colectivo de los tiempos modernos". Los dos puntos siguientes reconocen que la arquitectura moderna tiene que experimentar una evolución utilitarista para poder dar el nuevo "paso adelante" y abordar cuestiones de vida cívica y colectiva de la ciudad. Ésta tiene que ser, según ellos, la tarea del período de posguerra. Los últimos tres puntos describen los medios para lograr la nueva monumentalidad cívica: la colaboración entre paisajistas, pintores, escultores, arquitectos y urbanistas con formación estética; la previsión de lugares especialmente concebidos para albergar monumentos, suficientemente amplios y rodeados de grandes espacios abiertos; y el uso de nuevos materiales y nuevas técnicas, elementos móviles, proyecciones de luz, color y elementos del paisaje natural. Con la representación del sentimiento colectivo mediante el uso de recursos técnicos y estéticos contemporáneos, la arquitectura podría adquirir un "valor lírico", ausente en los edificios puramente funcionales.

El número de la revista de la asociación American Abstract Artists nunca llegó a materializarse, y el manifiesto "Nine Points" no se publicó hasta quince años más tarde, cuando Giedion decidió incluirlo en su libro *architecture, you and me: The diary of a development.* [9] Sin embargo, los artículos de Giedion y Sert – "The Need for a New Monumentality" y "The Human Scale in City Planning", respectivamente – aparecieron en 1944, en una selección de artículos de Paul Zucker, titulada *New Architecture and City Planning.* [10] El texto de Léger se publicó posteriormente con el título "Modern Architecture and Color", en un volumen publicado por la asociación American Abstract Artists después de la guerra. [11] Mientras, el tema de la monumentalidad llegó a ser una cuestión central en el debate arquitectónico internacional de los cuarenta y principios de los cincuenta, y protagonizó la discusión de las tres ediciones de los CIAM que siguieron a la guerra.

¿Cuáles eran las motivaciones de Sert, Léger y Giedion para propugnar una "nueva monumentalidad" en plena II Guerra Mundial? ¿Qué había cambiado en aquellas fechas en relación a la cuestión? ¿Y cuál fue la aportación respectiva de cada uno de ellos? De hecho, Le Corbusier ya había introducido explícitamente el tema de la monumentalidad una década y media antes, en su proyecto para la sede de la Sociedad de las Naciones de Ginebra (1927-1928). Todavía más monumental fue el proyecto, de claras resonancias constructivistas, que haría tres años más tarde para el Palacio de los Soviets (Sert trabajaba en el estudio de Le Corbusier en la época en que se realizaron esos dos proyectos). Para Le Corbusier, la idea de una monumentalidad moderna también estaba estrechamente conectada con la síntesis entre la arquitectura y otras "artes mayores": la pintura

monumentality. These included collaborations among aesthetically trained planners, architects, sculptors, painters and landscapists; the designation of specially planned sites for monuments, which should ideally stand uncrowded in large open spaces; and the use of new materials and techniques, mobile elements, light projections, color, and elements of the natural landscape. By embodying the collective will in modern forms and with contemporary technical means, architecture would acquire a "lyrical value" lacking in purely functional buildings.

The planned volume by the American Abstract Artists never materialized, and the "Nine Points" remained unpublished until Giedion included them some fifteen years later in his book *architecture, you and me: The diary of a development.* [9] However, the individual articles by Giedion and Sert -"The Need for a New Monumentality" and "The Human Scale in City Planing" respectively - appeared in 1944 in a collection of papers by Paul Zucker, entitled *New Architecture and City Planning.* [10] Léger's views were subsequently published under the title "Modern Architecture and Color" in a volume issued by the American Abstract Artists after the war. [11] Meanwhile, the monumentality issue became central to architectural debates of the 1940s and early 1950s, preoccupying CIAM at its first three meetings after the war and engaging a wide range of international protagonists.

What motivated Sert, Léger and Giedion's call for a "new monumentality" in the midst of World War II? What was "new" about it at this date? And what was the respective contribution of each of the authors?

In fact, the issue of monumentality had been broached explicitly by Le Corbusier a decade and a half earlier, in his project for the League of Nations in Geneva of 1927-28. Still more monumental was his Constructivist-influenced scheme for the Palace of the Soviets of three years later. (Sert was working in Le Corbusier's office at the time of both these projects.) The idea of a modern monumentality was also closely connected for Le Corbusier with that of a synthesis between architecture and the other "major arts" - mural painting and large-scale sculpture. Le Corbusier, whose own artistic activity embodied such a synthesis in itself, had advocated an integration between art and architecture from the time of his Esprit Nouveau pavilion at the Exposition des Arts Décoratifs in Paris of 1925, where he incorporated paintings by Léger, Ozenfant and himself. The introduction of mural and sculptural elements into architecture offered the latter imaginative and expressive resources that the abstract and technical language of functionalism could not provide. Le Corbusier's effort to bring "pure plastic emotion" into architecture also pointed ahead to the vision of "ineffable space" - a poetic transcendence of everyday space and time through the painterly dissolution of the wall plane - to which he would give expression during the years of World War II.

For his own part, Léger was at least as passionate and long-standing a proponent of collaboration between architects and artists as Le Corbusier, longing to animate the surfaces of modern buildings and urban ensembles with color. During World War I he had imagined a "colored city" of blue and yellow streets, a dynamic vision of urban life given expression in his early canvas *The City* (1919). His paintings, celebrating the vitality and machine ethos of modernity with their bold massing of flat geometric and figurative elements and free use of color, already implied the architectural scale to which he aspired, projecting a "monumentality unknown since Seurat". [12] Yet as Léger himself cautioned, the achievement of a spatial monumentality involved more than a mere transposition of the conventions of painting from easel to wall surface. Only when liberated from its traditional role of defining objects could color transform the bounded and fixed space of the "habitable rectangle" into something animated and elastic: "A light blue wall draws back. A black wall advances, a yellow wall disappears. Three selected colors laid out in dynamic contrasts can destroy the wall." [13] In the 1930s Léger had opportunities to realize his muralist ambitions at the Palais de la Découverte in Paris

moderna también estaba estrechamente conectada con la síntesis entre la arquitectura y otras "artes mayores": la pintura mural y la escultura a gran escala. Le Corbusier, cuya propia actividad artística encarnaba la misma síntesis, había defendido una integración entre el arte y la arquitectura desde la época de su pabellón del Esprit Nouveau de la Exposition des Arts Décoratifs, celebrada en París en 1925, donde incorporaba pinturas suyas, de Léger y Ozenfant. La introducción de elementos murales y esculturales ofrecía a la arquitectura recursos imaginativos y expresivos que el lenguaje abstracto y técnico del funcionalismo no podía proporcionar. La revelación de la fuerza de la "pura emoción plástica" en la arquitectura también apuntaba a la concepción del "espacio inefable" – la trascendencia poética del espacio y el tiempo cotidianos a través de la disolución pictórica del plano de la pared – que Le Corbusier alcanzaría durante los años de la II Guerra Mundial.

Por su parte, Léger era tan apasionado y constante en su propuesta de colaboración entre arquitectos y artistas como Le Corbusier, deseoso de animar con color las superficies de los edificios y conjuntos urbanos modernos. Durante la Primera Guerra Mundial, había concebido una "ciudad de colores" con calles azules y amarillas, una visión dinámica de la vida urbana que se expresaría en *La ciudad*, una obra de 1919. Las composiciones pictóricas de Léger, que celebraban la vitalidad y el ethos de la máquina característico de la modernidad, con su audaz concentración de elementos geométricos y figurativos y su uso libre del color, ya prefiguraban la escala arquitectónica a la que aspiraba el artista, proyectando una "monumentalidad desconocida desde Seurat"[12], aunque, como advirtió el propio Léger, el logro de la monumentalidad espacial implicaba algo más que una mera transposición de las convenciones pictóricas del caballete a la superficie mural. Sólo con la superación del papel tradicional del color en la definición de los objetos, se podría transformar el espacio estático y limitado del "rectángulo habitado" en algo animado y flexible: "Una pared azul se aleja del observador; una pared negra se acerca; una pared amarilla desaparece. Tres colores deliberadamente escogidos y contrastados dinámicamente pueden destruir la pared." [13] Durante la década de los treinta, Léger tuvo oportunidades de realizar su ambición muralista en el Palais de la Découverte de París (1937) y en la decoración de la residencia de Nelson Rockefeller de Nueva York (1938-1939). Además, propugnó reiteradamente el tema de la colaboración entre artista y arquitecto en escritos y conferencias – "Donnez-moi des murs!" –, incluyendo una ponencia en el IV CIAM celebrado en Atenas, donde acudió como invitado especial.

El papel del arquitecto en estas colaboraciones consistiría en coordinar la producción artística global e imponer "mediciones cuantitativas (...), un racionalismo consciente". La aceptación de esta disciplina moderna por parte del arquitecto, el pintor y el escultor conduciría a la realización del "monumento de la belleza", "el nuevo templo (...) desprovisto de utilidad, un espacio magnífico para el descanso, que serviría de refugio a una muchedumbre ansiosa por olvidar el estrés de la jornada, el ritmo acelerado de nuestro mundo." [14]

Aunque de una escala modesta, probablemente hay pocos edificios que ejemplifiquen mejor la conexión entre la arquitectura moderna y el arte de su tiempo que el Pabellón español de Sert y Lacasa en la Exposición Internacional de París de 1937. Construido, como hemos dicho, para exhibir el *Guernica* de Picasso y la *Fuente de Mercurio* de Calder, así como otras obras significativas de Joan Miró, Julio González y Alberto Sánchez, expresaba la afinidad espiritual y la correspondencia estética entre una arquitectura moderna abstracta y la pintura y escultura contemporáneas. Pero si en los círculos parisinos y de los CIAM, la idea de monumentalidad basada en la colaboración artístico-arquitectónica se remontaba a la *Gesamtkunstwerk* de las catedrales góticas, la Exposición de 1937 se encargó de poner de manifiesto otras connotaciones más inquietantes.

El cara a cara que se produjo entre el monumento de Boris Iofan al estado estalinista y el monumento a Hitler de Albert Speer, a pocos metros del pabellón de Sert y Lacasa, se convirtió en una clara dramatización de la peligrosa asociación entre el monumentalismo arquitectónico y el poder absoluto.

(1937) and in decorations for Nelson Rockefeller's residence in New York (1938-39). He also repeatedly proselytized the theme of collaboration between artist and architect in writings and lectures -"Donnez-moi des murs!"- including an address to CIAM's fourth congress in Athens, where he was an invited guest.
The architect's role in such collaborations was that of orchestrating the overall artistic production, of imposing "the measuring of quantities... a conscientious rationalism". The acceptance of this modern discipline by architect, painter and sculptor would lead to the realization of "the monument of beauty", "the new temple", "useful for nothing, a magnificent place to repose, which would be a shelter for the anonymous crowd during their enervating day with its hurried rhythm, which is our cadence". [14]

***Monuments vs. Buildings.* Reproducida como ilustración en Lewis Mumford, *The Culture of Cities*, 1938.**
"Monuments vs. Buildings". Plate from Lewis Mumford, *The Culture of Cities*, 1938.

Although relatively modest in scale, probably few buildings better exemplified the desired connection between modern architecture and the art of its time than Sert and Lacasa's Spanish pavilion at the Paris World's Fair of 1937. Built, as said, to exhibit Picasso's mural *Guernica*, Calder's *Mercury Fountain*, as well as major works by Joan Miró, Julio González, and Alberto Sánchez, it demonstrated the spiritual affinity and aesthetic counterpoint between an abstract modern architecture and contemporary painting and sculpture. Yet if in Parisian and CIAM circles, the idea of monumental artistic-architectural collaborations harked back to the *Gesamtkunstwerk* of the Gothic cathedral, the 1937 world's fair was also the occasion for the display of another, more dangerous aspect of monumentality. The confrontation that took place between Boris Iofan's monument for the Stalinist state and Albert Speer's for Hitler not far down the honorific axis from Sert and Lacasa's pavilion dramatized the association between architectural monuments and brute power. It was this association that made monumentality anathema for those who had embraced modern architecture as an instrument of a more egalitarian society, an "architecture of democracy". This opinion was summed up by Lewis Mumford in a section of his book *The Culture of Cities* (1938) entitled "The Death of the Monument":

> The notion of a modern monument is veritably a contradiction in terms: if it is a monument it is not modern, and if it is modern it cannot be a monument. [15]

The most vital quality a contemporary urban environment could possess was its capacity for growth and change, in Mumford's view; monuments were a symptom of a moribund system, of weakness rather than strength: "The more shaky the institution, the more solid the monument." Reflecting a philosophy shared by progressive American thinkers during the 1930s from Frank Lloyd Wright and Buckminster Fuller to John Dewey, he declared,

> Civilization today... must follow [the] example of the nomad: it must not merely travel light but settle light: it must be ready, not for merely physical movement in space, but for adaptation to new conditions of life, new industrial processes, new cultural advantages. Our cities must not be monuments, but self-renewing organisms. [16]

Wright, whose concept of Broadacre City was predicated on urban decentralization and "automobility", reiterated the "Usonian" theme of light dwelling and light construction in his book *When Democracy Builds* (1945) in a mythic fable:

> Were we to go back far enough in Time to where Mankind was divided into cave-dwelling agrarians and wandering tribes of warriors, we might find the Wanderer swinging from branch to branch in the leafy bower of the trees, insured by the curl of his tail, while the more stolid lover of the wall lurked, for safety, hidden in a hole or in some cave. The Ape. The static cave-dweller was the ancient conservative...

Esta asociación produjo un rechazo hacia la monumentalidad por parte de aquellos que habían valoraban la arquitectura moderna como un instrumento para alcanzar una sociedad más justa, como una "arquitectura para la democracia".

Lewis Mumford sintetizó esta opinión en un apartado de su libro *The Culture of Cities* (1938), titulado "The Death of the Monument": "La noción de un monumento moderno es realmente contradictoria: si es un monumento no es moderno, y si es moderno no puede ser monumento."[15] Según la perspectiva de Mumford, la cualidad más esencial que podía poseer un entorno urbano contemporáneo era su capacidad de crecer y cambiar. Los monumentos eran un síntoma de un sistema moribundo, y demostraban debilidad en lugar de fuerza: "Cuanto más se tambalea una institución, más sólido es el monumento que la representa." Reflejando un pensamiento que compartían en los años treinta los pensadores americanos más progresistas, desde Frank Lloyd Wright y Buckminster Fuller hasta John Dewey, Mumford manifestaba:

"La civilización hoy... debe seguir el ejemplo del nómada: no sólo debe viajar ligera de equipaje, sino que debe establecerse con la misma ligereza; no sólo debe estar preparada para el mero movimiento físico en el espacio, sino también para la adaptación a las nuevas condiciones de vida, los nuevos procesos industriales, las nuevas ventajas culturales. Nuestras ciudades no deben ser monumentos, sino organismos capaces de renovarse." [16]

Wright, que había basado su concepto de la Broadacre City en la descentralización urbana y la "automovilidad", reiteraba el tema característico de las Usonian Houses, de la ligereza en la vivienda y la construcción en su libro *When Democracy Builds* (1945), mediante una fábula mítica:

> "Si nos remontásemos muy lejos en el tiempo, hasta la época en que la humanidad se dividía en comunidades agrícolas que vivían en cavernas y tribus de guerreros errantes, descubriríamos que el nómada saltaba de rama en rama en el frondoso follaje de los árboles, sujetándose con la espiral de su cola, mientras el impávido cavernícola, amante de la seguridad de los muros, acechaba, oculto en un agujero o una cueva.
>
> El simio. El sedentario cavernícola era el conservador de la antigüedad... A medida que se hizo poderoso, sus muros se hicieron más gruesos. Así nació la fortificación. Las primeras ciudades eran fortificaciones. A su manera, las primeras viviendas también lo eran. El cavernícola era prototípico del socialismo, o del comunismo de estado, del estadista nazi. Entretanto, su coetáneo nómada cultivaba la movilidad para sentirse seguro. Se defendía mediante la velocidad, la estratagema, la habilidad física y las artes de autodefensa que enseña la naturaleza... El nómada era el prototipo del demócrata." [17]

Si tenemos en cuenta la divergencia de las visiones de Wright y Giedion sobre la democracia construida, resulta irónico que la inspiración inmediata del concepto de Giedion sobre la nueva monumentalidad fuera su experiencia de la arquitectura de Wright, en su primer viaje a Estados Unidos, en 1938, y en especial una obra que Wright acababa de completar, el edificio de la Johnson Wax de Racine (Wisconsin). Allí, Giedion tuvo la siguiente revelación: "Los pilares son un lujo, como lo es el vidrio

> As he grew more powerful, his walls grew heavier. The fortification became his. Cities were originally fortifications. Early dwellings were only less so. He, the cave-dweller, was prototype of the state socialist, communist, or Nazi statist. The cave-dweller's nomadic human counterpart meantime cultivated mobility for his safety. Defenses, for him, lay in swiftness, stratagem, physical prowess, and such arts of self-defense as nature taught... He, the nomad, was prototype of the democrat. [17]

Given the disparity between Wright's and Giedion's vision of built democracy, it is somewhat ironic that the immediate inspiration for Giedion's concept of the New Monumentality should have been his experience of Wright's architecture on his first trip to the United States in 1938, in particular Wright's recently completed Johnson Wax Building in Racine, Wisconsin. There Giedion had the following revelation: "The pillars are a luxury, and so is the special glass, but why should not an administrative building, which is a work-building, for once be based entirely on poetry?" [18]
Like Le Corbusier, Giedion had arrived by the late thirties at the conclusion that modern architecture was the product of a tragic split between thought and feeling. What was needed to overcome this schism was an infusion of "spatial imagination". This theme, to be picked up at CIAM's first postwar meetings, especially by the young Aldo van Eyck, would be central to discussions at Bridgwater (1947), Bergamo (1949) and Hoddesdon (1951). At Hoddesdon, the "heart of the city" congress, Sert, president of the postwar CIAM, would be among those who would argue most ardently for modern architecture to move beyond orthodox functionalism:

> The need for the superfluous is as old as mankind. This must now be openly recognized and an end made of the deceptive attitudes that try to find a functional justification for elements that are frankly superfluous when judged by the stern architectural standards of the twenties. This does not mean buildings should not be functional. They should, as much as we always wanted them to be. Elements that can be added towards a greater architectural expression, a richer plasticity, a more sculptural quality should not hinder function in any way. Neither should the elements lending more expression to a building borrow anything from past styles. The best painters and sculptors of our time have found new means of expression. They show us the way toward a more completed architecture. [19]

Sert thus restated the Corbusian theme of aesthetic synthesis, adding the humanistic accents typical of the immediate postwar period.
At the same time, the new willingness on the part of both Giedion and Sert to admit the "advantages of luxury" and symbolic value in architecture was not unrelated to their firsthand experience of an America looking ahead to a period of postwar plenitude.
Still, the admission of richness of expression into modern architecture did not automatically imply or justify monumentality, and the problem of recuperating the latter from its authoritarian associations remained. In his essay published in Zucker's book of 1944, which opens a five-part section entitled "The Problem of a New Monumentality", [20] Giedion elaborated on the difference between the new monumentality he was proposing and "pseudo-monumentality". Acknowledging that the imagery of monumentality had frequently been misused by the ruling taste over the course of the last century, he juxtaposed a photograph of Ludwig Troost's Haus der Deutschen Kunst in Munich with one of the Mellon Institute in Pittsburgh, Pennsylvania, both buildings built in 1937 in a similar vocabulary of giant-order classicism, in order to demonstrate that the affinity for academic bombast was not limited to a single political ideology. Although modern architecture "had to go the hard way", beginning by addressing exclusively functional and technical questions, "the reconquest of monumental expression" was no longer inimical to it, he argued, but within its evolutionary trajectory. As such, art was not a decorative surplus, but rather the ultimate medium for "shaping the emotional life of the masses". It was this last objective that distinguished genuine monumentality from false rhetoric, on the one hand, and from sheer bigness

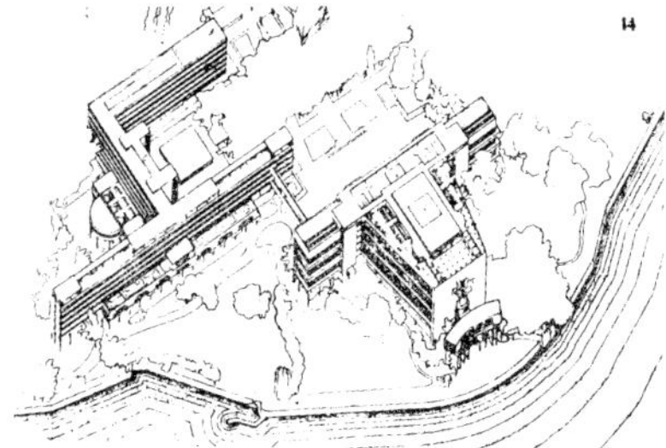

Ilustración del artículo de Giedion "The Need for a New Monumentality", que acompañaba al plano de Le Corbusier de la sede de la Liga de las Naciones, de 1927 en Ginebra. Mumford escribe: "Si la administración hubiera entendido su calidad, toda la evolución de la arquitectura moderna hacia un nuevo monumentalismo habría avanzado décadas."

Plate from Giedion's essay "The Need for a New Monumentality" illustrating Le Corbusier's scheme for the League of Nations in Geneva, of 1927. Mumford writes, "The whole development of modern architecture towards a new monumentality would have been advanced for decades, if the officials could have understood its quality."

especial, ¿pero por qué un edificio administrativo, un edificio donde se trabaja, no puede basarse en la poesía?" [18]

A finales de los años treinta, como Le Corbusier, Giedion había llegado a la conclusión de que la arquitectura moderna era el producto de una trágica escisión entre pensamiento y emoción, y que para superar esta escisión era necesaria una inyección de "imaginación espacial". Este tema, que se reflejaría en los primeros CIAM de la posguerra, sobre todo por la aportación del joven Aldo van Eyck, sería clave en los debates de Bridgwater (1947), Bérgamo (1949) y Hoddesdon (1951). En el congreso sobre el "corazón de la ciudad" celebrado en Hoddesdon, Sert, presidente de los CIAM de la posguerra, estaba entre aquellos que defendieron con mayor vehemencia que la arquitectura se alejara del funcionalismo ortodoxo:

> "La necesidad de lo superfluo es tan vieja como la humanidad. Ya es hora de reconocerlo abiertamente y acabar con las engañosas actitudes que intentan buscar una justificación funcional a elementos que resultan francamente superfluos si se los juzga según los rígidos parámetros arquitectónicos de los años veinte. Esto no significa que los edificios no deban ser funcionales. Deben serlo, tanto como siempre hemos pretendido.
>
> Los elementos que pueden añadirse para lograr una mayor expresividad arquitectónica, una plasticidad más rica o una calidad más escultórica no deben obstaculizar la funcionalidad de ningún modo. Tampoco deben tomar prestada ninguna inspiración de estilos pasados. Los mejores pintores y escultores de nuestra época han encontrado nuevos medios de expresión. Ellos nos enseñan el camino hacia una arquitectura más completa." [19]

De esta manera, Sert recuperaba el tema de la síntesis estética de Le Corbusier, añadiéndole matices humanistas característicos del período de la inmediata posguerra. Al mismo tiempo, no es casual que la nueva voluntad de Giedion y Sert para admitir las "ventajas del lujo" y el valor simbólico en la arquitectura surgieran de su experiencia directa de una América que se acercaba a una nueva era de plenitud.

6. *Pseudo-Monumentality.* Reproducida como ilustración del artículo de Sigfried Giedion "The Need for a New Monumentality", en ZUCKER, Paul, *New Architecture and City Planning* (1944), comparando dos edificios de 1937, la House of German Art de Ludwig Troost, en Munich, construida por encargo de Adolf Hitler, y el Mellon Institute de Pittsburgh, Pensilvania, construido bajo los auspicios del New Deal de Franklin Delano Roosevelt.

6. "Pseudo-Monumentality". Plate from Sigfried Giedion's essay "The Need for a New Monumentality" in Paul Zucker, *New Architecture and City Planning* (1944), comparing two buildings of 1937, Ludwig Troost's House of German Art in Munich built for Adolf Hitler, and the Mellon Institute in Pittsburgh, Pennsylvania, built under the auspices of Franklin Delano Roosevelt's New Deal.

De todos modos, el reconocimiento de una riqueza de expresión en la arquitectura moderna no implicaba ni justificaba la monumentalidad automáticamente, y el problema de liberarla de sus asociaciones autoritarias seguía planteado. En un texto que apareció en el libro de Zucker de 1944, abriendo una sección de cinco partes titulada "The Problem of a New Monumentality", Giedion reflexionaba sobre la diferencia entre la nueva monumentalidad que él proponía y la "seudomonumentalidad". [20] Reconocía que la imaginería monumentalista había sido mal utilizada frecuentemente por el gusto oficial a lo largo del último siglo, y yuxtaponía una fotografía del edificio que albergaba la Haus der Deutschen Kunst de Munich, obra de Ludwig Troost, a otra del Mellon Institute de Pittsburg, en el estado de Pensilvania. Los dos edificios se habían construido en 1937 con un mismo lenguaje clasicista de órdenes gigantes y Giedion pretendía demostrar que la afinidad por la pompa académica no se limitaba a una sola ideología. Aunque la arquitectura moderna "tuvo que empezar por lo más difícil", por abordar cuestiones exclusivamente funcionales y técnicas, "la reconquista de la expresión monumental" ya no suponía una contradicción sino que se situaba en la misma trayectoria evolutiva. Así, el arte no era un añadido decorativo, sino el medio definitivo para "moldear la vida emocional de las masas". Este último objetivo era lo que distinguía la auténtica

- whether produced by a feat of engineering, nature, or an unconscious process of agglomeration, awesome as such phenomena might be - on the other. [21] The construction of impressive civic and community centers was a conscious architectural task, in Giedion's view, key to forming "the great public" (an echo of Dewey), and incapable of being carried out by, for example, radio or television. The contemporary civic center was to be a site for "collective emotional events", from recreational activities to festivals and spectacles; even such "ephemeral monuments" as firework displays might satisfy people's "irrepressible longing" for symbols.

For Giedion, monumentality was fundamentally linked to architecture's capacity to embody collective feeling. A painting like Picasso's *Monument en Bois* - a colossal head of 1930, gaping and grotesque - not only prophesied the "blood and horror" of the present war, but signified "a rebirth of a lost sense of monumentality". In the *terribilità* of Picasso's image, which Giedion used to illustrate one of the final sections of his essay entitled "Painting Forecasting Monumentality", just as in the nostalgic sentimentality of the old French song *Auprès de ma Blonde* that begins the "Nine Points on Monumentality", one cannot fail to sense the overwhelming feelings of dread and loss on the part of European refugees sitting out the cataclysm of the war - however gregariously - in New York City. The New Monumentality was a response to the pathos of world events.

By comparison to Giedion's essay, Sert's essay in the Zucker book, which appeared in the preceding section entitled "City and Regional Planning", was more pragmatic, and remained close to the line established at Athens and in *Can Our Cities Survive?* Yet Sert too, in taking as his theme the need for a human scale in planning, gave primary focus to the civic and cultural center as "the most important element of a big city", implicitly elevating it to the status of a fifth function, beyond CIAM's categories of dwelling, circulation, leisure and work. [22] Diagramming the ascending hierarchy of relationships between neighborhood units, township units, and the overall city, each subset organized around an accessible and increasingly more monumental civic nucleus, he proposed to mediate between "the human qualities existing in some medieval cities" and "the advantages of the modern open plan". Two years later, in his plan for the City of Motors in Brazil, executed in partnership with Paul Lester Wiener, he would elaborate these relationships in detail. The scheme featured a pedestrian-zoned civic center accessibly located with respect to the city's residential areas and main roads, and designed around a *praça* - town square - and *passeio* - sun-shaded promenade -, public spaces derived from colonial towns in Brazil.

In his essay Sert also criticized contemporary tendencies to suburbanism, arguing that "the future plans of cities should be organic and recentralized". This was a rejection not only of the ad hoc suburbanization of the North American landscape, but also of planned decentralization as propounded by the apostles of the Garden City (Mumford) and Broadacres (Wright). Yet while rejecting a decentralized urbanism, he specifically borrowed from the American discourse of organic growth and change: "The city [sh]ould grow like a plant does, in an organic manner. This planned organic growth would be the opposite of the anarchial expansion of our cities as they have developed in the last hundred years." [23]

As put forward by Sert, Léger and Giedion, the New Monumentality thus represented a confluence of European, American, and specifically

Pablo Picasso, *Monument en bois*, 1930. Ilustración del artículo de Giedion "The Need for a New Monumentality". En el pie de foto, Giedion escribe: "Estudio de una escultura moderna de gran escala (la figura humana situada en la esquina inferior izquierda puede indicar la dimensión aproximada). Picasso no especificaba qué intención tenían sus estudios de un monumento de 1930. Sin embargo, está claro que esos esbozos prefiguran la realidad y que el significado inherente del símbolo no se ha revelado hasta hoy. Simboliza nuestra actitud hacia la guerra..."

Pablo Picasso, *Monument in Wood*, 1930. Plate from Giedion's essay "The Need for a New Monumentality". Giedion states in the caption, "Sketch for a modern sculpture of enormous scale (the human figure at the lower left corner may indicate the approximate dimension). Picasso did not specify for what purpose his studies for a monument in 1930 were meant. But it is now clear that these sketches forecast the reality and that the inherent significance of the symbol has not revealed itself until today. It symbolizes our attitude towards the war..."

monumentalidad de la falsa retórica, por una parte, y de la mera grandiosidad – ya fuera producida por una proeza de la ingeniería, por la naturaleza, o por un proceso inconsciente de aglomeración, por imponente que pudiera ser –, por otra. [21]
La construcción de grandes centros cívicos y comunitarios era una tarea arquitectónica consciente, según Giedion, crucial para la formación del "gran público" (resonancias de Dewey), que no podía llevarse a cabo, por ejemplo, mediante la radio o la televisión. El centro cívico contemporáneo debía ser un espacio para los "actos colectivos emocionales", desde actividades recreativas a festivales y espectáculos, incluyendo "monumentos efímeros" como exhibiciones de fuegos artificiales, capaces de satisfacer el "anhelo incontenible" de símbolos que caracteriza al pueblo.

Para Giedion, la monumentalidad estaba íntimamente ligada a la capacidad de la arquitectura de representar los sentimientos de la colectividad. Una pintura como el *Monument en bois*, de Picasso – una cabeza colosal de 1930, boquiabierta y grotesca –, no sólo auguraba la "sangre y el horror" de la guerra, sino que también significaba "el renacimiento del sentido olvidado de la monumentalidad". En la *terribilità* de la imagen picassiana, que Giedion utilizaba para ilustrar uno de los últimos apartados de su texto titulado "Painting Forecasting Monumentality", como en el sentimentalismo nostálgico de la vieja canción francesa *Auprès de ma blonde* que inicia "Nine Points on Monumentality", es difícil sustraerse a las abrumadoras sensaciones de temor y pérdida que invadían a los refugiados europeos que asistían al cataclismo bélico desde Nueva York, aunque vivieran de una forma gregaria. En este sentido, la nueva monumentalidad era una respuesta al *pathos* de los acontecimientos mundiales.
Comparado con el artículo de Giedion, el texto de Sert publicado en el libro de Zucker y que apareció en el apartado titulado "City and Regional Planning", era mucho más pragmático y se mantenía fiel a la línea establecida en Atenas y en *Can Our Cities Survive?* Sin embargo, al enfatizar la necesidad de un urbanismo a escala humana, Sert daba primacía al centro cívico y cultural como "el elemento más importante de una gran ciudad", elevándolo implícitamente al estatus de una quinta función, más allá de las categorías estipuladas en los CIAM: vivienda, trabajo, ocio y transporte. [22] Estableciendo una jerarquía de relaciones desde la unidad residencial hasta el barrio y la ciudad, con cada unidad organizada alrededor de un núcleo cívico cada vez más monumental, Sert proponía enlazar "las cualidades humanas existentes en algunas ciudades medievales" y "las ventajas de la moderna planificación abierta". Dos años más tarde, en su plan de la Ciudad de los Motores de Brasil, realizado en colaboración con su socio Paul Lester Wiener, analizaría esas relaciones en detalle. El plan incluía un centro cívico peatonal, fácilmente accesible desde las zonas residenciales de la ciudad y las arterias de circulación principales, organizado alrededor de una plaza y un paseo sombreado, inspirados en los espacios públicos de las ciudades coloniales brasileñas.
En su artículo, Sert también criticaba la tendencia norteamericana a crear barrios residenciales en las afueras de las ciudades, arguyendo que "los futuros planes de ciudades debían ser orgánicos y recentralizados". Esto implicaba un rechazo frontal no sólo a la "suburbanización" *ad hoc* del paisaje norteamericano, sino también a la descentralización planificada de los defensores de la Ciudad Jardín (Mumford) y de Broadacre (Wright). Sin embargo, aunque rechazaba un urbanismo descentralizado, adoptaba algunas ideas del discurso americano de cambio y crecimiento orgánico: "La ciudad debería crecer como una planta,

Ilustración del artículo de Sert "The Human Scale in City Planning", en un esquema de la relación entre unidades residenciales, centro urbano y centro cívico.
Plate from Sert's essay "The Human Scale in City Planning" in Paul Zucker, *New Architecture and City Planning* (1944). Sert takes the medieval city as a model of humanly scaled civic life.

wartime themes, a moment of convergence between European modernist aesthetics and American technological and ideological ascendency. On the one hand, there was the Corbusian synthesis of the arts and the "natural" evolution of CIAM urbanism to include a fifth, civic function.

On the other, there was the impact of American civilization with its unprecedented magnitudes, energies and triumphalism. Not coincidentally the intensification of the monumentality debate in the second half of the forties would parallel the emergence of Abstract Expressionist painting in New York, both aesthetics predicated on bold, large-scale expression. [24]

In political terms, the war marked the end of isolationism for the United States and a victorious coming of age. The nation had mobilized its "arsenal of democracy" with stunning swiftness, and – to evoke the title of Giedion's self-described "American" book, written between 1941 and 1945 and published in 1948 – mechanization took command of the imagination. In 1941, the year the United States entered the war, Henry Luce, captain of industry and publisher of *Life*, *Fortune*, and *Time* magazines, urged the nation to seize the opportunities and responsibilities of the new "American century". Two years later, Wendell Wilkie, a Republican congressman, was inspired by his 49-day, 31,000-mile flight around the world aboard a converted army bomber to a new vision of global interdependence. "There are no distant points in the world anymore", declared Wilkie in a best-selling book, *One World*, calling on the United States to turn its sights from the immediacy of wartime battlefronts to the task of postwar planning for world peace and international trade. Wilkie's book gave impetus to the formation of the United Nations, to be established just after the war ended. At this same time, in the political climate of the incipient *pax Americana*, Giedion and Sert undertook to establish an American section of CIAM in New York. [25]

The exhilarating sense of power afforded by the air-borne view likewise inspires the last point of "Nine Points on Monumentality", in which Sert, Léger and Giedion describe the ideal vantage point from which to behold the vast new urban ensembles that they envision:

> Man-made landscapes would be correlated with nature's landscapes and all elements combined in terms of the new and vast facade, sometimes extending for many miles, which has been revealed to us by the air view. This could be contemplated not only during a rapid flight but also from a helicopter standing in mid-air.

During the war the aerial perspective became a common tool of reconnaissance and reportage. The observer's elevation above the ground plane allowed both precision and – equally significant – emotional distancing. This "pilot" perspective may also be sensed in Sert and Wiener's successive schemes proposed for South American cities from 1945 to 1952. The top-down mode of urban planning and representation was, of course, derived from Le Corbusier. Le Corbusier's own flights over the South American continent in the 1930s had,

"The New Perspective". Ilustración de *Can Our Cities Survive?* (1942). El pie de foto de Sert dice: "La vista aérea revela una nueva "fachada" urbana, una perspectiva hasta ahora desconocida. Aquí no hay un edificio individual, ni una calle, ni un barrio, sino la ciudad entera, y con ella, una revelación de su composición."
"The New Perspective". Plate from *Can Our Cities Survive?* (1942). Sert's caption reads, "Air views reveal a new urban 'facade', a perspective never before known. Here is no individual building, or street, or neighborhood, but the whole city and, with it, a revelation of its composition."

Portada de *Progressive Architecture* (septiembre 1946), con el anuncio de un artículo sobre la brasileña Cidade dos Motores de Sert y Wiener.
Cover of *Progressive Architecture*, September 1946, with feature article on Sert and Wiener's Cidade dos Motores for Brazil.

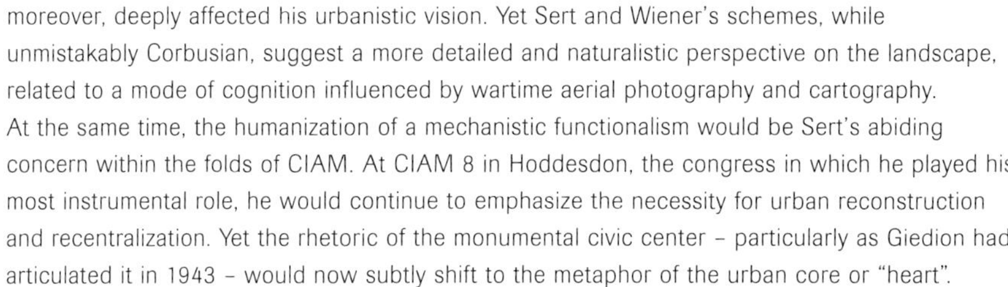

moreover, deeply affected his urbanistic vision. Yet Sert and Wiener's schemes, while unmistakably Corbusian, suggest a more detailed and naturalistic perspective on the landscape, related to a mode of cognition influenced by wartime aerial photography and cartography.

At the same time, the humanization of a mechanistic functionalism would be Sert's abiding concern within the folds of CIAM. At CIAM 8 in Hoddesdon, the congress in which he played his most instrumental role, he would continue to emphasize the necessity for urban reconstruction and recentralization. Yet the rhetoric of the monumental civic center – particularly as Giedion had articulated it in 1943 – would now subtly shift to the metaphor of the urban core or "heart".

At a moment when the Cold War was escalating precipitously and a monumental city center was under construction in East Berlin as a showpiece of socialist realism, the Western guard of CIAM chose to put the accent on spontaneity, diversity and everyday sociality rather than on large-scale architectural set pieces seen from above. In the publication of the proceedings of the Hoddesdon congress, Sert, who opened his introductory remarks with a long quotation from Ortega y Gasset's *Revolt of the Masses*, offered the Italian piazza as a paradigm, criticizing New York City in a caption to a photograph of the ice skating rink at Rockefeller Center for having few appropriate public gathering spaces amid its tall buildings. [26]

Given Sert's inherently European outlook on urbanism and society, his decision to remain in the United States after the 1940s, becoming an American citizen in 1951 and dean of Harvard's Graduate School of Design in 1953, might seem surprising. Despite his extended sojourn in the United States and certain American (North and South) inflections and adaptations over the years, he would remain fundamentally loyal to his formation in Le Corbusier's atelier and GATCPAC and his Catalan roots.

As Giedion noted in 1967 in an introduction to a monograph on Sert's work, "The longer he has lived away from Spain – in Paris, New York and later in Harvard – the stronger the Mediterranean note has sounded." [27] It would seem that for Sert the condition of living between two cultural identities afforded a productive dialectic.

Sert would also continue to promote the integration of contemporary art and architecture throughout his life, maintaining his close and fruitful ties with painters, sculptors and other artists both personally and professionally. Miró, whose popularity in the United States nearly matched that of Picasso, finally came to the United States for the first time in 1947, having been commissioned to paint a mural for a hotel in Cincinnati, Ohio, designed by Skidmore, Owings & Merrill. Like the artists who had preceded him during the war years, Miró found New York astonishing in the gigantic

Escenas de la película de Hans Richter, *8 x 8*, rodada en 1957, en el césped de la casa de Richter en Connecticut.
Scenes from Hans Richter's film, *8 x 8*, shot on the lawn of Richter's house in Connecticut, 1957.

ricanos y cuestiones específicas de los tiempos de guerra en un momento de convergencia entre la estética abstracta europea y el liderazgo tecnológico y geopolítico de Estados Unidos. Por una parte, estaba la síntesis de las artes formulada por Le Corbusier y la evolución "natural" del urbanismo de los CIAM para incluir una quinta función cívica. Por otra, estaba el impacto de la civilización americana con sus nuevas magnitudes, sus energías y su ideología triunfalista. Tampoco es casual que la intensificación del debate sobre la monumentalidad durante la segunda mitad de los años cuarenta coincidiera con el nacimiento de la pintura expresionista abstracta en Nueva York, una estética que también abogaba por una expresión directa y a gran escala. [25]

Desde el punto de vista político, la guerra marcó el fin del aislamiento norteamericano y el inicio de una nueva era. El "arsenal de la democracia" se había movilizado con una celeridad sorprendente y – evocando el título del libro "americano" de Giedion, publicado en 1948 –, la mecanización tomó el mando de la imaginación. En 1941, el año en que Estados Unidos entró en la guerra, Henry Luce, líder en la industria y editor de las revistas *Life*, *Fortune* y *Time*, apremió a la nación a aprovechar las oportunidades y responsabilidades del nuevo "siglo americano". Dos años después, el congresista republicano Wendell Wilkie se inspiró en su vuelo de 49 días alrededor del mundo en un bombardero del ejército para ofrecer una nueva visión de interdependencia mundial. "Ya no hay distancias en el mundo", declaró Wilkie en su best-seller *One World*, llamando a Estados Unidos a apartar la vista de la inmediatez de los frentes de guerra y concentrarse en planificar la posguerra para la paz mundial y el comercio internacional. El libro de Wilkie contribuyó a impulsar la creación de las Naciones Unidas, que se constituyeron justo después del final de la guerra. En aquel clima incipiente de *pax americana*, Giedion y Sert emprendieron la creación de la sección americana de los CIAM en Nueva York. [26]

La estimulante sensación de poder que ofrecía aquella nueva visión aérea inspiró también el último punto de "Nine Points on Monumentality", en el que Sert, Léger y Giedion describen el punto estratégico ideal para percibir los vastos conjuntos urbanos que propugnaban:

> "Los paisajes crados por el hombre se equiparán a los paisajes naturales, y todos los elementos se combinarán en función de la nueva gran fachada revelada por la perspectiva aérea y que puede abarcar grandes extensiones. Esta perspectiva no sólo se conseguirá durante un viaje rápido en avión, sino también desde un helicóptero parado en pleno vuelo."

Durante la guerra, la perspectiva aérea se había convertido en una herramienta habitual de reconocimiento y documentación. La elevación del observador sobre el nivel del suelo permitía una notable precisión, y al mismo tiempo, otro factor importante: un cierto distanciamiento emocional. Esta perspectiva de "piloto" también caracteriza los planes sucesivos de Sert y Wiener para América Latina desde 1945 a 1952. Esta modalidad aérea de planeamiento y representación urbana se deriva obviamente de Le Corbusier, cuyos viajes en avión por el continente suramericano en la década de los treinta habían influido profundamente su visión del urbanismo. Con todo, los planes de Sert y Wiener de finales de los cuarenta, aunque seguían plenamente la línea de Le Corbusier, dibujaban una perspectiva más detallada y naturalista del paisaje, asociada a un modo de percepción propi-

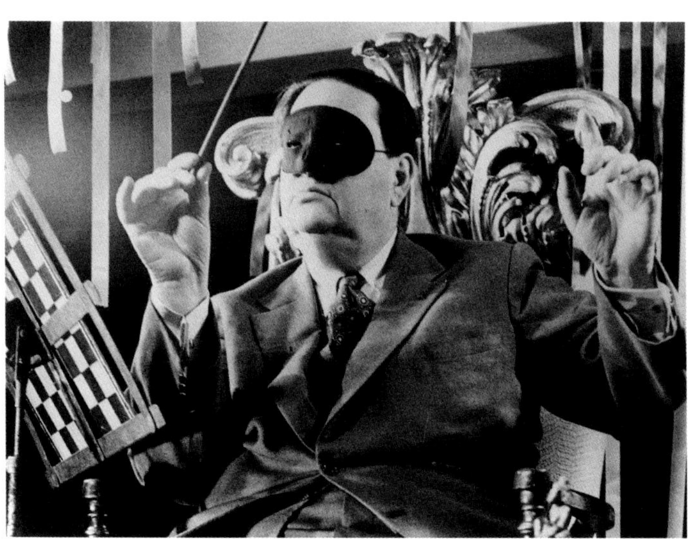

ciado por la fotografía aérea y la cartografía de los tiempos de guerra. Al mismo tiempo, en el seno de los CIAM, la preocupación principal de Sert era la humanización del funcionalismo mecanicista. En el VIII CIAM celebrado en Hoddesdon, donde ejerció el papel más decisivo, Sert continuó subrayando la necesidad de reconstrucción y recentralización urbana. Pero la retórica del centro cívico monumental – tal como la había definido Giedion en 1943 – se orientaría sutilmente hacia la metáfora del núcleo o "corazón" de la ciudad. En un momento de clara intensificación de la guerra fría, y coincidiendo con la construcción de un centro monumental en el Berlín Este como muestra emblemática del realismo socialista, la salvaguarda occidental de los CIAM ponía deliberadamente el acento en la espontaneidad, la diversidad y la vida social cotidiana, descartando los elementos arquitectónicos de gran escala visibles desde el espacio aéreo. En la publicación de las actas del congreso de Hoddesdon, Sert – que había iniciado su introducción con una larga cita de *La rebelión de las masas* de Ortega y Gasset – proponía la plaza italiana como paradigma, y observaba, en un pie de foto de la pista de hielo del Rockefeller Center, que Nueva York tenía muy pocos espacios públicos de reunión entre sus elevados edificios. [27]

En este sentido, la decisión de Sert de quedarse en Estados Unidos después de los años cuarenta, y de convertirse en ciudadano americano en 1951, asumiendo el decanato de la Harvard Graduate School of Design en 1953, parece en cierto modo paradójico considerando su visión social y urbanística profundamente europea. Pese a su prolongada estancia en Estados Unidos y a ciertas inflexiones y adaptaciones americanas (del Norte y el Sur) a lo largo de los años, en líneas generales, Sert se mantendría fiel a su formación en el estudio de Le Corbusier, al GATCPAC y a sus raíces catalanas. Tal como observó Giedion en 1967, en la introducción a una monografía sobre la obra de Sert: "Cuanto más tiempo llevaba viviendo fuera de España – en París, en Nueva York y más tarde en Harvard –, más intensamente ha expresado su carácter mediterráneo". [28] Aparentemente, el hecho de vivir entre dos identidades culturales distintas le aportaba una productiva dialéctica.

Sert continuó fomentando la integración del arte y la arquitectura contemporáneos a lo largo de toda su vida, manteniendo sus estrechos y fructíferos lazos con pintores, escultores y otros artistas, tanto a nivel personal como profesional. Miró, cuya popularidad en Estados Unidos prácticamente igualaba la de Picasso, visitó por primera vez el país en 1947, cuando le encargaron un mural para un hotel en Cincinnati (Ohio), obra de Skidmore, Owings & Merrill. Como a los artistas que le habían precedido durante los años de la guerra, a Miró le sorprendieron e impactaron las dimensiones colosales de los edificios neoyorkinos y el frenético ritmo de la vida cotidiana, como "un golpe en el plexo solar". [29] Pasó ocho meses trabajando en el mural en un estudio de Nueva York, tres de los cuales vivió en casa de su amigo Sert. Ocho años más tarde, Miró le pidió a Sert que le diseñara su gran estudio

Escena de la película de Hans Richter, *8 x 8*. Marcel Duchamp, sentado en el árbol, actúa como árbitro en una partida de ajedrez con piezas humanas.
Scene from Hans Richter's film, *8 x 8*. Marcel Duchamp, sitting in the tree, acts as referee for a game of human chess.

dimensions of its buildings and the intense rhythm of its daily life - "a blow to the solar plexus". [28] He spent eight months working on the mural in a studio in New York, three of them living in his friend Sert's apartment. Eight years later Miró would ask Sert to design a large studio for him in Palma de Mallorca, resulting in a sensitive and imaginative interpretation by Sert of the painter's milieu.

At the end of the forties Sert and Wiener would invite the painter Hans Hofmann to collaborate on the civic center of a scheme for the new city of Chimbote in Peru. Hofmann's projected mosaic decoration for a monumental bell tower in the civic center plaza was shown at the Kootz Gallery in New York in 1950 in an exhibition entitled *The Muralist and the Modern Architect*. The collaborative effort received praise from a reviewer in the *New York Times*, who wrote, "The painter's audacity matches the boldness of the enormous, unrelieved white area." [29]

In a different vein, Sert began working just after the war together with the art critic James Johnson Sweeney on a monograph on Antoni Gaudí. This book would be published in 1960 with a cover and jacket designed by Miró. In their introduction, the authors stated their aim to counter the historiography that had all but excluded from its canonical texts this singular Catalan representative of the architectural *Gesamtkunstwerk*. [30]

Finally, a more playful side of Sert's relationship with the world of art is revealed by his participation in Hans Richter's Surrealist film *8 x 8*, which had its premiere in New York in 1957. In this "film-poem", subtitled *A Chess Sonata for Film* and consisting of "eight improvisations" on the game of chess, Richter's friends - "poets, painters, composers, architects, and pretty women" - played the chief parts. Besides Sert, the cast included Jacqueline Matisse, Marcel Duchamp, Yves Tanguy, Julian Levy, Richard Huelsenbeck, Max Ernst and Dorothea Tanning, Jean Cocteau, Paul Bowles, and in Sert's scene - a fantasy bullfight - Frederick Kiesler and Paul Lester Wiener. Sert, impressively costumed in a striped cape, played matador to Kiesler's bull, with Wiener as umpire. With Surrealist poetic justice, the bull was declared the victor.

The Surrealist chessboard may stand as a metaphor for the irrational game of obstacles, captures, forced moves and chance that governed the lives of refugee artists obliged to flee fascist oppression in the mid-twentieth century. Landing in the strange and often liberating new world of America, they encountered each other again, but in a very changed context. Two decades later, Sert recalled the curious happiness of those unsettled years in New York:

> We had a wonderful time in a little cottage we rented on Long Island. We had weekends with just gallons of California wine which were very fine. Some very interesting discussions came to pass there. It was a continuation, strange as it may seem, of things that had happened before. [31]

de Palma de Mallorca. Con esta obra, Sert ofreció una interpretación imaginativa y sensible del entorno vital del pintor.

Al final de los años cuarenta, Sert y Wiener colaboraron con el pintor Hans Hofmann en el proyecto para el centro cívico de la nueva ciudad peruana de Chimbote. El proyecto de Hofmann de un mosaico decorativo para el campanario monumental del centro cívico se exhibió en la Kootz Gallery de Nueva York en 1950, en una exposición titulada *The Muralist and the Modern Architect*. Esta colaboración obtuvo importantes elogios de un crítico de *The New York Times* quien escribió: "La audacia del pintor iguala a la potencia de la inmensa superficie blanca". [30] En un género distinto, al finalizar la guerra, Sert colaboró con el crítico de arte James Johnson Sweeney en una monografía de Gaudí. El libro se publicó en 1960 con cubierta y sobrecubierta diseñada por Miró. En la introducción, los autores polemizaban abiertamente con la historiografía que había excluido de sus textos canónicos al singular representante catalán de la *Gesamtkunstwerk* arquitectónica. [31]

Finalmente, un aspecto más lúdico de la relación de Sert con el mundo del arte se refleja en su participación en la película surrealista *8 x 8*, de Hans Richter, que se estrenó en Nueva York en 1957. En aquel "poema fílmico" subtitulado *A Chess Sonata for Film*, que consistía en "ocho improvisaciones" sobre el juego de ajedrez, los amigos de Richter – "poetas, pintores, compositores, arquitectos y mujeres guapas" – interpretaban los papeles principales. Además de Sert, el reparto incluía a Jacqueline Matisse, Marcel Duchamp, Yves Tanguy, Julian Levy, Richard Huelsenbeck, Max Ernst y Dorothea Tanning, Jean Cocteau, Paul Bowles, y finalmente, en la escena de Sert – una corrida de toros imaginaria –, Frederick Kiesler y Paul Lester Wiener. Sert, ataviado con una impresionante capa a rayas, ejercía de matador del toro Kiesler, y Wiener hacía de árbitro. Con justicia poética surrealista, el toro era declarado vencedor.

Podríamos considerar el ajedrez surrealista como metáfora de la irracionalidad del juego de obstáculos, capturas, movimientos forzados y en general del azar que gobernó las vidas de los artistas refugiados, obligados a huir de la represión fascista a mediados del siglo XX. Desembarcados en el extraño y liberador nuevo mundo de América, se reencontraron unos con otros, pero en un contexto muy distinto. Dos décadas más tarde, Sert recordaba la rara felicidad de aquellos años inciertos de Nueva York:

> "Nos lo pasábamos muy bien en una casita de campo que alquilamos en Long Island. Pasábamos los fines de semana bebiendo litros de vino de California, que era buenísimo. Allí tuvimos algunas discusiones muy interesantes.
> Era la continuación, por extraño que parezca, de cosas que ya habían pasado antes." [32]

Notes

1. Among the visitors recalled by Sert were Fernand Léger, Rufino Tamayo, André Masson, and Matthew Josephson, the chronicler of Surrealism. LIPMAN, Jean, *Calder's Universe*, Harrison House and Whitney Museum of American Art, New York, 1976, p. 28. Also see PETER, John, *The Oral History of Modern Architecture: Interviews with the Greatest Architects of the Twentieth Century*, Harry N. Abrams, New York 1994, p. 255.

2. "The Great Flight of Culture", *Fortune*, December 1941, p. 102. Also see a series of interviews conducted by James Johnson Sweeney, "Eleven European Artists in America", *Museum of Modern Art Bulletin*, vol. 13, no. 4-5 (September 1946).

3. "Some Words on Fernand Léger" (1955), in GIEDION, Sigfried, *architecture, you and me: The diary of a development*, Harvard University Press, Cambridge, Mass., 1958, pp. 53-54.

4. Conversation with Peter Blake, February 1997. Also see BLAKE, Peter, *No Place Like Utopia: Modern Architecture and the Company We Kept*, Alfred A. Knopf, New York, 1993, pp. 66-67; LIPMAN, Jean, *Calder's Universe*, pp. 28, 30.

5. PETER, *The Oral History of Modern Architecture*, p. 254.

6. LÉGER, Fernand, "New York" (1931), in idem, *Functions of Painting* (trans. Alexandra Anderson) Viking Press, New York, 1973, p. 84.

7. DALÍ, Salvador, *The Secret Life of Salvador Dalí*, Dial Press, New York, 1942, pp. 331-32.

8. RUBIN, William and LANCHNER, Carolyn, *André Masson*, Museum of Modern Art, New York, 1976, p. 161.

9. "Nine Points on Monumentality", in GIEDION, *architecture, you and me*, pp. 48-51. The statement was actually published first in the German version of the book: *Architektur und Gemeinschaft*, Rowohlt, Hamburg, 1956, pp. 40-42.

10. ZUCKER, Paul, *New Architecture and City Planning: A Symposium*, Philosophical Library, New York, 1944, pp. 549-568 (Giedion); pp. 392-412 (Sert). Zucker was a German émigré architect and architectural historian.

11. "Modern Architecture and Color", *American Abstract Artists*, New York, 1946; republ. in Léger, *Functions of Painting*, pp. 149-54. Publ. in slightly different form as "On Monumentality and Color", in GIEDION, *architecture, you and me*, pp. 40-47.

12. George L. K. Morris (leader of the American Abstract Artists group), in LÉGER, Fernand, *Functions of Painting*, xii.

13. LÉGER, Fernand, "On Monumentality and Color", p. 42.

14. Ibid., 46-47. Also cf. numerous essays in LÉGER, Fernand, *Functions of Painting*, including "The Wall, the Architect, the Painter" (1933); "The New Realism" (1935); "A New Space in Architecture" (1949); "Mural Painting and Easel Painting" (1950).

15. MUMFORD, Lewis, *The Culture of Cities*, Harcourt Brace Jovanovich, New York, 1970, p. 438. Mumford's argument followed that of Walter Curt Behrendt, who had taken a similar position in his book *Modern Building: its Nature, Problems and Forms*, Harcourt, Brace and Company, New York, 1937. In a section entitled "Disqualification for the Monumental" Behrendt wrote, "Whereas an aristocratic society indulges in erecting all kinds of monuments, using them to impress on the people the static character of the social building, a democratic society whose structure, based on the concept of organic order, is of dynamic character has no use, and therefore no desire, for the monument" (p. 182).

16. MUMFORD, Lewis, *The Culture of Cities*, pp. 439-40.

17. LLOYD WRIGHT, Frank, *When Democracy Builds*, rev. ed, University of Chicago Press, Chicago, 1945, pp. 4-5.

18. GIEDION, Sigfried, "The Dangers and Advantages of Luxury", *Focus* 3 (summer 1939); cit. in BOSMAN, Jos, "My Association with CIAM Gave Me a New Perspective", *Ekistics* 314/315 (Sept./Oct.-Nov./Dec. 1985), p. 480.

19. SERT, J. L., "Centres of community Life", in TYRWHITT, J., SERT, J. L. and ROGERS, E. N., eds., *The Heart of the City: Towards the Humanisation of Urban Life*, Pellegrini and Cudahy, New York, 1952, pp. 13-14.

20. This section also contains contributions by George Nelson, Louis I. Kahn, Philip L. Goodwin and Ernest Fiene.

21. With respect to the issue of "bigness", it is interesting to contrast Giedion's point of view with that of Kahn as expressed in his essay in the Zucker book. Giedion specifically states that "Architecture is not exclusively concerned with construction"; rather monumentality arises through the architect's conscious effort to give form to human emotional needs ("The Need for a New Monumentality", pp. 551, 564). Kahn, on the other hand, primarily concerned with new engineering and technical developments in this early (and not altogether consistent) essay, declares that monumentality "cannot be intentionally created" ("Monumentality", p. 578). Kahn's statement would be belied in coming decades by the deliberate monumentality of his own architecture.

22. SERT, J. L., "The Human Scale in City Planning", in ZUCKER, Paul, *New Architecture and City Planning*, p. 403. Sert had, in fact, included a discussion of the civic center in *Can Our Cities Survive?* that anticipates his subsequent essay. However, occurring at the very end of the book, the discussion seems an afterthought. *Can Our Cities Survive? An ABC of Urban Problems, Their Analysis, Their Solutions*, Harvard University Press, Cambridge, Mass., 1942, pp. 229-34.

23. Ibid., pp. 407, 408.

24. In 1947 Jackson Pollock, a great admirer of Picasso and Miró, would state, "I believe the easel picture to be a dying form, and the tendency of modern feeling is towards the wall picture or mural". Cited in Charles Harrison, "Modernism and the 'Transatlantic Dialogue'", in FRASCINA, Francis, ed., *Pollock and After: The Critical Debate*, Harper & Row, New York, 1985, p. 232. With respect to monumentality in the second half of the forties, the debate reached a pitch of intensity in the September 1948 issue of *The Architectural Review*, which published a series of contributions on the subject by Gregor Paulsson, Henry-Russell Hitchcock, William Holford, Walter Gropius, Lúcio Costa, Alfred Roth and Giedion. A late contribution by Lewis Mumford appeared in April 1949, in which Mumford judiciously revised his earlier stand, acknowledging the value of symbolism in architecture and redefining monuments as "a declaration of love and admiration attached to the higher purposes men hold in common".

25. On the initiative by Giedion and Sert to establish an American chapter of CIAM in 1943-44, see MUMFORD, Eric, *CIAM and the Discourse of Modern Urbanism*, Ph.D. diss., Princeton University, 1996, chapter 3, "Transplanting CIAM, 1938-1947". For a cynical recollection by the architect Harwell Hamilton Harris of the first meeting of the group's "constituting committee" in May 1944, see GERMANY, Lisa, *Harwell Hamilton Harris*, University of Texas Press, Austin, 1991, pp. 103-104. Besides Giedion, Sert, and Harris, present at the meeting were Marcel Breuer, Pierre Chareau, Serge Chermayeff, Walter Gropius, A. Lawrence Kocher, Knud Lonberg-Holm, László Moholy-Nagy, Paul Nelson, Richard Neutra, Oscar Nitzchke, Norman Rice, Oscar Stonorov and Ernest Weissmann. At the meeting, Neutra was elected president, Lonberg-Holm, Sert, and Nelson were elected vice-presidents, Harris was elected treasurer, and Stamo Papadaki was appointed acting secretary.

26. Sert, "Centres of Community Life", 4. While the shift within CIAM toward a philosophy of "growth and change" and everyday life is usually associated with Peter and Alison Smithson and the emergence of Team X at CIAM 9 in Aix-en-Provence (1953), the revision of Athens Charter urbanism is already anticipated at Hoddesdon in the reformulation of the idea of the urban center as a "gathering place".

27. BASTLUND, Knud, *José Luis Sert: Architecture, City Planning, Urban Design*, Frederick A. Praeger, New York, 1967, p. 7.

28. DUPIN, Jacques, *Joan Miró: Life and Work*, Harry N. Abrams, New York, 1962, p. 386.

29. *New York Times*, 1 October 1950.

30. JOHNSON SWEENEY, James and SERT, J. L., *Antoni Gaudí*, Frederick A. Praeger, New York, 1960, pp. 7-10.

31. PETERS, *The Oral History of Modern Architecture*, p. 255.

Notas

1. Entre los visitantes que recuerda Sert estaban Fernand Léger, Rufino Tamayo, André Masson y Matthew Josephson, el cronista del surrealismo. LIPMAN, Jean, *Calder's Universe*, Harrison House y Whitney Museum of American Art, Nueva York, 1976, pág. 28. Véase también PETER, John, *The Oral History of Modern Architecture: Interviews wit the Greatests Architects of the Twentieth Century*, Harry N. Abrams, Nueva York, 1944 pág. 255.

2. "The Great Flight of Culture", *Fortune*, diciembre 1941, pág. 102. Véase también una serie de entrevistas a cargo de James Johnson Sweeney, "Eleven European Artists in America", *Museum of Modern Art Bulletin*, vol. 13, nº 4-5, septiembre 1946.

3. "Some Words on Fernand Léger", 1955, en GIEDION, Sigfried, *Architecture, you and me: The diary of a development*, Harvard University Press, Cambridge, Mass, 1958, págs. 53-54.

4. *Conversation with Peter Blake*, febrero 1997. Véase también BLAKE, Peter, *No Place Like Utopia: Modern Architecture and The Company We Kept*, Alfred A. Knopf, Nueva York, 1993, págs. 66-67; LIPMAN, *Calder's Universe*; págs. 28, 30.

5. BLAKE, Peter, *The Oral History of Modern architecture*; pág. 254.

6. LÉGER, Fernand, "New York", 1931, en ídem, *Fonctions de la peinture*. Versión inglesa de A. Anderson, Viking Press, Nueva York, 1973, pág. 84.

7. DALÍ, Salvador, *The Secret Life of Salvador Dalí*, Dial Press, Nueva York, 1942, págs. 331-332, El libro se publicó originalmente en inglés en 1942, y sólo se tradujo posteriormente al castellano y catalán (Dasa Edicions, Barcelona, 1981; Empúries, Barcelona, 1993).

8. RUBIN, William, y LANCHNER, Carolyn, *André Masson*, Museum of Modern Art, Nueva York, 1976, pág. 161.

9. "Nine Points on Monumentality", en GIEDION, Sigfried, *Architecture, you and me*; págs. 48-51. El manifiesto se publicó originalmente en la versión alemana del libro: GIEDION, Sigfried, *Architektur und Gemeinschaft*, Rowohlt, Hamburgo, 1956, págs. 40-42.

10. ZUCKER, Paul, *New Architecture and City Planning: A Symposium* Philosophical Library, Nueva York, 1944, págs. 549-68, (Giedion); págs. 392-412 (Sert). Zucker era un emigrado alemán, arquitecto e historiador de la arquitectura.

11. "Modern Architecture and Color", *American abstract Artists* Nueva York, 1946. Repr. en LÉGER, Fernand, *Functions of Painting*; págs. 149-154. Publicado en versión ligeramente distinta como "On Monumentality and Color" en GIEDION, Sigfried, *Architecture, you and me*; págs. 40-47.

12. MORRIS, Georges L.K (líder del grupo American Abstract Artists), en LÉGER, Fernand, *Functions of Painting*, xii.

13. LÉGER, Fernand, "On Monumentality and Color", pág. 42.

14. Ibídem, págs. 46-47. Véanse también numerosos artículos de LÉGER, Fernand, *Functions of Painting*, incluyendo "The Wall, the Architect, the Painter" (1933); "The New Realism" (1935); "A New Space in Architecture" (1949); "Mural painting and Easel Painting" (1950).

15. MUMFORD, Lewis, *The Culture of Cities*, Harcourt Brace Jovanovich, Nueva York, 1970, pág. 438. La argumentación de Mumford seguía la de Walter Curt Behrendt, que había adoptado una postura similar en su libro *Modern Building: Its Nature, Problems and Forms*, Harcourt Brace Jovanovich, Nueva York, 1937. En un apartado titulado "Disqualification for the Monumental", Behrendt escribía: "Si una sociedad aristocrática se permite erigir toda clase de monumentos y los utiliza para imbuir a la gente del carácter estático de la construcción social, en una sociedad democrática, por su estructura basada en el concepto de orden orgánico, y por su carácter dinámico, el monumento es inútil, y por tanto, ni siquiera se plantea el deseo de erigirlo." pág. 182.

16. En 1932, Wright publica el libro *The Disappearing City*, donde manifiesta su desconfianza en la supervivencia de las ciudades actuales. En 1934 expone un proyecto de ciudad ideal denominada *Broadacre*, que asigna a cada ciudadano un acre de extensión (alrededor de 4.000 m²), dotando a cada familia de una zona verde lo bastante extensa como para independizarla completamente de los vecinos. (N. de T.)

17. MUMFORD, Lewis, *The Culture of Cities*, págs. 439-40.

18. LLOYD WRIGHT, Frank. *When Democracy Builds*, edic. revis., University of Chicago Press, Chicago, 1945, págs. 4-5.

19. GIEDION, Sigfried. "The Dangers and Advantages of Luxury", *Focus* 3 verano 1939; cit. en BOSMAN, Jos. "My Association with CIAM Gave Me a New Perspective", *Ekistics* 314/315 (septiembre-octubre-noviembre-diciembre 1985), pág. 480.

20. SERT, J.L., "Centres of Community Life", en edición de TYRWHITT, J., SERT, J.L. y ROGERS, E.N, *The Heart of the City: Towards the Humanisation of Urban Life* Pellegrini and Cudahy, Nueva York, 1952, págs. 13-14.

21. Este apartado contiene asimismo aportaciones de George Nelson, Louis I. Kahn, Philip L. Goodwin y Ernest Fiene.

22. Respecto al tema de la "grandiosidad", es interesante contrastar el punto de vista de Giedion con el de Kahn, tal como se expresa en su artículo del libro de Zucker. Giedion declara concretamente: "La arquitectura no se preocupa exclusivamente de la construcción", sino que más bien la monumentalidad surge del esfuerzo consciente del arquitecto por dar forma a las necesidades emocionales del ser humano. ("The Need for a New Monumentality", págs. 551, 564). Por otra parte, Kahn, que en este primer artículo (un texto todavía poco coherente) se mostraba preocupado sobre todo por los nuevos recursos técnicos y de ingeniería, declara que la monumentalidad "no puede crearse deliberadamente" ("Monumentality", pág. 578). En las décadas siguientes, el *deliberado* monumentalismo de la obra arquitectónica de Kahn desmentiría su declaración.

23. SERT, J.L. "The Human Scale in City Planning", en ZUCKER, *New Architecture and City Planning*; pág. 403. De hecho, Sert había incluido un análisis sobre el centro cívico en *Can Our Cities Survive?* que anticipa su texto subsiguiente. Con todo, como tiene lugar al final del libro, este análisis podría ser fruto de una idea que se le ocurrió a posteriori. *Can Our Cities Survive? An ABC of Urban Problems, Their Analysis, Their Solutions*, Harvard University Press, Cambridge, Mass., 1942, págs. 229-234.

24. Ibídem, págs. 407-408.

25. En 1947, Jackson Pollock, gran admirador de Picasso y Miró, declaró: "Creo que la pintura de caballete es una forma muerta, y la la sensibilidad moderna tiende a la pintura mural." Citado en HARRISON, Charles. "Modernism and the "Transatlantic Dialogue", en FRASCINA, Francis, ed. *Pollock and After: The Critical Debate*, Harper & Row, Nueva York, 1985, pág. 232. Respecto a la monumentalidad en la segunda mitad de los años cuarenta, el debate alcanzó un mayor grado de intensidad en un número de 1948 de *Architectural Review*, que publicó una serie de aportaciones sobre el tema de Gregor Paulsson, Henry-Russell Hitchcock, William Holford, Walter Gropius, Lucio Costa, Alfred Roth y Giedion. En abril de 1949 apareció una aportación posterior de Lewis Mumford, un texto donde el autor revisaba críticamente su postura anterior, reconociendo el valor simbólico en la arquitectura y redefiniendo los monumentos como "declaración de amor y admiración asociada a los fines más elevados que comparten los hombres."

26. Sobre la iniciativa de Giedion y Sert de establecer una sección americana de los CIAM en 1943-1944, véase MUMFORD, Eric, *CIAM and the Discourse of Modern Urbanism*, Tesis doctoral, Princeton University, 1996, capítulo 3, "Transplanting CIAM, 1938-1947". Una crónica irónica de la primera reunión del "comité constituyente" del grupo en mayo de 1944 es la que hace el arquitecto Harwell Hamilton Harris en GERMANY, Lisa. *Harwell Hamilton Harris*, University of Texas Press, Austin, 1991, págs. 103-104. Además de Giedion, Sert y Harris, estaban presentes en la reunión Marcel Breuer, Pierre Chareau, Serge Chermayeff, Walter Gropius, A. Lawrence Kocher, Knud Lonberg-Holm, Laszlo Moholy-Nagy, Paul Nelson, Richard Neutra, Oscar Nitzchke, Norman Rice, Oscar Stonorov y Ernest Weissmann. Durante la reunión, Neutra fue elegido presidente, Lonberg-Holm, Sert y Nelson vicepresidentes, Harris tesorero y Stamo Papadaki secretario.

27. SERT, J.L., "Centres of Community Life", 4. Si la evolución de los CIAM hacia una filosofía de "crecimiento y cambio" y vida cotidiana suele asociarse a Peter y Alison Smithson y la formación del grupo X en el IX CIAM, celebrado en Aix-en-Provence (1953), la revisión del urbanismo de la Carta de Atenas ya se prefigura en Hoddesdon con el replanteamiento de la idea del centro urbano como "lugar de reunión".

28. BASTLUND, Knud. *José Luis Sert: Architecture, City Planning, Urban Design*, Frederick A. Praeger, Nueva York, 1967, pág. 7.

29. DUPIN, Jacques, *Joan Miró: Life and Work*, Harry N. Adams, Nueva York, 1962, pág. 386.

30. *The New York Times*, 1 octubre 1950.

31. JOHNSON SWEENEY, James y SERT, Josep Lluís, *Antoni Gaudí* Frederick A. Praeger, Nueva York, 1960, pág. 7-10.

32. PETERS, *The Oral History of Modern Architecture*, pág. 255.

Costantino Nivola.
Maqueta en bajo relieve.
Originalmente concebida para el *showroom* de Olivetti en Nueva York e instalada por Sert en su edificio para el Science Center de Harvard University.
Maquette in bas-relief.
Originally conceived for the Olivetti Showroom in New York and later installed by Sert in his Harvard University Science Center.
Ruth Guggenheim Nivola Collection

CIAM and Latin America

ERIC MUMFORD

1 Introduction

Josep Lluís Sert (1902-1983) -disciple of Le Corbusier, President from 1947-59 of CIAM (Congrès Internationaux d'Architecture Moderne), and Dean of the Harvard Graduate School of Design from 1953-69- began his career in Barcelona. [1] After working for Le Corbusier in Paris in 1929, he attended the Second CIAM Congress, held in Frankfurt in that year. [2] On his return to Barcelona in 1930 he became a founding member of the GATCPAC (Grup d'Arquitectes i Tècnics Catalans per al Progrés de l'Arquitectura Contemporània), [3] the Catalan CIAM group. With the support of the new Catalan government the group worked with Le Corbusier to develop the Macià plan for Barcelona (1931-34). This plan -related to Le Corbusier's Ville Radieuse and based on zoning the city according to what would become known as the CIAM "four functions" of dwelling, work, recreation, and transportation- was one of the bases for the "Town Planning Chart" developed at the Fourth CIAM Congress of 1933, a version of which was later published by Le Corbusier as *La Charte d'Athènes* in 1943. [4]

After the fall of the Spanish Republic, Sert's ties to CIAM continued in exile in the United States, with the publication of his *Can Our Cities Survive?* in 1942, which included the first version of the "Town Planning Chart" to appear in English. [5]

At the same time Sert and his German-born partner, Paul Lester Wiener, began to receive commissions to prepare urban master plans in Brazil, Peru, Colombia, Venezuela and Cuba.

This paper examines three of these Latin American plans: the new towns of Cidade dos Motores, Brazil (1943-47) and Chimbote, Peru (1947-48), and the master plan for Bogotá, Colombia, developed with Le Corbusier (1949-53). In all these projects Sert and Wiener attempted to modify the earlier "functionalism" of CIAM by responding to perceived local cultural influences, while still retaining the basic approaches of what Gropius had in 1925 termed "international architecture."

This effort to combine "internationalism" with regionalism had many parallels elsewhere at this time, often part of an effort linked to Popular Front politics to soften the rigors of "international architecture" to better appeal to the masses. But in contrast to projects of this type in Europe, these projects of Sert in Latin America were connected to efforts by the United States to counter Axis influence. While the CIAM-inspired "internationalism" of these projects continued the emerging association of modern architecture with anti-Fascism, it also heralded the postwar association of modern architecture with urban social transformation spurred by American capital in "underdeveloped lands."

This shift in political role coincided with Sert's modification of CIAM strategies to include an urban "core" element with explicit formal ties to traditional Latin American town squares, an element which he described as a means to help promote democracy through collective association. This concern with the design of "civic centers" or "cores," along with the creation of "neighborhood units" of low-rise housing based on local vernacular precedents, would inform the postwar CIAM congresses, particularly CIAM 8 (1951),

"The Heart of the City." Though the political and economic realities of these projects' patronage made them at best the unrealized symbols of collective life rather than the means by which a new social order could be created, they illustrate the dilemmas and new formal directions of modernist urbanism as its political meanings shifted in the decade during and after the Second World War.

Los CIAM y Latinoamérica

ERIC MUMFORD

1 Introducción

Josep Lluís Sert (1902-1983), discípulo de Le Corbusier, presidente de los CIAM (Congrès Internationaux d'Architecture Moderne) de 1947 a 1959, y decano de la Harvard Graduate School of Design durante el período 1953-1969, inició su actividad profesional en Barcelona. [1] Después de trabajar con Le Corbusier en París, asistió al II CIAM, que se celebró en Francfort en el año 1929. [2] En 1930, al volver a Barcelona, se convirtió en miembro fundador del GATCPAC (Grup d'Arquitectes i Tècnics Catalans per al Progrés de l'Arquitectura Contemporània), [3] la sección catalana de los CIAM. Con el apoyo del nuevo gobierno de la Generalitat de Cataluña, el grupo trabajó con Le Corbusier en la elaboración del plan Macià para Barcelona (1931-1934). Aquel plan, asociado al concepto de Ville Radieuse de Le Corbusier y basado en la zonificación de la ciudad, según las "cuatro funciones" definidas por los CIAM –vivienda, trabajo, ocio y transporte–, constituyó una de las bases de la Carta Urbanística, redactada durante el IV CIAM, en 1933, y publicada más tarde, en 1943, en una versión de Le Corbusier titulada "La Charte d'Athènes". [4] Tras la caída de la República española, los vínculos de Sert con los CIAM continuaron en el exilio, en Estados Unidos, con la publicación de *Can Our Cities Survive?*, 1942, que incluía la primera versión en inglés de la Carta urbanística. [5] Al mismo tiempo, Sert y su socio alemán, Paul Lester Wiener, empezaron a recibir encargos para preparar planes directores de ordenación en algunas ciudades de Brasil, Perú, Colombia, Venezuela y Cuba.

Este artículo examinará tres de estos planes latinoamericanos: dos nuevas ciudades, Cidade dos Motores, en Brasil (1943-1947); y Chimbote, en Perú (1947-1948); y el plan general de Bogotá, en Colombia, en colaboración con Le Corbusier (1949-1953). En todas estas propuestas, Sert y Wiener intentaron adaptar el "funcionalismo" inicial de los CIAM a las influencias culturales que percibían en cada zona, pero manteniendo el enfoque básico de lo que Gropius había definido en 1925 como "arquitectura internacional".

El intento de combinar "internacionalismo" con regionalismo tuvo muchos paralelismos en esta época, a menudo integrados en la política de los frentes populares de mitigar los rigores de la "arquitectura internacional" y acercarla de este modo a las masas. Pero en contraste con otros proyectos europeos de este tipo, las propuestas de Sert en América Latina iban ligadas a la política estadounidense de contrarrestar la influencia del Eje Roma-Berlín. Si en aquellos proyectos el internacionalismo inspirado en el CIAM mantenía la asociación emergente de la arquitectura moderna con el antifascismo, también anunciaba el vínculo, característico de la posguerra, de la arquitectura moderna con la transformación social y urbana promovida por el capital norteamericano en "países subdesarrollados".

Este cambio en la orientación política coincidió con la modificación, por parte de Sert, de las estrategias de los CIAM, para incluir un nuevo núcleo de la ciudad que tuviera vínculos formales con las tradicionales plazas latinoamericanas, un elemento que él definió como instrumento para promover la democracia a través de la asociación colectiva. Esta preocupación por proyectar "centros cívicos" o "núcleos", junto con la creación de "unidades residenciales" de baja altura, basadas en precedentes locales, caracterizó las diversas ediciones de los CIAM que tuvieron lugar durante la posguerra, y particularmente el VIII CIAM, celebrado en 1951 y titulado "El corazón de la ciudad". Aunque la realidad política y económica los convirtió, en el mejor de los casos, en símbolos irrealizados de la vida colectiva y no en instrumentos para crear un nuevo orden social, estos proyectos ilustran los dilemas y las nuevas direcciones formales que tomó el urbanismo moderno, en la medida que su significado político fue cambiando a lo largo de la década, anterior y posterior a la II Guerra Mundial.

2 The Appearance of the Civic Center: the Brazilian Motor City

In 1939, the fall of the Spanish Republic and the near certainty of a wider war led Sert to leave Europe for the New World. Travelling by way of Havana, he arrived in New York that spring, living among expatriate European artists such as Hans Hoffmann, Léger, Mondrian, Calder, Gorky, and Buñuel. [6] With Walter Gropius's help, Sert approached Paul Lester Wiener (1895-1967), a German-born American architect based in New York. Through his father-in-law, Henry Morgenthau, Jr., Secretary of the Treasury under President Roosevelt, Wiener had developed extensive connections with the U.S. State Department, and had designed the exhibits and interiors of the Ecuadorian and Brazilian pavilions at the 1939 New York World's Fair. [7]

In 1942, Sert and Wiener formed a partnership which they called Town Planning Associates, setting up an office in midtown Manhattan; Paul Schulz soon joined them as an associate. [8] In the same year Wiener was appointed a guest lecturer at the University of Brazil, and the new firm began to seek town planning work in Latin America, where the influence of Le Corbusier was already considerable. Brazil at this time was under the leadership of Getúlio Vargas, a pragmatic dictator who sought to modernize the country while steering clear of both Communism and Fascism, both movements with many active supporters in Brazil in the 1930s. In rhetoric, at least, Vargas's "Estado Nôvo" came close to the technocratically inclined "Authority" sought by Le Corbusier as the patron for his ambitious program of social and urbanistic transformation. [9]

In May of 1943 Sert and Wiener were commissioned by the Chief of the Brazilian Airplane Factory Commission, Brigadier-General Antonio Guedes Muniz, to design a new town centered around an airplane engine factory. Brazil had been somewhat reluctantly brought into the Second World War in 1942 through a combination of the German sinking of Brazilian ships and intense American pressure, which included the promise of large loan guarantees from the Export-Import Bank for industrial development. The granting of the commission to a firm with close connections to the U.S. State Department was very likely linked to these efforts, and marks a change in the political context of CIAM townplanning efforts.

In the Macià plan for Barcelona, Sert and Le Corbusier had worked to implement the progressive aims of the local liberal (though not Communist or labor-dominated) Spanish Republican government. In Brazil, Sert was a foreign expert backed by the financial and military power of the U.S., serving the autocratic Vargas regime. While in both cases the architects sought to develop plans which would lessen worker dissatisfaction by providing low-cost housing and improving recreational opportunities and transportation, in Latin America the political significance of this work was different from what it had been in Barcelona. Instead of being tied to a locally-based progressive movement with strong regionalist overtones, the work in Brazil was part of a capitalist strategy of modernization backed by a foreign power with strategic interests in the region.

In discussing this work Sert emphasized his sympathy for "Mediterranean" aspects of Latin American culture and sought to distance himself from the usual North American town planning practices. As he and Wiener later wrote of Latin American urbanism at this time, North American influence has replaced the French, sometimes with doubtful benefit to the cities of Latin America. The influence of American movies is responsible for many skyscrapers in strange places, "country clubs", garden cities "à la Hollywood."

In contrast, Sert and Wiener's Cidade dos Motores, or Motor City, project was to be an industrial new town for 25,000 inhabitants on 250 acres of reclaimed marshland, and was

Pabellón de Brasil, exposición de Nueva York con busto de Getúlio Vargas.
Brazil Pavillion, New York World's Fair with bust of Getúlio Vargas.
Lucio Costa, Oscar Niemeyer, 1939.

2 La aparición del centro cívico: la *Cidade dos Motores* brasileña

En 1939, la caída de la República española y la inminencia de una guerra más generalizada llevó a Sert a abandonar Europa y trasladarse al Nuevo Mundo. Tras una escala en La Habana, llegó a Nueva York aquella primavera y convivió con diversos artistas europeos expatriados, como Hans Hoffmann, Léger, Mondrian, Calder, Gorky y Buñuel. [6] Por mediación de Walter Gropius, Sert conoció a Paul Lester Wiener (1895-1967), un arquitecto norteamericano de origen alemán y establecido en Nueva York.

A través de su suegro, Henry Morgenthau Jr., secretario del Tesoro durante el mandato presidencial de Roosevelt, Wiener había desarrollado amplios contactos con el Departamento de Estado norteamericano y había proyectado las exposiciones y los interiores de los pabellones de Ecuador y Brasil en la Exposición Universal de Nueva York de 1939. [7]

En 1942, Sert y Wiener formaron una sociedad que denominaron Town Planning Associates, con oficina en el centro de Manhattan. En seguida se unió a ellos Paul Schulz, en calidad de miembro asociado. [8]

El mismo año, Wiener fue contratado como profesor invitado en la Universidad de Brasil, y la nueva sociedad empezó a buscar encargos urbanísticos en América Latina, donde la influencia de Le Corbusier ya era considerable. En aquella época, Brasil estaba gobernado por Getúlio Vargas, un dictador pragmático que intentaba modernizar el país manteniendo a distancia a comunistas y fascistas, movimientos que contaban con militantes muy activos en el Brasil de los años treinta. A nivel retórico, por lo menos, el "Estado Novo" de Vargas tenía importantes afinidades con la "autoridad" de orientación tecnocrática anhelada por Le Corbusier para llevar a cabo su ambicioso programa de transformación social y urbanística. [9]

En mayo de 1943, el presidente de la Comisión de Fabricantes de Aviones de Brasil, el general de brigada Antonio Guedes Muniz, encargó a Sert y Wiener el proyecto de una nueva ciudad centrada alrededor de una fábrica de motores de avión.

En 1942, Brasil se había visto involucrado con cierta reticencia en la II Guerra Mundial, debido al efecto combinado del hundimiento de barcos brasileños a manos alemanas y la intensa presión americana, que incluía la promesa de importantes créditos del Export-Import Bank para el desarrollo industrial. Probablemente el encargo a un equipo de arquitectos con estrechas conexiones con el Departamento de Estado norteamericano iba muy ligado a dichos esfuerzos, y marcó un cambio en el contexto político del trabajo urbanístico de los CIAM.

En el plan Macià para Barcelona, Sert y Le Corbusier habían intentado implementar los objetivos progresistas del gobierno de la Generalitat (objetivos que no eran ni comunistas ni de orientación obrerista). En Brasil, Sert era un profesional extranjero apoyado por el poder financiero y militar de Estados Unidos, y servía a los intereses del régimen autócrata de Vargas.

Si en ambos casos los arquitectos pretendían desarrollar planes que mitigaran la insatisfacción de la clase trabajadora, ofreciendo viviendas sociales y mejorando las posibilidades de ocio y de comunicaciones, en América Latina, la significación política de este trabajo fue muy distinta que en Barcelona.

En lugar de vincularse a un movimiento progresista local de fuerte inspiración nacionalista, el trabajo en Brasil se integraba en una política capitalista de modernización apoyada por una potencia extranjera con fuertes intereses estratégicos en la región.

Al comentar el proyecto de la Cidade dos Motores, Sert subrayaba su simpatía por los aspectos "mediterráneos" de la cultura latinoamericana e intentaba distanciarse de las habituales prácticas urbanísticas norteamericanas. Tal como escribieron más adelante Wiener y él sobre el urbanismo latinoamericano de la época:

> La influencia norteamericana ha sustituido a la francesa, a veces con beneficios dudosos para las ciudades de América Latina. La influencia del cine ha dado lugar a la construcción de muchos rascacielos en emplazamientos extraños, y a clubs de campo y ciudades jardín al estilo Hollywood.

intended to be a model for other developments of the same kind. [10] The new town was to be situated twenty-five miles from Rio de Janeiro on the main highway to Petrópolis. The plan was an effort to apply "CIAM principles," and it has many similarities to Le Corbusier's plan for Nemours in North Africa of 1934, a paradigmatic CIAM project. [11] Both plans were for new towns "unencumbered" with existing urban fabric (at Nemours Le Corbusier had proposed razing the small existing settlement), and both schemes were based on zoning in terms of the CIAM "four functions" and the use of widely-spaced housing slabs set in greenery, organized into "neighborhood units" and linked by highways. [12]

There was one significant conceptual difference between the two plans, however: at the Motor City, the civic center element was developed and presented with much greater architectural specificity. A civic center location is indicated, without elaboration, on the plans for Nemours as they appear in the *Oeuvre complète*, but no detailed drawings of it are shown. At the Motor City, on the other hand, the civic center plan is described as "the heart of the city's life" and is drawn in detailed aerial perspective. Explicitly called a "praça," or town square with a "passeio," or promenade, it is shown as a semi-enclosed space and described as based on the plazas characteristic of Spanish and Portuguese colonial towns, whose design was codified in Spanish America by the "Laws of the Indies" of 1573. The plans called for an auditorium, municipal offices, a small high-rise hotel, and a pedestrian arcade of shops and restaurants under a continuous concrete parasol roof opening onto a semi-enclosed plaza facing a grove of trees; across a pedestrian bridge over the highway is a "cultural center" consisting of a technical high school, exhibition halls and a library, and a large outdoor stadium. Parking and extensive highway access is provided at the perimeter of the civic center, much as at pioneering North American shopping centers such as J.C. Nichols's Country Club Plaza in Kansas City (1923).

While the auditorium and horizontal offices wings around it may recall -in plan at least- Le Corbusier's design for the League of Nations headquarters, the remainder of the civic center has no precedent in the work of Le Corbusier or earlier CIAM conceptions of urbanism. Instead it seems to be a response to changes in CIAM thinking in the war years. In 1940, Lewis Mumford, when asked to write the introduction to Sert's presentation of CIAM in English, *Can Our Cities Survive?*, had written to Sert that he believed that the CIAM "four functions" did not seem to him to adequately cover the ground of city planning, since they did not include the political, educational, and cultural functions of the city, and he objected to CIAM's lack of focus on the design of buildings intended to house these functions.

These criticisms had little impact on *Can Our Cities Survive?* itself, but they seem to be reflected in Sert's 1943 essay, "The Human Scale in City Planning," a companion essay to Giedion's famous piece, "The Need for a New Monumentality". [13] Clearly in the line of Le Corbusier's earlier polemics for design in accord with "l'échelle humaine". Sert's essay emphasizes the need to "plan for human values" and to design cities based on the compact neighborhood unit, a concept already well-developed in the Garden City planning tradition. [14] In his essay Sert went beyond simply restating Garden City thinking about neighborhood units; he also argued that pedestrian civic centers ought to be created. Especially in large cities he asserted that the "civic and cultural center constitutes the most important element... its brain and governing machine," and in it should be found university buildings, museums, concert halls and theaters, a stadium, the central public library, administration buildings, "and areas especially planned for public gatherings, the main monuments constituting landmarks in the region, and symbols of popular aspirations..." [15]

This conception of the civic center, of course, bears more than a passing resemblance to earlier Beaux-Arts or City Beautiful notions, but these parallels are not acknowledged by Sert. Nothing in his essay suggests he disagreed with Giedion, who stated in his companion essay, "The Need for a New Monumentality," that "so-called monuments of recent date" were "empty shells" which "in no way represent the spirit or collective

Vista aérea del emplazamiento de la ciudad.
Aerial view of the site of the new town.
Colección Sert. Harvard University.

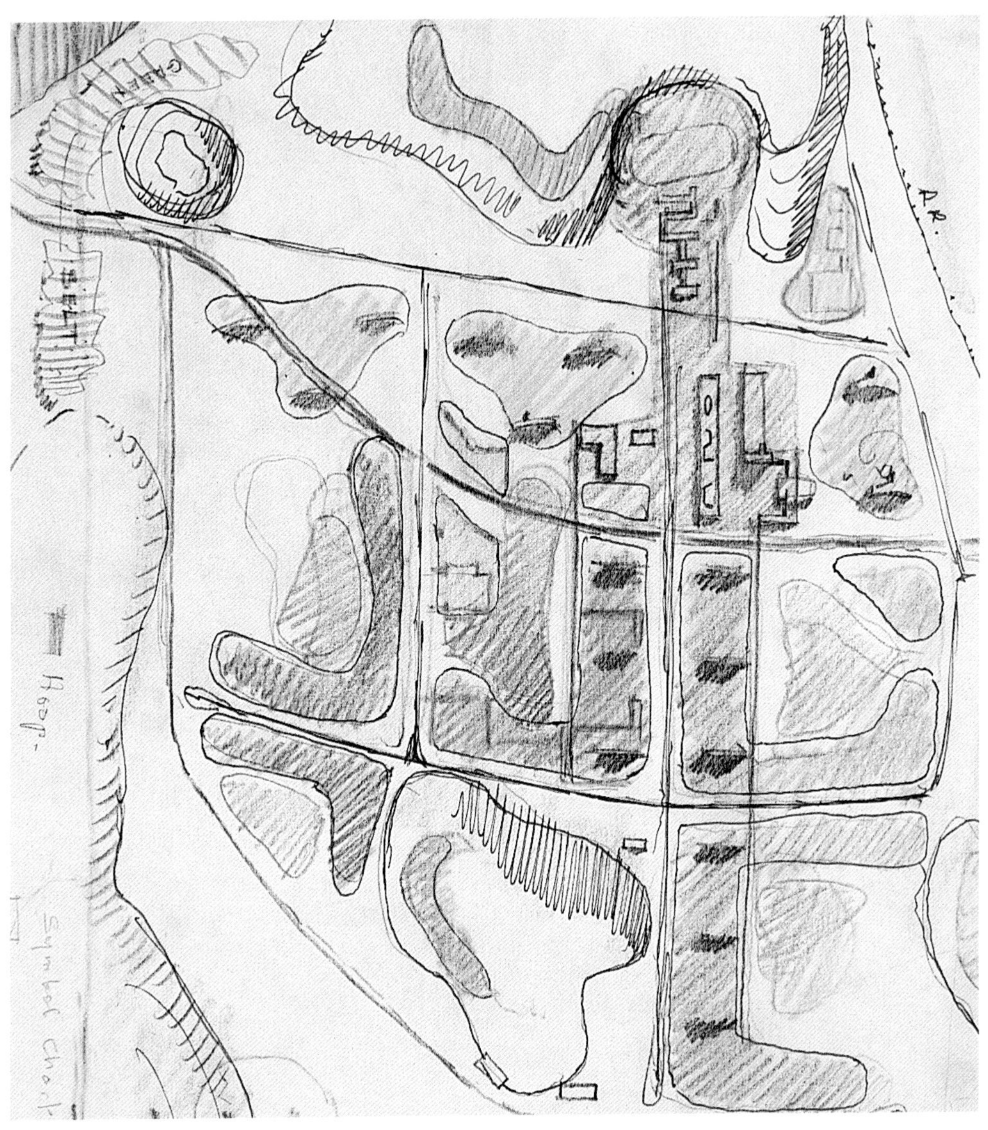

Esbozo de esquema urbano.
Sketch of urbanistic configuration.
Colección Sert.
Harvard University.

Plan de Nemours.
Nemours Plan.
Le Corbusier, 1934.

Sert y Wiener concibieron el proyecto de la Cidade dos Motores como una nueva ciudad industrial para 25.000 habitantes, construida sobre 250 acres de terreno pantanoso recuperado, con la pretensión de crear un modelo para otros proyectos similares. [10] La nueva ciudad tenía que situarse a unos cuarenta kilómetros de Río de Janeiro, en la principal autopista que une Río y Petrópolis. El plan era un intento de aplicar los "principios de los CIAM", y presenta múltiples similitudes con el plan que realizó Le Corbusier en 1934 para la ciudad de Nemours, en el norte de África, un proyecto paradigmático para los CIAM. [11] Ambos planes, concebidos para nuevas ciudades no condicionadas por tejido urbano preexistente (en Nemours, Le Corbusier había propuesto eliminar el pequeño núcleo rural existente), se basaban en la zonificación establecida según las "cuatro funciones" de los CIAM y en el uso de bloques de viviendas muy espaciados, rodeados de zonas verdes, organizados en "unidades residenciales" y conectados mediante vías rápidas. [12]

Sin embargo, había una diferencia conceptual significativa entre los dos planes: en la Cidade dos Motores, el centro cívico se definía y presentaba con una especificidad arquitectónica mucho mayor. En el plan de Nemours publicado en la *Oeuvre complète*, se indica el lugar donde debe situarse el centro cívico, pero no se desarrolla el concepto ni se muestran dibujos detallados del mismo. En cambio, en la Cidade dos Motores, el centro cívico se describe como el "corazón de la vida de la ciudad" y se representa mediante una perspectiva aérea detallada. Configurado por una *praça* y un *passeio* (paseo o avenida), el centro cívico se define como un espacio semicerrado y basado explícitamente en las plazas características de las ciudades coloniales españolas y portuguesas, reguladas en América Latina por la "Ley de Indias" de 1573. El proyecto prevé la construcción de un auditorio, oficinas municipales, una pequeña torre destinada a hotel y una galería porticada de tiendas y restaurantes, cubierta por una marquesina continua de hormigón, y abierta a una plaza con vistas a una arboleda; un centro cultural conectado por un puente de peatones que atraviesa la vía rápida incluye una escuela técnica, salas de exposición y una biblioteca, así como un gran estadio exterior. Alrededor del perímetro del centro cívico se sitúan los aparcamientos y los accesos a la red viaria, de un modo similar a los primeros centros comerciales norteamericanos, como el Country Club Plaza de J.C. Nichols, en Kansas City (1923).

Si bien la disposición del auditorio y los bloques horizontales y de oficinas que lo rodean pueden recordar –por lo menos, en planta– al proyecto de Le Corbusier para la sede de Sociedad de las Naciones, el resto del centro cívico no tiene precedentes en la obra de Le Corbusier o en las anteriores concepciones urbanísticas de los CIAM. Más bien parece una respuesta frente a los cambios de ideología del CIAM durante los años de la guerra. En 1940, Lewis Mumford, en respuesta a la solicitud de Sert para que escribiera la presentación en inglés de los CIAM, *Can Our Cities Survive?*, escribió que no creía que las "cuatro funciones" de los CIAM cubrieran adecuadamente todo el ámbito del urbanismo, ya que no incluían las funciones políticas, educativas y culturales de la ciudad, y criticó que los CIAM no dieran importancia a la configuración de los edificios destinados a albergar dichas funciones.

Estas críticas tuvieron poca resonancia en *Can Our Cities Survive?*, pero sí aparecían reflejadas en el artículo de Sert de 1943, "The Human Scale in City Planning", publicado conjuntamente con el famoso escrito de Giedion, "The Need for a New Monumentality". [13] Claramente en la línea de la polémica de Le Corbusier sobre un diseño *à l'échelle humaine*, el texto de Sert enfatiza la necesidad de "proyectar teniendo en cuenta los valores humanos" y de concebir ciudades basadas en unidades residenciales compactas, un concepto que ya había desarrollado la tradición urbanística

feeling of modern times". [16] For his part, Giedion, as the CIAM Secretary-General, was beginning to argue that it was time for CIAM to begin to openly address aesthetic questions from a self-consciously modernist point of view. While dismissing academic classical "pseudo-monumentality" as a mere dead style, he argued that nonetheless a new monumentality was foreshadowed by the spatial and plastic conceptions of modern artists such as Picasso, Léger, Arp and Miró. Such a new monumentality, [17] however, had to flow from the "emotional life of the community," which could only come about through face-to-face contact rather than through the new media of radio and television. [18]

The Motor City project was perhaps the first effort to give architectural form to this conception, but it was soon joined by Le Corbusier's 1945 plan for the reconstruction of the French town of St. Dié, which also included a pedestrian civic center. Though programmatically similar, the St. Dié civic center –housing a theater, café, museum and administrative buildings– was explicitly *not* an enclosed space like the one at the Motor City. Instead, in the St. Dié plan the civic center is an open platform with free-standing buildings: a high-rise administrative center, a civic auditorium, a museum designed as a square spiral (a development of a design first proposed by Le Corbusier in his Mundaneum project of 1929), a department store, cafés and shops, and a hotel. [19]

Giedion later called the proposal "a long stride from the enclosed Renaissance piazza," and he asserted that the buildings were "placed in such a way that each emanates its own social atmosphere," demonstrating "a more dynamic conception of space" than traditional enclosed urban space. The placement and design of the buildings were governed by Le Corbusier's Golden Section-based proportional system, soon to be codified and published as *Le Modulor* in 1948. [20]

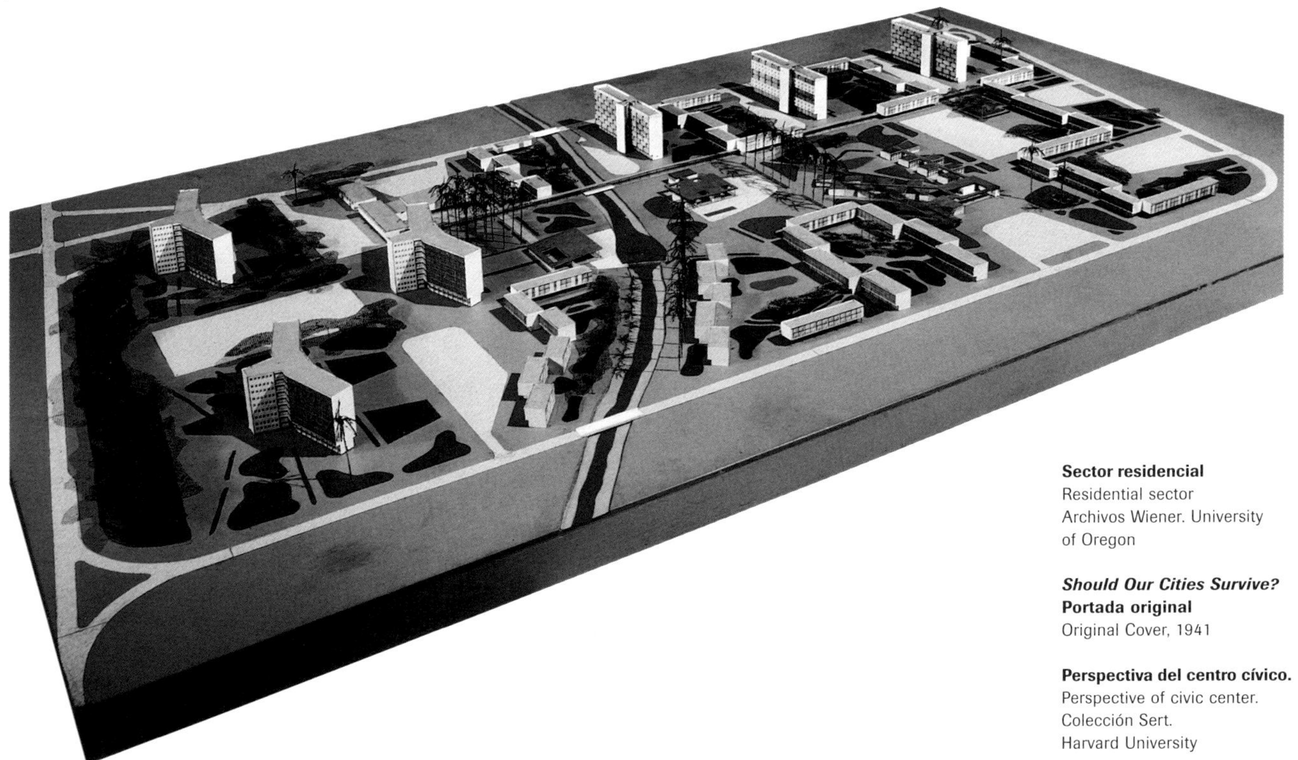

Sector residencial
Residential sector
Archivos Wiener. University of Oregon

Should Our Cities Survive?
Portada original
Original Cover, 1941

Perspectiva del centro cívico.
Perspective of civic center.
Colección Sert.
Harvard University

de la ciudad-jardín. [14] En este artículo, Sert no se limita a reformular la idea de las unidades residenciales de la ciudad-jardín, sino que argumenta la necesidad de crear centros cívicos peatonales. Afirma que, sobre todo en las grandes ciudades, el "centro cívico y cultural constituye el elemento más importante... el cerebro y la máquina que gobierna la ciudad", y que debe incluir facultades universitarias, museos, salas de conciertos, teatros y cines, un estadio, la biblioteca pública central, edificios administrativos, "y zonas especialmente concebidas para reuniones públicas, donde los principales monumentos sean elementos singulares del territorio y referentes simbólicos de las aspiraciones populares..." [15]

Evidentemente, esta concepción del centro cívico presenta algo más que una similitud pasajera con anteriores concepciones *Beaux-Arts* o de la *City Beautiful*, pero Sert no reconoce esos paralelismos. Nada en su texto sugiere que estuviera en desacuerdo con Giedion, quien manifiesta en "The Need for a New Monumentality" que "los denominados monumentos de fecha reciente" son "receptáculos vacíos", que "no representan en absoluto el espíritu y el sentimiento colectivo de la época moderna". [16] Por su parte, Giedion, como secretario general de los CIAM, argumentaba que ya era hora de que la organización abordara abiertamente las cuestiones estéticas desde un punto de vista más conscientemente y moderno. Rechazando el "seudomonumentalismo" clásico y academicista como un estilo muerto, afirmaba que las concepciones plásticas y espaciales de los artistas modernos como Picasso, Léger, Arp y Miró apuntaban hacia una nueva monumentalidad. [17] Sin embargo, esta nueva monumentalidad había de surgir de la "vida emocional de la comunidad", que sólo llegaría a manifestarse mediante el contacto directo, y no a través de los nuevos medios de comunicación como la radio y la televisión. [18]

El proyecto de la Cidade dos Motores fue quizá la primera tentativa de dar forma arquitectónica a esta concepción, pero pronto se le unió el plan de Le Corbusier de 1945 para la reconstrucción de la ciudad francesa de St. Dié, que también incluía un centro cívico peatonal. Aunque similar desde el punto de vista programático, el centro cívico de St. Dié –que incluía un teatro, una cafetería, un museo y edificios administrativos–, *no* era un espacio cerrado como el de la Cidade dos Motores.

Al contrario, se trataba de una plataforma abierta con edificios exentos: un edificio administrativo de gran altura, un auditorio, un museo en forma de espiral cuadrada (una versión de su proyecto del Mundaneum de 1929), unos grandes almacenes, cafeterías, tiendas y un hotel. [19]

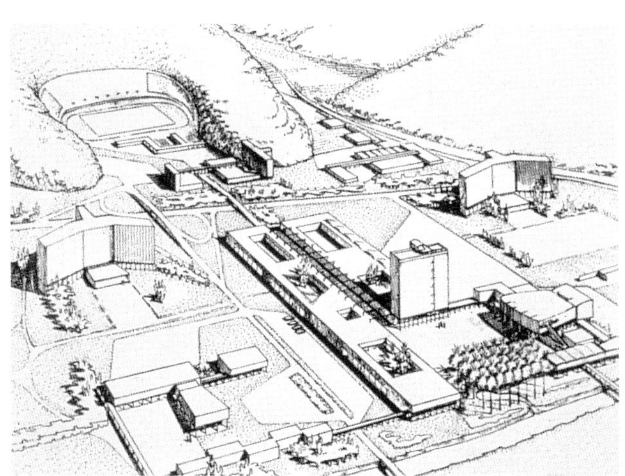

Posteriormente, Giedion definió la propuesta como "un gran paso adelante respecto a la antigua plaza cerrada renacentista" y afirmó que los edificios estaban "situados de tal manera que cada uno emana su propia atmósfera social", demostrando "una concepción del espacio más dinámica" que el espacio urbano cerrado tradicional. La disposición y la forma de los edificios se regían por el sistema proporcional basado en la sección áurea de Le Corbusier, que pronto sería codificado y publicado bajo el título de *Le Modulor*, en 1948. [20]

3 Center and Fabric: **Chimbote**

The new emphasis on the civic center as a kind of "Fifth Function" is clearly manifested in Sert and Wiener's next urban plan, for the small industrial port of Chimbote, on Peru's northern desert coast. Commissioned in 1947 by the Corporación Peruana del Santa, a government organization modeled after the Tennessee Valley Authority and devoted to the development of northern Peru, the plan assumed the removal of the existing town of "mud huts" laid out by a North American engineer in 1860. The new town of 12,000 would be developed in conjunction with a new irrigation system based on canals constructed by the Incas, and would be built using low-cost local construction methods. The proposed new town was divided into neighborhood units of 6,000 people each, and included an extensive circulation system for auto traffic, with a new four-lane version of a portion of the Pan American Highway.

The civic center plan stood in sharp contrast to Le Corbusier's St.Dié scheme. Instead of a series of isolated buildings focused on a high-rise administration building, at Chimbote a semi-enclosed central square was created. Reached from either an adjoining parking lot or a pedestrian *paseo*, it featured a large church, a modernist bell tower, and a civic library and museum on *pilotis*. Adjoining this partly enclosed area are commercial buildings which themselves contain small courtyards. Instead of rejecting the tradition of the Renaissance square, Sert and Wiener explicitly described their civic center as "an attempt to bring the old and good tradition of the colonial 'Plaza de Armas' into a modern application." The plan also included two-seven storey *Unités* and a hotel, all on *pilotis*, for a projected future population of engineers and administrators, the only high-rise elements in the plan. For the neighborhood units at Chimbote Sert and Wiener introduced a new form of urban housing typology into the modernist canon, the *tapis urbain*, or "carpet housing." Closely based on the patio houses of the local vernacular, these one- and two-storey courtyard houses were new versions of a familiar Mediterranean type whose early development reaches back into antiquity. Their simple brick construction required far less technological sophistication and social disruption than high-rise slab types, and was much more economically feasible as low-cost housing. As the residents of Chimbote were expected to be newly arrived from mountainous rural regions, provisions were made so that animals could be kept in the dwellings. Giedion later wrote of the houses that they were "transitional forms between past and future," but in their own presentations of the project Wiener and Sert emphasized that they conformed closely to local custom.

The final outcome of the Chimbote plan is uncertain, however, as the Corporación Peruana del Santa seems to have stopped paying Town Planning Associates' bills. [21] Their Brazilian Motor City plan also seems to have been shelved around this time. Nevertheless, the ideas manifested in the two plans soon began to resonate within CIAM. Tentatively at the Motor City, and more clearly at Chimbote, Sert and Wiener proposed significant revisions to the earlier CIAM approaches to urbanism. While they retained the notion of zoning by function, and continued occasionally to use high-rise housing elements set in open space, they also began to respond to perceived local cultural influences, exploring the creation of enclosed urban space in the civic centers and proposing the use of low-rise courtyard housing types built with local building methods.

The Chimbote plan was presented and discussed by Sert at the Seventh CIAM Congress in Bergamo, Italy in 1949, and this marked the beginning of a partial shift toward a reappraisal of the virtues of

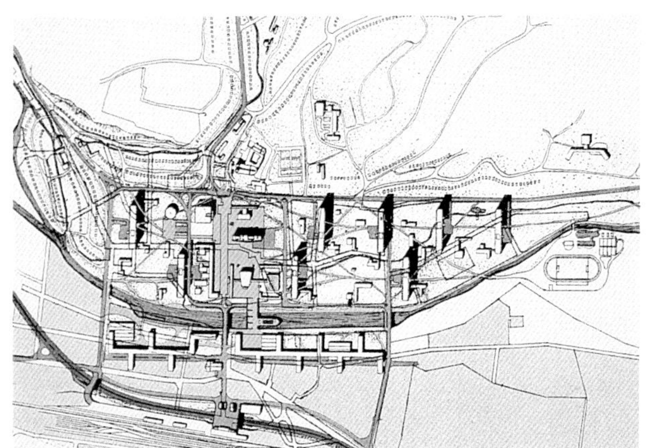

Plan de St. Dié.
Plan of St. Dié.
Le Corbusier.

3 Centro y tejido urbano: *Chimbote*

El nuevo énfasis en el centro cívico concebido como "quinta función" se refleja claramente en el siguiente plan de Sert y Wiener, para el pequeño puerto industrial de Chimbote, situado en la desértica costa septentrional del Perú. Por un encargo de 1947 de la Corporación Peruana del Santa, una organización gubernamental inspirada en la Tennessee Valley Administration y dedicada al desarrollo de la zona norte de Perú, el plan asumía la eliminación del núcleo de "chozas de barro" existente, trazado por un ingeniero norteamericano en 1860. La construcción de la nueva ciudad de 12.000 habitantes debía desarrollarse paralelamente a un nuevo sistema de irrigación que aprovechaba los canales construidos por los incas, y debía realizarse mediante técnicas autóctonas y económicas. La propuesta dividía la ciudad en dos unidades residenciales de 6.000 habitantes, e incluía una amplia red viaria, con una nueva versión de cuatro carriles de la autopista Panamericana.

La configuración del centro cívico contrastaba agudamente con el proyecto de Le Corbusier para St. Dié. En lugar de una serie de construcciones aisladas alrededor de un bloque de oficinas, en Chimbote se proyectó una plaza central con edificaciones perimetrales. La plaza tenía acceso desde un aparcamiento contiguo o bien por un paseo peatonal, y comprendía una gran iglesia, un campanario, una biblioteca municipal y un museo construido sobre *pilotis*. Junto a esta plaza semiabierta había edificios comerciales provistos de pequeños patios. Lejos de rechazar la tradición de la plaza renacentista, Sert y Wiener describían su centro cívico como "una tentativa de reinterpretar la antigua tradición de la "plaza de armas" colonial con una visión moderna."

El plan también incluía dos *unités d'habitation* de siete plantas y un hotel, todos construidos sobre *pilotis* –destinados a una futura población de ingenieros y funcionarios–, que constituían los únicos edificios altos del plan. Para las unidades residenciales, Sert y Wiener introdujeron un nuevo tipo de vivienda urbana en el canon moderno, el *tapis urbain*.

Estas casas, de una o dos plantas, basadas en las casas con patio de la arquitectura local, eran nuevas versiones de la vivienda mediterránea, cuyo origen se remonta a la antigüedad. Estas simples estructuras de ladrillo requerían menos sofisticación tecnológica y causaban menos alteración social que la ordenación en bloques, y eran mucho más factibles económicamente para viviendas de bajo coste. Como estaba previsto que los residentes de Chimbote procedieran de regiones rurales montañosas,,se incluyó un espacio en las casas para guardar animales. Giedion aludió posteriormente a estas casas como "formas transitorias entre el pasado y el futuro", pero en su propia presentación del proyecto, Wiener y Sert subrayaban la estrecha relación con las costumbres locales.

Sin embargo, el desarrollo del plan de Chimbote se interrumpe desde el momento que la Corporación Peruana del Santa deja de pagar las facturas de Town Planning Associates. [21] El plan de la Cidade dos Motores brasileña también se aplazó indefinidamente en la misma época. Pese a todo, las ideas expresadas en ambos planes empezaron a adquirir resonancia muy pronto en los CIAM. Tentativamente en la Cidade dos Motores y con más claridad en Chimbote, Sert y Wiener propiciaron una significativa revisión de los anteriores planteamientos urbanísticos de los CIAM. Si bien mantuvieron la noción de zonificación funcional y continuaron proyectando ocasionalmente bloques de viviendas situados en espacios abiertos, también empezaron a responder a las influencias locales que percibían, explorando la creación de un espacio urbano cerrado en los centros cívicos y proponiendo el uso de tipos residenciales extensivos, con patio o jardines y construidas con métodos autóctonos.

Sert presentó el plan de Chimbote en el VII CIAM, que se celebró en la ciudad italiana de Bérgamo en 1949, marcando el inicio de una progresiva revalorización de las virtudes de la arquitectura premoderna y autóctona no occidental en el seno de la organización. En el VIII Congreso, Le Corbusier propuso que se elaborara una Carta del hábitat que sustituyera a la Carta de Atenas, y Sert, con el apoyo del grupo inglés MARS (que incluía a Frederick Gibberd, Gordon Stephenson y otros diseñadores de las

premodern and non-Western vernacular building within the organization. For the Eighth CIAM Congress, Le Corbusier proposed that a "Charter of Habitat" be developed to replace the "Athens Charter," and Sert, with the support of the postwar English MARS group (which included Frederick Gibberd, Gordon Stephenson, and other designers of the postwar British New Towns) chose to interpret this as a focus on the design of civic centers. Titled the "Heart of the City," (after Sert's proposed English rendering of *coeur* as "core" was rejected by the English), CIAM 8, held in Hoddesdon, England in 1951, attempted to focus attention on the need for this "Fifth Function." In his opening essay "Centres of Community Life," President Sert connected the theme of the "Core" to CIAM's continuing application of the principles of the Athens Charter. He argued that at five different levels of communal organization, from the village to the residential neighborhood to the town to the city to the metropolis, there should be a special physical environment devoted to expressing the sense of community. For Sert, the main justification of these Cores was the way they could facilitate direct personal contact and discussion, and he argued that for democratic governments,

> ...such civic centers would consolidate those governments; for the lack of them and the dependence of the people on controlled means of information makes them more easily governable by the rule of the few. The creation of these centers is a government job (Federal, State or municipal).These elements cannot be established on a business basis. They are necessary for the city as a whole and even for the nation, and they should be publicly financed. [22]

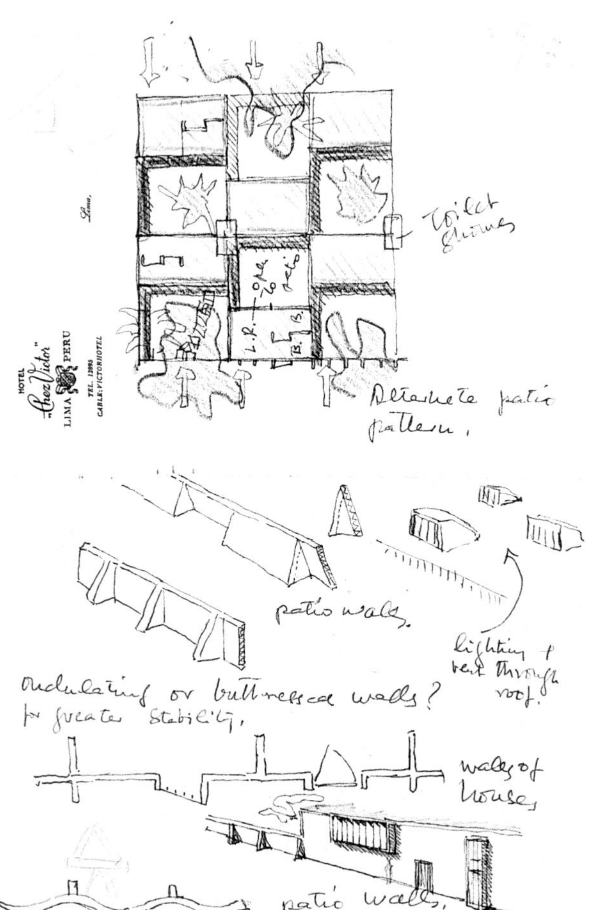

The Chimbote civic center was displayed at Hoddesdon, along with some of the English New Towns and various other projects, but no consensus emerged at CIAM 8 about the specific design elements of the "Core," [23] and not all the participants were satisfied that emphasis on the concept represented the right direction for CIAM. Some of the more vocal younger members were not convinced that a static, new-monumental "core" truly addressed the real emotional needs of populations to be housed. The Dutch delegate J.B. Bakema told the Congress, that rather than a specific space, perhaps the core than they sought occurred ...when the isolation of man from things becomes destroyed: in that moment we discover the wonder of the relationship between man and things. That is the moment of "Core"; the moment in which we become aware of a fuller life through the experience of relationships that we did not know existed. [24]

Bakema's critique of the "core" concept, which arguably opened CIAM discussion to the ideas that soon came to be associated with Team X, had in some ways already been anticipated by the reaction to Le Corbusier's contribution to Sert and Wiener's largest South American project, the plan for Bogotá, Colombia.

Estudios de patios, viviendas y muros de patio.
Study of gardens, houses and garden walls.
Colección Sert.
Harvard University.

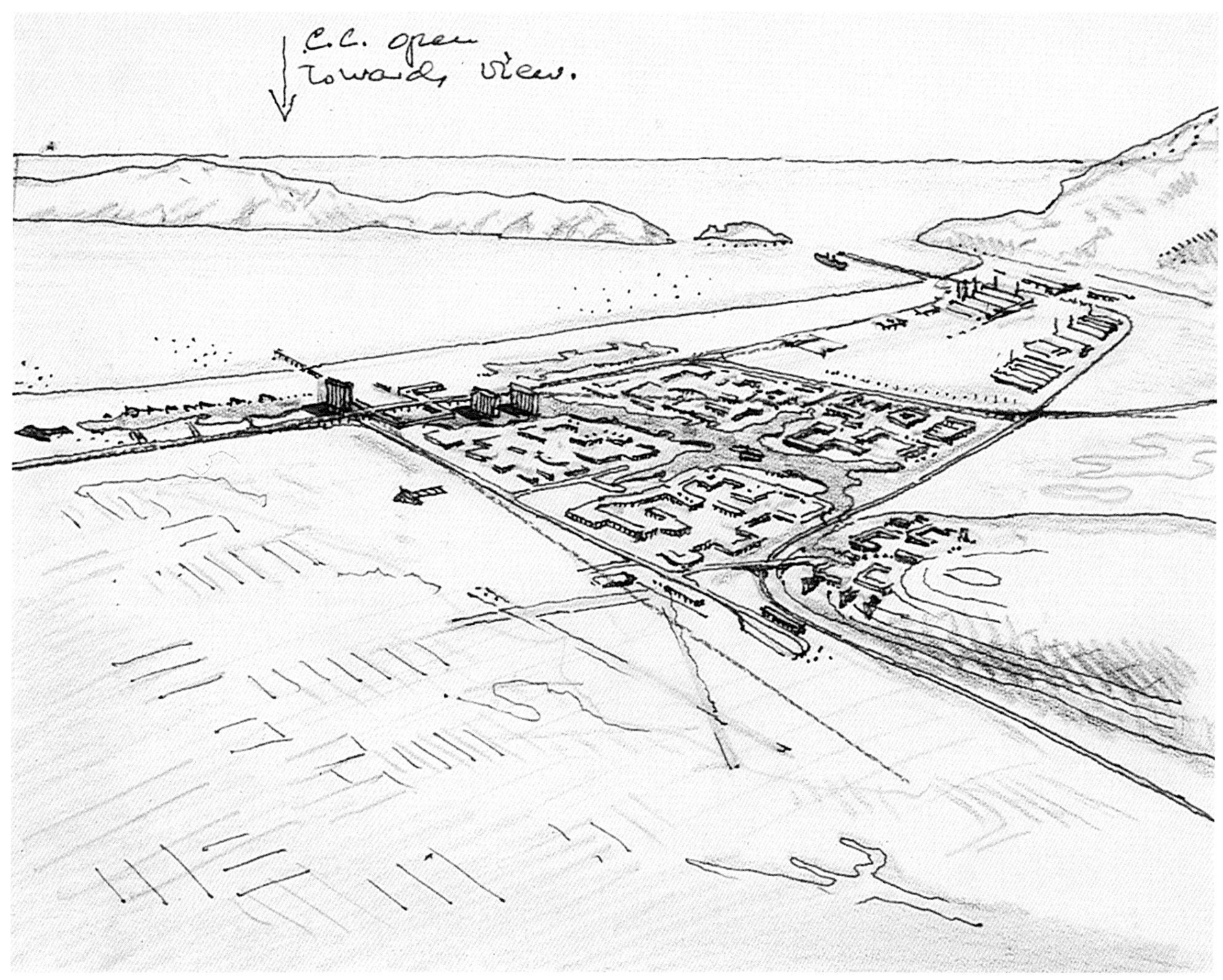
C.C. open
towards view.

llamadas New Towns británicas de posguerra) optó por interpretarlo como una focalización en la definición de los centros cívicos. El VIII CIAM, titulado "El corazón de la ciudad", se celebró en la ciudad inglesa de Hoddesdon, en 1951, y planteó la necesidad de establecer una "quinta función". En su texto introductorio, "Centres of Community Life", el presidente Sert vinculó el tema del núcleo o "corazón" con la aplicación en el seno de los CIAM de los principios de la Carta de Atenas, y subrayó la necesidad de un entorno físico especial concebido para expresar el sentido de comunidad, a cinco niveles de la ordenación colectiva, desde el pueblo a la metrópolis, pasando por el barrio residencial y la ciudad.

Para Sert, la principal justificación de estos núcleos es el hecho de que facilitan el contacto personal y la comunicación directa, y afirma que, para los gobiernos democráticos:

> ...tales centros cívicos contribuirían a consolidar el sistema. En efecto, la ausencia de estos centros y el hecho de que los ciudadanos tengan que depender de unas fuentes de información controlada, les hace más fáciles de gobernar por la voluntad de unos pocos. La creación de esos centros es una tarea de la administración (nacional, regional o municipal). Esos elementos no pueden establecerse en función de la rentabilidad, ya que son necesarios para la ciudad en conjunto e incluso para el país, y deberían financiarse con recursos públicos. [22]

El centro cívico de Chimbote se presentó en Hoddesdon, junto con algunas de las New Towns británicas y otros proyectos, pero en el VIII CIAM no hubo consenso sobre los elementos específicos de diseño del núcleo, [23] y ni siquiera hubo un acuerdo total respecto a la importancia de este concepto para los CIAM. Algunos de los miembros más jóvenes y combativos no veían claro que un núcleo estático y neomonumental reflejara las auténticas necesidades emocionales de la población. El delegado holandés J. B. Bakema planteó al Congreso que, más que como espacio específico, tal vez el núcleo que buscaban se producía...cuando se destruye el aislamiento del hombre respecto de las cosas: en ese momento descubrimos la maravillosa relación entre el hombre y las cosas.
Ese es el momento del núcleo; el momento en que somos conscientes de una vida más plena, gracias a la experiencia de unas relaciones cuya existencia desconocíamos. [24]

La crítica que hizo Bakema del concepto de núcleo, que probablemente abrió la discusión en el CIAM a las ideas posteriormente asociadas al Team X, había sido anunciada en cierto modo por la reacción que suscitó la aportación de Le Corbusier en el proyecto más ambicioso de Sert y Wiener en Suramérica, el plan de ordenación de Bogotá.

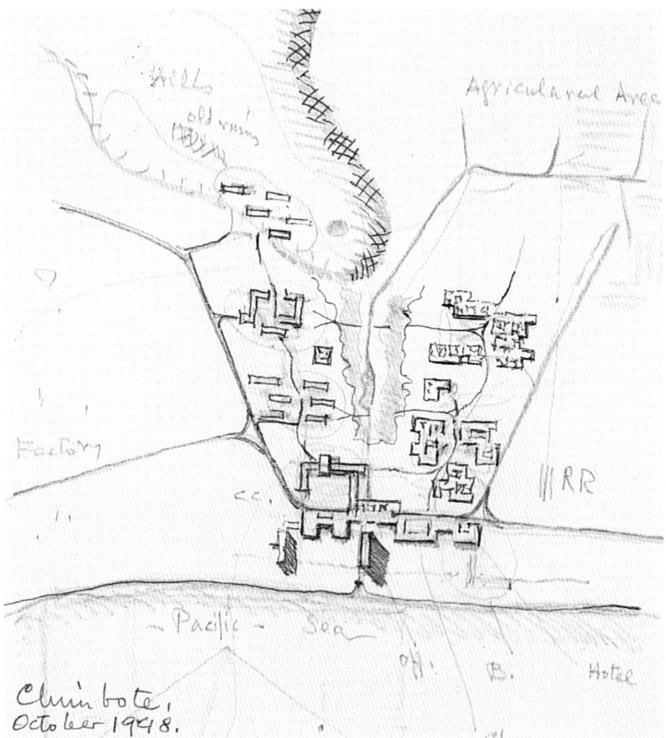

Esquema urbano.
Urbanistic configuration.
Colección Sert.
Harvard University.

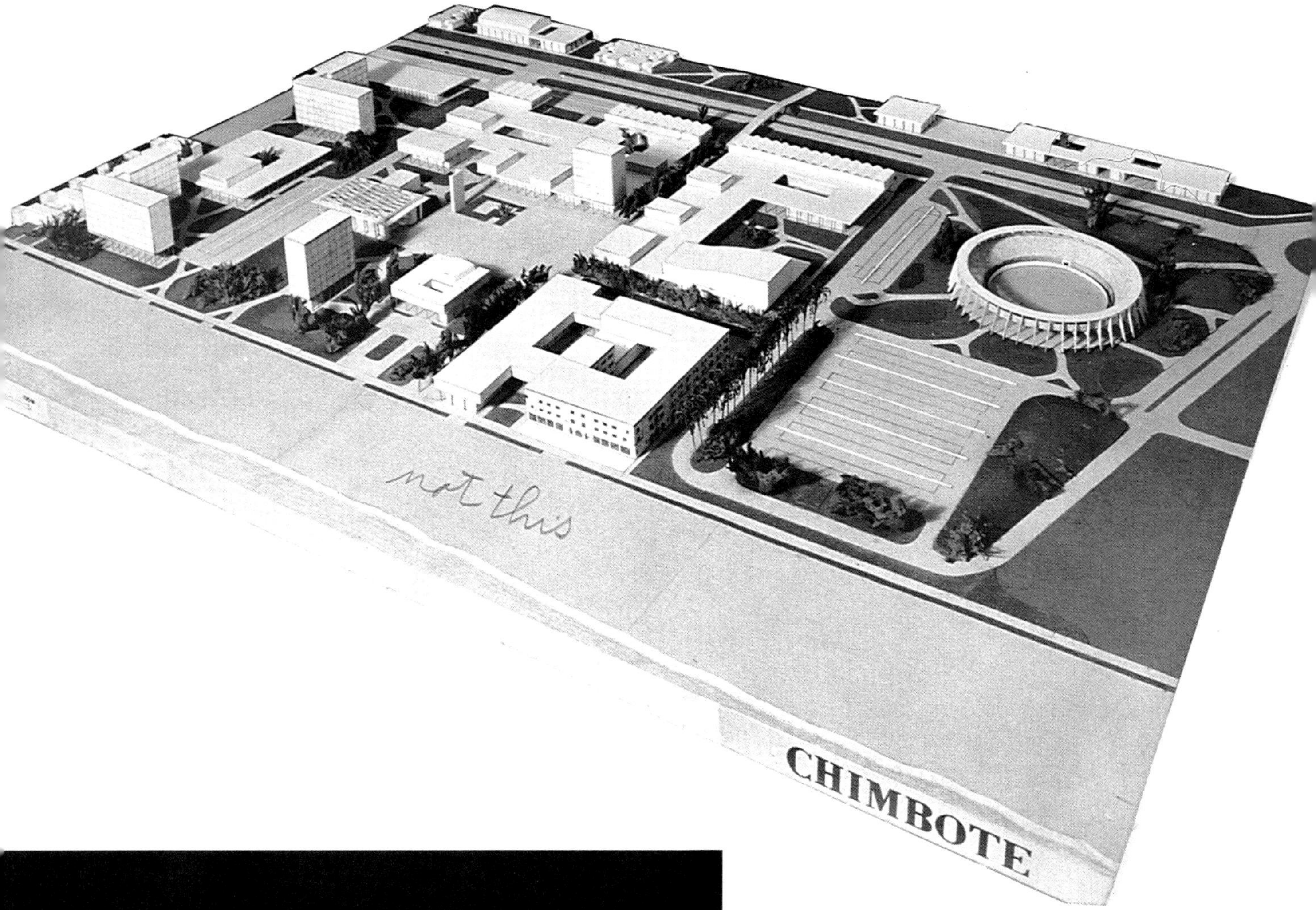

Planta general.
Overall plan.
Archivo Català-Roca.

Viviendas de dos plantas.
Two-storey housing.
Colección Sert.
Harvard University.

4 Centro cívico versus tejido urbano en el plan de *Bogotá*

El proyecto de Bogotá se había iniciado en 1945, cuando Wiener fue a reunirse con arquitectos del país en una gira de conferencias patrocinada por el Departamento de Estado norteamericano, y en 1947, cuando el presidente colombiano de la comisión de selección para el emplazamiento de la sede de la ONU, Eduardo Zuleta Ángel, conoció a Le Corbusier en Nueva York. En junio de 1947, Zuleta invitó a Le Corbusier a pronunciar dos conferencias sobre arquitectura y urbanismo modernos en Bogotá. [25]
Al parecer, Le Corbusier, Sert y Wiener iniciaron negociaciones para elaborar un plan general de Bogotá, siendo Wiener el representante de Town Planning Associates. Se creó una selección colombiana del CIAM, con Jorge Gaitán como director; Sert le escribió a Giedion que el grupo era "el mejor después de Brasil".

En 1948, en Colombia estalló prácticamente una guerra civil entre el partido conservador y el liberal, pero en 1949, aunque la situación política aún era tensa, Sert y Wiener consiguieron encargos para realizar planes generales en Medellín y Cali; ambos planes incluían centros cívicos. En Medellín, se llegaron a construir algunos prototipos de casas de ladrillo, con cubierta abovedada y una sola planta. Sert escribió:

> ...las casitas no están mal y funcionan muy bien en relación al coste. La cubierta con bóveda es un éxito, así como la sensación de espacio interior.

Finalmente, en agosto de 1949, inmediatamente después del VII CIAM, celebrado en Bérgamo, los dos socios, junto con Herbert Ritter, director de la Oficina de Planeamiento de Bogotá, se reunió con Le Corbusier en Roquebrunne, cerca de Menton, en Francia, a fin de acordar un esquema del plan general de Bogotá. El plan de Bogotá, concebido para una ciudad de 600.000 habitantes y en plena expansión, que acababa de inaugurar las primeras conexiones aéreas internacionales, constituyó la primera colaboración oficial entre Sert y Le Corbusier desde la elaboración conjunta del plan Macià de Barcelona, y por tanto, invita a la comparación entre ambos proyectos.

Es evidente que la posición política de los arquitectos era completamente distinta: en lugar de la estrecha asociación entre el GATCPAC y el partido republicano que gobernaba en Barcelona, en Bogotá, Le Corbusier y Town Planning Associates habían sido contratados como expertos internacionales para formular doctrinas urbanísticas "apolíticas", para el bien común, y evitaban explícitamente cualquier compromiso político. A diferencia de Le Corbusier, Sert y Wiener tenían firmes credenciales como antifascistas aceptables para Estados Unidos, y al mismo tiempo, mantenían fuertes vínculos con la cultura europea y Le Corbusier.

El plan de Bogotá establecía prioridades distintas que el plan de Barcelona. Allí, la atención se centraba en las nuevas supermanzanas residenciales, los rascacielos de oficinas y la "Ciudad de Reposo y Vacaciones", con un nuevo sistema de vías rápidas que conectaba las tres zonas y una clara definición formal de cada área vista desde arriba. En Bogotá, los arquitectos se centraron en la definición del centro cívico y las implicaciones urbanísticas de la red viaria. Se otorgaba menos atención arquitectónica específica a la vivienda, y no había "ciudad de reposo", sino zonas recreativas diseminadas por la ciudad. El elemento más relevante del plan de Bogotá era la nueva red viaria, categorizada según un sistema establecido por Le Corbusier. La vías V1, V2 y V3 eran arterias rápidas de acceso limitado con vías de servicio paralelas y adyacentes; las V4 eran calles comerciales, descritas por Wiener y Sert como "arterias de intensa iluminación de neón y vida nocturna"; las V5 y V6 eran vías de servicio; las V7 eran vías verdes peatonales. Las vías rápidas dividían la ciudad en treinta y cinco sectores, cuya población variaba de 25.000 a 70.000 habitantes, más de los que se preveían en las unidades residenciales de planes anteriores. Cada sector tenía un núcleo o corazón local, con escuelas y otros edificios públicos, situado en la intersección de las calles comerciales (V4) con las calles peatonales (V7).

Los arquitectos no incluían unidades residenciales más pequeñas porque pensaban que tendían a "fomentar la segregación" y que las dimensiones reducidas no permitían garantizar los servicios adecuados. Deliberadamente, no se categorizaban los

4 Civic center versus urban fabric in the plan for **Bogotá**

The Bogotá project had originated in 1945, when Wiener went there to meet with local architects on a State Department-sponsored lecture trip, and in 1947, when the Colombian chairman of the UN's Organization site selection commission, Dr. Eduardo Zuleta Angel, had met Le Corbusier in New York. Zuleta invited Le Corbusier to two conferences in June 1947 on modern architecture and town planning in Bogotá. [25]

Le Corbusier, Sert and Wiener seem to have begun negotiations to develop a master plan for Bogotá at this point, with Wiener being the key intermediary for Town Planning Associates. A Colombian CIAM chapter was set up, with Jorge Gaitan as chief delegate; Sert wrote to Giedion that the group was "the best after Brazil."

In 1948 a virtual civil war between members of the Liberal and Conservative parties erupted in Colombia, but by 1949, though the political situation was still tense, Sert and Wiener were able to secure commissions to develop master plans for Medellin and Cali, Colombia; both plans featured civic centers. At Medellin some prototype one-storey brick vaulted houses were actually constructed; Sert wrote that

> "...the little houses are not bad and work very well as far as cost goes. The vaulted roof is a success, and also the feeling of space inside."

Finally in August 1949, immediately after CIAM 7 in Bergamo, the two partners and Herbert Ritter, director of the Bogotá planning office, met with Le Corbusier in Roquebrunne, near Menton, France, to agree on a diagram for the Bogotá Master Plan. The Bogotá plan, for a rapidly growing city of 600,000 which had only recently established international airline service, was the first official collaboration between Sert and Le Corbusier since their work together on the Macià plan for Barcelona, and it invites comparison with the earlier scheme.

Quite clearly the political situation of the architects was entirely different: instead of the close affiliation between GATCPAC and the ruling Republican party that had prevailed in Barcelona, at Bogotá Le Corbusier and Town Planning Associates were once again brought in as international experts to formulate "apolitical" urbanistic doctrines for the common good, and they explicitly avoided local political involvements. Unlike Le Corbusier himself, both Sert and Wiener had firm credentials as anti-fascists acceptable to the U.S., while retaining strong ties to Le Corbusier and European culture.

The Bogotá scheme emphasized different priorities than those of the earlier Barcelona plan. There the focus had been on the functionally distinct new superblock residential areas, the skyscraper business center, and the "Leisure City," with the three tied together by new auto routes, with each zone given a clear formal definition when seen from above. At Bogotá the architects' emphasis instead was on the design of the civic center and on the planning implications of the highway system. The housing was given less specific architectural attention, and there was no "Leisure City," only recreation areas scattered throughout the city. The key planning element of the Bogotá plan as developed by Sert and Wiener was the new highway system, which was categorized according to a system set up by Le Corbusier. V1, V2, and V3 roads were limited access expressways with adjacent parallel service streets; V4 roads were local shopping streets, described by Wiener and Sert as "lines of intense neon lighting and night life"; V5 and V6 roads were service streets; and V7 roads were pedestrian greenways. The expressways were used to divide the city into thirty-five sectors, whose population varied from 25,000 to 70,000, a larger population than the neighborhood units of previous plans. Each sector would have a local "core," with schools and other public buildings, sited where the local (V4) shopping streets intersected with the (V7) pedestrian greenways. Smaller neighborhood units were not used because it was felt that they tended to "foment segregation" and were too small to support adequate services. The sectors were intentionally not categorized as either single-family or multi-family zones, and a mixture of residential and commercial uses was assumed. It was also assumed that the sectors could be developed with a mixture of housing types ranging from one-storey patio

sectores como zonas de viviendas unifamiliares o plurifamiliares, y se adoptó una combinación de usos residenciales y comerciales. También se preveía que los sectores pudieran desarrollarse con una mezcla de tipos de vivienda, desde casas de una planta con patio y bloques de viviendas de cuatro plantas *à redents*, a bloques tipo *unités* situados en espacios abiertos y ajardinados, cuya forma no se definía en detalle pero debía regularse según las ordenanzas volumétricas sectoriales. En cuanto a las manzanas existentes de 100 x 100 metros en la parte vieja de la ciudad, muchas de las cuales se remodelaban con la construcción de nuevos rascacielos, Town Planning Associates propuso una reordenación basada en construcciones porticadas de baja altura y zonas ajardinadas de aparcamiento en el interior de la manzana.

Sin embargo, el elemento principal del plan era el núcleo central o "corazón", dividido en tres partes: en primer lugar, el desarrollo del centro cívico existente, que preveía añadir un nuevo edificio de congresos, nuevos hoteles y la ampliación de un parque ya existente que contenía una biblioteca, un museo, un hotel y una plaza de toros; en segundo lugar, la creación de un eje comercial de plazas peatonales a lo largo de la principal calle comercial, la Calle Real, que debía construirse por encima de las vías de circulación existentes, con nuevos aparcamientos debajo; y en tercer lugar, una plaza monumental con dos niveles, situada en la ya existente Plaza Bolívar. Este último elemento del núcleo tripartito, el "centro religioso y administrativo", iba a ser proyectado por Le Corbusier.

Si bien la remodelación de la Plaza Bolívar contenía elementos que recordaban el plan de Le Corbusier para St. Dié – la gran plaza abierta, que triplicaba el espacio de la plaza existente, y los dos bloques de oficinas municipales –, también reutilizaba elementos del centro cívico de Sert y Wiener en Chimbote. Tenía unos límites más definidos que las propuestas urbanísticas de Le Corbusier, y proponía el mantenimiento del Parlamento existente y de dos iglesias coloniales.

Visto a la luz de la anterior colaboración entre el GATCPAC y Le Corbusier en Barcelona, el plan de Bogotá presenta una extraña inversión. En lugar de centrarse como el plan Macià en las funciones de vivienda y ocio, el plan de Bogotá da importancia

houses through four storey *à redents* housing to Unité-type high-rises set in park-like open space, whose form was not designed in detail but was to be regulated by proposed bulk zoning laws. For the 300 x 300' existing blocks of the old city, many of which were rapidly being redeveloped with new high-rises at this time, Town Planning Associates proposed arcaded low-rise redevelopment with landscaped central parking courts. The main feature of the plan, however, was the design of the central "core." This consisted of three parts: first, the further development of the existing civic center, which included adding a new Congress building, new hotels, and additional open space to an existing park already containing a library, museum, hotel and bull ring; second, the creation of a linear commercial area of pedestrian squares along the main shopping street, the Calle Real, to be built one level above the existing vehicular streets, with new parking garages below; and third, a new two-level monumental plaza at the existing Plaza Bolívar. This last element of the three-part core, the "government and religious center," was to be designed by Le Corbusier. While the redesign of the Plaza Bolívar had elements recalling Le Corbusier's scheme for St. Dié –the large open plaza, which tripled the area of the existing square, and the two high-rise municipal office buildings– the plan also had elements of Sert and Wiener's civic center at Chimbote. It had a greater degree of enclosure than was usual in Le Corbusier's urban proposals, and it proposed the retention of the existing House of Representatives and two colonial churches.

Viewed in the light of GATCPAC and Le Corbusier's earlier collaboration in Barcelona, the overall Bogotá plan presents a strange reversal. Instead of the Barcelona plan's focus on the "functions" of housing and recreation, the Bogotá plan emphasizes highways and the civic center. Architectural effort is focused on the monumental core, much as it would have been in a Beaux-Arts scheme. The housing design is left open, to be governed by zoning regulations, and hence less symbolic of a new way of life than in the Barcelona plan. This limiting of architectural effort to the design of the civic center may well have arisen from a sense that more resources would be available to carry it out than other parts of the plan, but in fact the reverse turned out to be the case. Le Corbusier's and Town Planning Associates' efforts to create a new civic center by remodeling the existing Plaza Bolívar generated little official support, and their official sponsors proved to be far more interested in the development of low-cost low-rise housing areas to serve Bogotá's burgeoning population.

For housing, however, Le Corbusier's Unité prototype also seemed to lack much official support; Wiener wrote to Le Corbusier in 1950 that neither the financial means nor the political support was available for "...the authorities of Bogotá to realize at this time the advantages of twenty-four buildings of the Marseilles type." [26] But in fact the entire plan was running into opposition, not from its government sponsors, but from local real estate developers who objected to the plan's effort to limit growth at the periphery of the city. By the end of 1950, the Mayor of Bogotá decided to focus attention not on the Civic Center elements but on the highway system and the construction of a new neighborhood of low-rise low-income housing to the south of the city, the Quiroga district. This coincided with Le Corbusier's receiving the commission for the new Indian capital of Chandigarh, and he seems to have lost interest in Bogotá as the civic center looked less likely to be built.

The focus of Town Planning Associates' work then shifted to the Quiroga project, where they proposed the construction of a neighborhood based on vaulted concrete rowhouses like Le Corbusier's early "Maisons Monol," and parallel to his own re-examination of the type in his "La Sainte-Baume" and "Roq et Rob" projects in France. Yet here Sert and Wiener found that it was not easy to have the local authorities follow their plans, and the houses appear to have been built with unauthorized changes. Though the Bogotá authorities authorized the construction of five hundred one-storey houses, the final outcome is unclear. The neighborhood as built is not shown in any publications of Town Planning Associates work in Bogotá.

Propuesta de centro cívico.
Proposed civic center.
Le Corbusier, 1949-1951.

Plaza Mayor, Bogotá.
Situación existente.
Existing condition.

a la red viaria y el centro cívico. El esfuerzo arquitectónico se orienta sobre todo hacia el núcleo monumental, como lo habría hecho un proyecto estilo Beaux-Arts. La forma de las viviendas se deja abierta, sujeta a las ordenanzas de cada zona, y por tanto, es menos simbólica de un nuevo estilo de vida que el plan de Barcelona. Esta limitación del esfuerzo arquitectónico a la definición del centro cívico podría haber surgido de la impresión de que contarían con mayores recursos para llevarlo a cabo que con las demás partes del plan, pero de hecho, ocurrió exactamente a la inversa. La propuesta de Le Corbusier y Town Planning Associates de crear un nuevo centro cívico mediante la remodelación de la existente Plaza Bolívar generó escaso apoyo oficial, y los patrocinadores oficiales demostraron estar mucho más interesados en el desarrollo de áreas residenciales de bajo coste y baja altura para responder a las necesidades de la creciente población de Bogotá. Respecto a la vivienda, el prototipo *unité* de Le Corbusier tampoco obtuvo aparentemente un gran apoyo oficial. En 1950, Wiener le escribió a Le Corbusier que no disponían de medios financieros ni de apoyo político, para que: "...las autoridades de Bogotá comprendieran en este momento las ventajas de veinticuatro edificios como las *unités* de Marsella." [26]

Pero en realidad, todo el plan empezaba a encontrar oposición, no por parte de los promotores gubernamentales, sino de las inmobiliarias locales, que se oponían a la tentativa del plan de limitar el crecimiento de la periferia de la ciudad. A finales de 1950, el alcalde de Bogotá decidió desviar la atención de los elementos integrantes del centro cívico hacia la red viaria y la construcción de un nuevo barrio de viviendas sociales de baja altura en el sur de la ciudad, el distrito Quiroga.

Al mismo tiempo, Le Corbusier recibió el encargo de planificar la nueva capital india de Chandigarh, y pareció perder interés en Bogotá a medida que las posibilidades de construir el centro cívico iban disminuyendo.

A partir de ese momento, el trabajo de Town Planning Associates se centró en el proyecto Quiroga, donde propusieron la construcción de un barrio de casas de hormigón, con cubierta abovedada y en hilera, similares a las Maisons Monol de Le Corbusier, y paralelamente a su propia reinterpretación del prototipo en los proyectos de La Sainte-Baume y Roq et Rob, en Francia. Sin embargo, en este caso, Sert y Wiener descubrieron que no era fácil conseguir que la administración local se mantuviera fiel a su proyecto, y al parecer, las casas se construyeron con modificaciones que ellos no habían autorizado.

Aunque las autoridades de Bogotá concedieron permiso para construir quinientas casas de una planta, el resultado final fue incierto y el barrio, tal como fue construido, no aparece en ninguna de las publicaciones del trabajo de Town Planning Associates en Bogotá.

Croquis de L-C du Centre Civique

Planta general de Bogotá.
Bogotá overall plan.
Archivos Wiener.
University of Oregon.

5 Conclusion

Sert and Wiener went on to do work in Venezuela, designing a neighborhood in Maracaibo and industrial new towns for mining companies on the Orinoco River in 1951-53, and in Cuba, where they prepared a Master Plan for Havana and designed a new Presidential Palace for Fulgencio Batista, [27] but these projects for the most part continued to use the strategies developed at Chimbote and in Colombia.

None of the master plans was ultimately carried out, though some portions of the Venezuelan projects were built. It is perhaps Sert's experience with the Bogotá plan that seems most paradigmatic of the fate of his and Wiener's Latin American work. There the "Core" element, intended as a non-commercial public space representing and promoting democracy, could not find official support. Their efforts to design new neighborhoods of low-cost housing, while sensitive to local conditions, foundered on the conflict between the architects' need for design control and the ad-hoc attitudes of local sponsors concerned about costs and loose about specific construction details. Had more foreign capital been available for low-cost housing the results might have been different, but this was not the case.

Yet these projects began the discussion within CIAM that was to shift away from Sert's own advocacy of the civic center toward a concern with "Human Habitat," manifested most clearly at CIAM 9 in 1953, in the ATBAT-Afrique Casablanca work of Michel Ecochard, Georges Candilis and Shadrach Woods, or in the Smithson's polemical efforts to revalue the traditional working-class street.

It is worth noting that in this work the prewar representational role of modern architecture as the built sign of social transformation began to change its meaning. While the Macià plan for Barcelona, for example, used a modernist vocabulary to evoke a collective future which broke sharply from existing traditions, these Latin American plans and the later Team X work moved toward a partial embrace of local tradition, with the result that the architecture ceases to be readable as the manifestation of a clear political position.

No longer *engagé* political participants in postwar Latin America, but outside "experts" linked to the economic and military power of the United States and the artistic prestige of Le Corbusier, Sert and his collaborators sought to make modernism more acceptable by appealing to local urban traditions, yet found that their efforts to spur democratic development by providing spaces for public gathering lacked local governmental support.

Nevertheless, the ideas manifested in these projects are significant in the history of CIAM and the modern movement in general, as they show clearly the effort to transform the notion of the CIAM "Functional City" developed before the Second World War into something which both reintroduced the civic plaza and began to propose low-rise high-density alternatives to widely-spaced Unités as the basic element of the urban fabric. They point the way to the variety of efforts by architects to break with what came to be known rather inaccurately as "CIAM dogma" in the 1960s and 1970s, and may even still have some relevance today for architects seeking an urbanism which goes beyond Garden City prototypes.

5 Conclusión

Durante el período 1951-1953, Sert y Wiener empezaron a trabajar en proyectos para Venezuela, incluyendo un barrio de Maracaibo y nuevas poblaciones industriales para compañías mineras situadas junto al río Orinoco, y para Cuba, donde prepararon el plan general de La Habana y proyectaron un nuevo Palacio Presidencial para Fulgencio Batista, [27] pero estos proyectos seguían utilizando en su mayoría las estrategias desarrolladas en Chimbote y Colombia.

Finalmente, ninguno de estos planes llegó a aplicarse, aunque sí se construyeron parcialmente los proyectos de Venezuela.

Tal vez la experiencia de Sert con el plan de Bogotá sea paradigmática del destino que tendría su obra y la de Wiener en América Latina. En este caso, el "núcleo", concebido como un espacio público no comercial que representara y promoviera la vida democrática, no logró obtener el apoyo oficial. Sus tentativas de proyectar nuevos barrios con viviendas de bajo coste, que fueran receptivos a las condiciones y la tradición del lugar, fracasaron por el conflicto entre la necesidad de los arquitectos de controlar el proyecto y las actitudes de los promotores locales, preocupados por los costes y no muy rigurosos respecto a los detalles de la construcción. Si hubieran contado con capital extranjero para las viviendas sociales, los resultados habrían sido distintos, pero no fue ese el caso.

Sin embargo, aquellos proyectos sirvieron para provocar el debate en los CIAM, que sustituiría la defensa del centro cívico, propiciada por Sert, por la preocupación de crear un "hábitat humano", manifestada con mayor claridad en el IX CIAM de 1953, en la obra realizada en Casablanca por Michel Ecochard, Georges Candilis y Shadrach Woods, ATBAT-Afrique, o en el polémico intento de los Smithson de revalorizar las calles obreras tradicionales.

Vale la pena observar que en esta obra, la función representativa, característica de la preguerra, de la arquitectura moderna como signo construido de la transformación social empezó a cambiar de significación. Mientras el plan Macià de Barcelona, por ejemplo, utilizaba un vocabulario moderno para evocar un futuro colectivo que rompía bruscamente con las tradiciones existentes, los planes latinoamericanos y las obras posteriores del Team X asumían parcialmente la tradición local, de modo que la arquitectura ya no podía interpretarse como manifestación de una postura política clara. En América Latina, ya no eran arquitectos comprometidos políticamente sino "expertos" extranjeros vinculados al poder económico y militar de Estados Unidos y al prestigio artístico de Le Corbusier. Por otra parte, Le Corbusier, Sert y sus colaboradores intentaban que la arquitectura moderna fuera más aceptable, recurriendo a las tradiciones urbanas locales. Sin embargo, sus tentativas de promover el desarrollo democrático mediante espacios públicos de reunión no obtuvieron el apoyo oficial necesario.

Pese a todo, las ideas expresadas en esos proyectos resultan significativas de la historia de los CIAM y del movimiento moderno en general, ya que muestran claramente el esfuerzo de transformar la noción de la "ciudad funcional", desarrollada por los CIAM antes de la II Guerra Mundial, para reintroducir la plaza cívica y proponer la construcción de viviendas de baja altura y alta densidad, como alternativa a las espaciadas *unités*, en calidad de elementos básicos del tejido urbano. En este sentido, señalan el camino hacia la variedad de esfuerzos realizados en arquitectura en las décadas de los sesenta y setenta, para romper con lo que llegó a calificarse – con escaso rigor – el "dogma de los CIAM", que hoy en día todavía puede tener cierta relevancia para aquellos arquitectos interesados en un urbanismo que supere los prototipos de la ciudad jardín.

NOTES

1. Though Sert's full name in Catalan was Josep Lluís Sert i López, he generally used the Spanish form of his name, José Luis, in contexts outside of Catalonia in the period discussed in this paper. Most printed sources give Sert's birthplace as Barcelona, 1902; Josep M. Rovira, however, whose biography of Sert is in preparation, insists that documents show that Sert was born in Havana, Cuba, a city which historically had close commercial ties to Barcelona, in 1901 (Interview with Josep M. Rovira, July 24, 1995). For overviews of Sert's career see FREIXA, Jaume, *Josep Ll. Sert: Obras y Proyectos/Works and Projects*, Gustavo Gili, Barcelona, 1992 and BASTLUND, Knud, *José Luis Sert: Architecture City Planning Urban Design*, Praeger, New York, 1967.

2. CIAM was founded in 1928 in La Sarraz, Switzerland as a coalition of avant-garde groups interested in promoting the use of modern architecture by official clients. For accounts of the formation and history of CIAM in English see BANHAM, Reyner, "CIAM" in PEHNT, Wolfgang, *The Encyclopedia of Modern Architecture*, H.N. Abrams, New York, 1964, p. 70-73; CIUCCI, Giorgio, "The Invention of the Modern Movement," *Oppositions* 24, 1981, p. 69-91; VAN DER WOUD, Auke, *Het nieuwe Bouwen internationaal: CIAM volkshuisvesting, stedebouw/ CIAM: Housing Townplanning*, Delft University Press, Delft, 1983; and MUMFORD, Eric, *The Discourse of CIAM Urbanism, 1928-1959*, PhD Dissertation, Princeton, 1996.

3. The group published the journal *AC (Documentos de Actividad Contemporánea)* from 1931 to 1937. All the issues have been reprinted in a single volume as *AC/GATEPAC: Documentos de Actividad Contemporánea* Gustavo Gili, Barcelona, 1975, with introductions by Francesc Roca and Ignasi de Solà-Morales.

4. LE CORBUSIER, *La Charte d'Athènes*, Plon, Paris, 1943.

5. SERT, Josep Lluís, *Can Our Cities Survive?: An ABC of urban problems, their analysis, their solutions*, Harvard University Press, Cambridge, 1942. It was originally to be titled *Should Our Cities Survive?* For a detailed account of its production, see MUMFORD, Eric, *The Discourse of CIAM Urbanism, 1928-1959*, PhD Dissertation, Princeton, 1996.

6. BLAKE, Peter, *No Place Like Utopia: Modern Architecture and the Company We Kept*, Knopf, New York, 1993, p. 67. The émigrés met regularly at a W. 8th St. café known as the Jumble Shop.

7. Born in Leipzig but an American citizen since 1919, Wiener had returned to Berlin in the 1920s, where he worked with Bruno Paul. In the 1930s he worked as a product and interior designer in New York. For an example of his work, see "Manhattan Apartment, P.L. Wiener, Designer," *Architectural Forum* 61, Nov. 1934, pp. 339-341. Wiener also designed some of the American buildings at the 1937 International Exposition in Paris, where Sert had been commissioned to design the pavilion of the Spanish Republic. It was there that Picasso's "Guernica" was first exhibited.

8. Introduction to the Paul Lester Wiener collection, University of Oregon Library. The formation of Town Planning Associates is sometimes dated as 1945, but correspondence dates back to 1942. Wiener was engaged at this time in the creation of a prefabricated housing system called "Ratio Structures," which Sert also took a hand in, and the new firm designed a defense housing project for an aircraft equipment factory near Sidney, New York. Both projects paralleled the efforts of Gropius at the same time. In 1941 Gropius and Marcel Breuer designed a defense housing project near Pittsburgh called Aluminum City Terrace (New Kensington, Pennsylvania), and Gropius and Konrad Wachsmann formed the General Panel Corporation to develop and market a prefabricated housing system. On "Ratio Structures," see U.S. War Production Board, Office of Production Research and Development, *Modern Designs for Prefabricated and Demountable Buildings*, War Production Board, Washington, 1944; WIENER, P.L., "Ratio Structures," in *Architectural Forum* 79, Dec. 1943. Wiener was a consultant to the Office of Production Research and Development of the War Production Board from 1943 to 1945, and carried out the work at the New School of Social Research in New York.

9. Le Corbusier had first visited Brazil and Argentina in 1929, and in 1930 the modernist Lúcio Costa had been made director of the Rio School of Fine Arts (though it was several years before modernist approaches were accepted there). In 1935 Vargas's Minister of Education and Health, Gustavo Capamena, commissioned Costa and his associates Oscar Niemeyer, Afonso E. Reidy, Ernani Vasconcellos, Carlos Leao, Jorge Moreira and others to design a new headquarters for the Ministry. They invited Le Corbusier to join them as a consultant, and the result was the famous glass-walled tower with concrete *brise-soleil* completed in Rio in 1943 and subsequently publicized at the Museum of Modern Art in New York. GOODWIN, Philip, *Brazil Builds*, MoMA, New York, 1943.

10. Most chronologies of the work of Sert and Wiener generally give the date of this project as 1945, but archival evidence indicates an earlier date.

11. The plan for Nemours (North Africa) is illustrated in LE CORBUSIER, *Oeuvre complète 1934-1938*, Verlag für Architektur Artemis, Zurich, 1945, pp. 27-29.

12. In Town Planning Associates' "Cidade dos Motores" plan, four neighborhood units of 6,200 people each are projected. In each 2,600 would be housed in three-storey low-rise apartment blocks, 1,200 in eight-storey apartment blocks, and 2,400 in nine-storey dormitories for single male factory workers.

13. SERT, J.L., "The Human Scale in City Planning," in ZUCKER, Paul, ed., *New Architecture and City Planning*, Philosophical Library, New York, 1944, pp. 392-413.

14. The neighborhood unit was usually defined as an urban sector housing the population necessary to support an elementary school (which usually implied populations ranging from 5,000 to 11,000 inhabitants), and designed such that no child need walk more than half a mile to the school, preferably without ever having to cross a major traffic artery.

15. SERT, J.L., "The Human Scale in City Planning," pp. 403-404.

16. SERT, J.L., LÉGER, F., GIEDION, S., "Nine Points on Monumentality" in *Harvard Architecture Review* 4, 1985, p. 62.

17. For an overview of the idea of monumentality in modern architecture, see COLLINS, Christiane C. and George R., "Monumentality: A Critical Matter in Modern Architecture," *Harvard Architecture Review* 4, 1985, pp. 15-35.

18. GIEDION, Sigfried, "The Need for a New Monumentality," in Paul Zucker, ed. *New Architecture and City Planning*, Philosophical Library, New York, 1944, pp. 549-568.

19. The St. Dié plan, which replaced Le Corbusier's Nemours plan as the prototypical example of CIAM urbanism in the immediate postwar years, is illustrated in LE CORBUSIER, *Oeuvre complète 1938-1946*, Verlag für Architektur Artemis, Zurich, 1946, pp. 132-139.

20. The Modulor, a proportional system based on the 1.13 meter square, was developed by Le Corbusier and the French ASCORAL group after 1943. It used the Golden Section (a proportional relationship where the ratio of the whole to the larger part is the same as the ratio of the larger part to the smaller, usually expressed as the relationship between a square and a rectangle whose longer side is the same as the diagonal of the square) to arrive at the "ideal" human height of 1.829 meters, from which two series of ideal dimensions (the red and blue) could then be derived. These dimensions could be used to generate the sizes of all parts of a design, from a window mullion to a regional plan: Modulor unit one was 1/15,000 mm and unit 270 was 40,000 km, an interplanetary dimension. For use in English-speaking countries, Le Corbusier set the height of the "Modulor man" as 6'0", which allowed for fewer fractional-inch Modulor dimensions in the British system of measurement. LE CORBUSIER, *The Modulor I and II*, Harvard University Press, Cambridge, 1954, p. 56.

21. I have been unable to find evidence that any of the Chimbote plan was carried out, but further investigations in Peru might prove otherwise.

22. SERT, Josep Lluís , "Centres of Community Life," in TYRWHITT, J., SERT, J.L., ROGERS, Ernesto, *CIAM 8: The Heart of the City*, Pellegrini and Cudahy, New York, 1952, p. 11.

23. Other examples of Cores by CIAM members displayed included the center of the Dutch village of Nagele, designed by the Group "de 8;" the core at Stevenage, one of the English New Towns, designed by Gordon Stephenson; Le Corbusier's plan for St. Dié; Kenzo Tange's Hiroshima Peace Center; and Le Corbusier, Fry, Drew and others' plan for Chandigarh.

24. BAKEMA, J.B., "The Relationship between Men and Things," in TYRWHITT, J., et al. *The Heart of the City*, p. 67.

25. LE CORBUSIER, *Oeuvre complète 1946-1952*, Verlag für Architektur Artemis, Zurich, 1953, p. 42; also see BANNEN LANATA, Pedro, "Bogotá-Colombia: cinco viajes y un plan para una ciudad latinoamericana," and CORTÉS, Rodrigo, "Bogotá 1950: Plan Directeur de Le Corbusier," in Fernando Perez Oyarzun, *Le Corbusier y Sudamérica: viajes y proyectos*, Ediciones ARQ, Santiago de Chile, 1991.

26. Wiener to Le Corbusier, June 29, 1950 (Folder E30, Sert Collection, Frances Loeb Library, Harvard Graduate School of Design. Used by permission).

27. These projects, which made further use of ideas already developed in the earlier projects, were not executed due to the Cuban Revolution.

NOTAS

1. La mayoría de fuentes escritas indican que Sert nació en Barcelona, en 1902. Sin embargo, Josep M. Rovira, cuya biografía de Sert se halla en fase de preparación, insiste en que ciertos documentos confirman que Sert nació en La Habana, ciudad que había mantenido históricamente estrechos lazos comerciales con Barcelona en1901 (Entrevista a Josep M. Rovira, 24 julio 1995). Para una visión general de la trayectoria profesional de Sert, véase FREIXA, Jaume, *Josep Ll. Sert: Obras y Proyectos / Works and Projects*, Gustavo Gili, Barcelona, 1992; y BASTLUND, Knud. *José Luis Sert: Architecture City Planning Urban Design*, Praeger, Nueva York, 1967.

2. Los CIAM, que se fundaron en 1928 en La Sarraz, Suiza, reunían grupos de vanguardia interesados en promover la arquitectura moderna con apoyo de clientes oficiales. Para un informe sobre la formación y la historia de los CIAM en inglés, véase BANHAM, Reyner, "CIAM", en PEHNT, Wolfgangen *The Encyclopedia of Modern Architecture*, H.N. Abrams, Nueva York:, 1964, págs. 70-73; CIUCCI, Giorgio, "The Invention of the Modern Movement", *Oppositions* 24 1981, págs. 69-91; VAN DER WOUD, Auke, *Het nieuwe Bouwen internationaal: CIAM volkshuisvesting, stedebouw, CIAM: Housing Townplanning*, Delft University Press, Delft, 1983 y MUMFORD, Eric, *The Discourse of CIAM Urbanism, 1928-1959* Tesis Doctoral, Princeton, 1996.

3. El grupo publicó la revista *AC* (*Documentos de Actividad Contemporánea*) de 1931 a 1937. Posteriormente, apareció un volumen que recogía la totalidad de los números publicados, bajo el título de *AC/GATEPAC: Documentos de Actividad Contemporánea*, Gustavo Gili, Barcelona, 1975, con introducciones de Francesc Roca e Ignasi de Solà-Morales.

4. LE CORBUSIER, *La Charte d'Athènes*, Plon, París, 1943.

5. SERT, Josep Lluís, *Can Our Cities Survive?: An ABC of Urban Problems, their analysis, their solutions*, Harvard University Press, Cambridge, 1942. Originalmente, el título iba a ser *Should Our Cities Survive?* Para un informe detallado de su producción, véase MUMFORD, Eric, *The Discourse of CIAM Urbanism, 1928-1959*, Tesis doctoral, Princeton, 1996.

6. BLAKE, Peter, *No Place Like Utopia: Modern Architecture and the Company We Kept*, Knopf, Nueva York, 1993, pág. 67. Los exiliados se reunían regularmente en un café de la calle 8 Oeste, conocido como The Jumble Shop.

7. Nacido en Leipzig, pero nacionalizado americano desde 1919, Wiener había vuelto a Berlín en la década de los veinte, y había trabajado allí junto con Bruno Paul. En los años treinta, trabajó como diseñador industrial e interiorista en Nueva York. Como muestra de su obra, véase "Manhattan Apartment, P.L. Wiener, Designer", *Architectural Forum*, 61, noviembre 1934, págs. 339-341. Wiener también diseñó algunos de los edificios americanos para la Exposición Internacional de París de 1937, en la que Sert creó el pabellón de la República española. Fue en aquel mismo pabellón donde se expuso por primera vez el *Guernica* de Picasso.

8. Introducción a la Paul Lester Wiener Collection, University of Oregon Library. La creación de la sociedad Town Planning Associates se ha datado habitualmente en 1945, pero existen documentos de la sociedad que se remontan a 1942. En aquella época, Wiener estaba trabajando en la creación de un sistema de viviendas prefabricadas denominadas "Ratio Structures", en el que también colaboró Sert, y el nuevo equipo proyectó un grupo de viviendas militares para una fábrica de equipamiento de aviación cerca de Sidney, Nueva York. Ambos proyectos reflejaban orientaciones similares a otros de Gropius de la misma época. En 1941, Gropius y Marcel Breuer proyectaron un grupo de viviendas militares cerca de Pittsburgh, titulado Aluminum City Terrace (New Kensington, Pensilvania). Además, junto con Konrad Wachsmann, Gropius formó la General Panel Corporation, para desarrollar, producir y distribuir un sistema de viviendas prefabricadas. Sobre las "Ratio Structures", véase U.S. War Production Board Office of Production Research and Development, *Modern Designs for Prefabricated and Demountable Buildings*, War Production Board, Washington, 1944; WIENER, P.L., "Ratio Structures", *Architectural Forum*, 79, diciembre 1943. Wiener fue asesor de la Office of Production Research and Development de la War Production Board, desde 1943 a 1945, y trabajó en la New School of Social Research de Nueva York.

9. Le Corbusier había visitado por primera vez Brasil y Argentina en 1929, y en 1930 fue nombrado director de la Escuela de Bellas Artes de Río el racionalista Lucio Costa, (aunque faltaban años para que en Brasil se aceptaran los postulados del movimiento moderno). En 1935, el ministro de Educación y Salud del gobierno Vargas, Gustavo Capamena, le encargó a Costa y a sus colegas Oscar Niemeyer, Alfonso E. Reidy, Ernani Vasconcellos, Carlos Leao, Jorge Moreira y otros que proyectaran una nueva sede para el Ministerio. El grupo invitó a Le Corbusier a unirse a ellos como asesor, y el resultado fue la famosa torre acristalada con un *brise-soleil* de hormigón, completada en Río en 1943 y presentada más tarde en el Museum of Modern Art de Nueva York. GOODWIN, Philip. *Brazil Builds*, MoMA, Nueva York, 1943.

10. La mayor parte de cronologías de la obra de Sert y Wiener suelen datar este proyecto en 1945, pero los archivos demuestran que se trata de una fecha anterior.

11. El plan para Nemours (Norte de África) aparece ilustrado en LE CORBUSIER, *Oeuvre complète 1934-1938*, Verlag für Architektur Artemis, Zurich, 1945, págs. 27-29.

12. En el plan para la Cidade dos Motores de Town Planning Associates, se proyectaban cuatro unidades residenciales de 6.200 habitantes. En cada una de ellas, había bloques de tres pisos y bajo coste para albergar a 2.600 personas, bloques de ocho pisos para dar cabida a 1.200 y residencias masculinas de nueve plantas para albergar a los obreros solteros.

13. SERT, J.L. "The Human Scale in City Planning" en ZUCKER, Paul, ed., *New Architecture and City Planning*, Philosophical Library, Nueva York, 1944, págs. 394-413.

14. La unidad residencial se definía generalmente como sector urbano que albergaba la población necesaria para mantener una escuela elemental (eso significaba una población de 5.000 a 11.000 habitantes), y concebida de tal modo que ningún niño tuviera que andar más de 800 metros para llegar al colegio, preferiblemente sin tener que cruzar ninguna arteria principal de tráfico.

15. SERT, J.L., "The Human Scale in City Planning"; págs. 403-404.

16. SERT, J.L, LÉGER, F y GIEDION, S., "Nine Points for a New Monumentality", en *Harvard Architecture Review*, 4, 1985, pág.62.

17. Para un análisis general de la idea de monumentalidad en la arquitectura moderna, véase COLLINS, Christiane C. y George R. "Monumentality: A Critical Matter in Modern Architecture", en *Harvard Architecture Review*, 4, 1985, págs.15-35.

18. GIEDION, Sigfried "The Need for a New Monumentality" en ZUCKER, Paul, ed., *New Architecture and City Planning*, Philosophical Library, Nueva York, 1944, págs. 549-568.

19. El plan de St. Dié, que reemplazó el plan de Nemours de Le Corbusier como ejemplo prototípico del urbanismo de los CIAM en los primeros años de la posguerra, aparece ilustrado en LE CORBUSIER, *Oeuvre complète 1938-46*, Verlag für Architektur Artemis, Zurich, 1946, págs.132-139.

20. El Modulor, un sistema proporcional basado en el cuadrado de 1,13 m. de lado, fue concebido por Le Corbusier y el grupo francés ASCORAL a partir de 1943. Utilizaba la sección áurea (una relación proporcional donde la relación del conjunto respecto a la parte mayor es la misma que la de la relación de la parte mayor respecto de la menor, y generalmente se expresa como la relación entre un cuadrado y un rectángulo cuyo lado más largo es idéntico a la diagonal del cuadrado) para lograr la altura humana "ideal", de 1,829 metros, de la cual pueden derivar dos series de dimensiones ideales (la roja y la azul). Estas dimensiones se podían utilizar para generar las medidas de todas las partes de un proyecto, desde la moldura de una ventana hasta un plan de ordenación territorial: la primera unidad Modulor era 1/15.000 mm y la unidad 270 era 40.000 km, una dimensión interplanetaria. Para su uso en países de habla anglosajona, Le Corbusier estableció la altura del "hombre Modulor" como 6 pies 0 pulgadas, lo que evitaba un fraccionamiento excesivo de las unidades, según el sistema de medidas británico. LE CORBUSIER, *The Modulor I and II* Harvard University Press, Cambridge,1954, pág. 56.

21. No he podido encontrar ninguna evidencia de que alguna parte del plan de Chimbote se llevara a cabo, pero una investigación complementaria en Perú podría demostrar lo contrario.

22. SERT, J.L. "Centres of Community Life", en TYRWHITT, J.; SERT, J.L.; ROGERS, Ernesto. *CIAM 8: The Heart of the City*, Pellegrini and Cudahy, Nueva York, 1952, pág. 11.

23. Otros ejemplos de núcleos proyectados por miembros de los CIAM expuestos incluían el centro de la ciudad holandesa de Nagele, diseñado por el grupo "de 8"; el núcleo de Stevenage, una de las New Towns inglesas, obra de Gordon Stephenson; el plan de Le Corbusier para St. Dié; el Centro de la Paz de Hiroshima de Kenzo Tange; y el plan para Chandigarh de Le Corbusier, Fry, Drew y otros.

24. BAKEMA, J.B. "The Relationship between Men and Things", en TYRWHITT, J. y otros autores, *The Heart of the City*, pág. 67.

25. LE CORBUSIER, *Oeuvre complète 1946-1952*, Verlag für Architektur Artemis, Zurich, 1953, pág.42; véase también BANNEN LANATA, Pedro. "Bogotá-Colombia: cinco viajes y un plan para una ciudad latinoamericana", y CORTÉS, Rodrigo. "Bogotá 1950: Plan Directeur de Le Corbusier", en PÉREZ OYARZUN, Fernando, *Le Corbusier y Sudamérica: viajes y proyectos*, Ediciones ARQ, Santiago de Chile, 1991.

26. Wiener a Le Corbusier, 29 junio 1950 (carpeta E30, Sert Collection, Frances Loeb Library, Harvard Graduate School of Design. Utilizado con autorización).

27. Estos proyectos, que desarrollaban algunas ideas ya incluidas en propuestas anteriores, no llegaron a ejecutarse a causa de la revolución cubana.

Cities in Latin America
The work of Town Planning Associates 1943-1956

MARIA RUBERT DE VENTÓS

For anyone accustomed to exploring the plans of Josep Lluís Sert as those of the most faithful publicizer and canonical interpreter of the CIAM congresses, the remarks he delivered at the RIBA in London in the late 60s may come as something of a surprise.

> "... Our work concerns itself with the part of a whole: the urban setting, in which people, cars, supply networks, open and roofed areas, mechanically controlled or not, are more united, are more interdependent than ever... What is being put to the test now are many of the theories formulated then (in the 20s and 30s), when some of us architects understood the close links between buildings and cities, and tried to formulate principles that we were not to see materialized and could nor evaluate until two decades later... The accepted principles were based on contrast. High densities against low densities, tall buildings against low buildings, fast roads against pedestrian paths. And also on a separation of the uses of the ground: residential use separated from commercial or business use, and linked only to the recreational facilities. This is a fairly ingenuous picture, lacking in vitality... the mix of uses of the ground has helped to give life to the best urban landscapes... Certain limitations can be applied, but to apply these to whole cities is to condemn them to death..." [1]

What lies behind this critique? To which cities is Sert referring?

This article will seek to explain how the urbanism Sert produced in Latin America, its difficulties and stimuli, shaped and questioned some of the ideas on the functional city he had presented in *Can Our Cities Survive? An ABC of Urban Problems, their Analysis, their Solutions.* I would also like to emphasize two of the outstanding values of his plans: their capacity to highlight or domesticate the overwhelming landscapes of the various cities – the product of his precise knowledge of the place, of the folds of its geography, of the lines of its architecture – and their ability to combine to such splendid effect good buildings and articulated open spaces to order new urban growth.

Josep Lluís Sert, as a partner in Town Planning Associates (TPA) [2] with Paul Lester Wiener and Paul Schulz, drew up numerous plans for medium-sized and large cities in Latin America between 1943 and 1956: Cidade dos Motores in Brazil; Lima and Chimbote in Peru; Medellin, Cali, Tumaco and Bogota in Colombia; Pomona in Maracaibo, Ciudad Piar and Puerto Ordaz in Ciudad Guayana, Venezuela; Havana in Cuba.

These were Sert's first works as an architect in the United States, and they constitute a key experience for any understanding of the evolution of his ideas with regard to the functional city or his efforts in the mid-50s to introduce the study of planning and urban design in the Graduate School of Design at Harvard.

Two earlier references definitively marked and gave continuity to Sert's urban discourse: his projects as a member of the GATCPAC from 1931 on and a motor force behind the magazine *AC*, [3] and his work as secretary of CIAM. I am referring on the one hand to the three emblematic proposals for Barcelona: the feasibility studies for the historic centre, which culminated in the "Pla de Sanejament I i II etapa" two-phase sanitation plan of 1937, the planning of the "Ciutat de Repòs i de Vacances" recreational city for the urban proletariat on the coast to the south-west of Barcelona, and the "Casa Bloc", the first modern residential unit constructed in the city. [4] On the other hand there was the compilation for

Ciudades en América Latina
El trabajo de Town Planning Associates 1943-1956

MARIA RUBERT DE VENTÓS

Acostumbrados a considerar los planes de Josep Lluís Sert como los del más fiel difusor e intérprete canónico del espíritu de los CIAM, pueden sorprender las afirmaciones que pronuncia a finales de los años sesenta ante el RIBA, en Londres.

> "...Nuestro trabajo se ocupa de la parte de un todo: el entorno urbano, donde personas, coches, redes de instalaciones, áreas abiertas y techadas, mecánicamente controladas o no, están más unidas, son más interdependientes que nunca... Es ahora cuando se están poniendo a prueba muchas teorías formuladas entonces (en los años veinte y treinta), cuando algunos arquitectos comprendimos la estrecha conexión que unía a edificios y ciudades, e intentamos formular unos principios que hasta dos décadas después no se materializaron y no pudimos evaluar... Los principios aceptados se basaban en la contraposición. Altas densidades frente a bajas densidades, edificios altos frente a edificios bajos, vías rápidas frente a caminos para peatones. También se basaban en una separación de los usos del suelo: el uso residencial separado del uso comercial o de negocios, y vinculado tan sólo a las instalaciones recreativas. Es un cuadro bastante ingenuo y desprovisto de vitalidad... La mezcla de usos del suelo ha contribuido a animar los mejores paisajes urbanos... Se pueden aplicar ciertas limitaciones, pero aplicarlas a ciudades enteras significa condenarlas a muerte..." [1]

¿Qué hay detrás de esta crítica? ¿A qué ciudades se refiere?

Este artículo intenta explicar cómo la producción urbanística de Josep Lluís Sert en América Latina, con sus dificultades y sus estímulos, modeló, y tal vez puso en crisis, algunas de sus ideas sobre la ciudad funcional presentadas en *Can Our Cities survive? An ABC of Urban Problems, their Analysis, their Solutions*. Además, me interesa subrayar dos valores sobresalientes de sus planes: la capacidad para resaltar o domesticar los excesos del paisaje de las distintas ciudades – resultado de su conocimiento preciso del lugar, del relieve de la geografía, de los trazos de su arquitectura – y la habilidad para combinar de forma espléndida buenos edificios y vacíos articulados a fin de ordenar el nuevo crecimiento urbano.

Entre 1943 y 1956, integrado en Town Planning Associates (TPA), [2] con Paul Lester Wiener y Paul Schulz, Josep Lluís Sert elabora numerosos planes para ciudades medianas y grandes de América Latina: Cidade dos Motores en Brasil; Lima y Chimbote en Perú; Medellín, Cali, Tumaco y Bogotá en Colombia; el barrio de Pomona en Maracaibo; Ciudad Piar y Puerto Ordaz en Ciudad Guayana, Venezuela; La Habana en Cuba.

Se trata de los primeros trabajos arquitectónicos de Sert en Estados Unidos y representan una experiencia clave para entender la evolución de sus ideas respecto a la ciudad funcional, o sus esfuerzos por introducir, a mediados de los cincuenta, los estudios de urbanismo y proyectos urbanos en la Graduate School of Design de Harvard. Dos referencias anteriores marcan definitivamente el discurso urbano de Sert y le confieren continuidad: sus proyectos como miembro del GATCPAC e impulsor de la revista *AC* desde 1931, [3] y su trabajo como secretario de los CIAM. Me refiero, por un lado, a las tres propuestas emblemáticas de Barcelona: los estudios previos para la Ciutat Vella, que culminaron con el "Pla de Sanejament I i II etapa" de 1937, la ordenación de una ciudad dedicada al ocio masivo en el litoral sudoeste de Barcelona, La Ciutat de Repòs i de Vacances, y la Casa Bloc, primera unidad residencial moderna construida en la ciudad. [4] Y por otro, a la compilación escrita para el público norteamericano de las discusiones de la ciudad funcional (IV CIAM) en *Can our Cities survive?*, [5] un libro que constituye una magnífica y rigurosa síntesis de datos, imágenes, proyectos y problemas de la ciudad americana. [6]

an American public of the discussions about the functional city (CIAM 4) in *Can Our Cities Survive?* [5] a book that is at the same time a magnificent and systematic summary of data, images, projects and problems of the American city. [6]
The plans for Latin America gave him to some extent an opportunity to test and check those earlier projects and reflections in new territories.
There were very few contemporary experiences in the construction of cities of a comparable scale and complexity. Perhaps the only projects which posited interventions of a similar magnitude were the reconstructions of entire neighbourhoods and the creation of new towns in the Netherlands being carried out by Van der Broek and Bakema and the Opbouw group or the projects for new towns and schools in Britain, on the basis of the New Towns Act of 1946. In America, Hilberseimer's extensive proposals for Chicago put forward contrasting urban solutions, but these were a reflection of a similar concern with imagining compatible forms of growth.
The first commission for a new town that TPA received called for a project for a self-sufficient town to house war workers and their families. The last was to develop and regulate the plans for tourism of the pre-Castro regime in Cuba. The political and human circumstances and the difficulty of carrying through their proposals account for not only Sert's disillusion and relative silence with respect to this latter commission but also his subsequent lack of trust in the effectiveness of a certain scale of urban proposal.
Nevertheless, this set of plans and projects served to bring the issues of urban growth and of the new sites of social exchange [7] – in contexts of rapid change and sudden transformation – once more into the centre of architectural debate. These are works which deserve to be widely publicized at a time when the construction of the city in Latin America is still dependent on models tried and tested in the developed countries: based on a new approach to composition, on the values that the open city has to offer or imagining the supposed modernization that new artefacts and services will introduce... Meanwhile, the cities continue to grow and to colonize the territory, incessantly, on the fringes of these ideas, as in the case of Medellin today, constructing pockets of *cerradas* or enclosed estates and security-guarded residential developments on the hillsides to the south, invading its northern periphery with "informal" suburbs. [8]
Sert and Wiener, with a large team of collaborators, including architects, engineers and lawyers, [9] drew up from their office in New York: new town projects, new settlements, pilot plans and urban developments. The ideas behind this work will be most clearly revealed in the sketches and early schemes of these proposals.

En cierto modo, los planes para América Latina permiten ensayar y comprobar los proyectos y reflexiones anteriores en nuevos territorios.
Hay pocas experiencias contemporáneas de construcción de ciudades que tengan una escala y una complejidad similares.
Tal vez habría que aludir a las nuevas ciudades o a las reconstrucciones parciales de una ciudad en los Países Bajos, obra de Van der Broek, Bakema y el grupo Opbow, o a los proyectos de nuevas ciudades y escuelas en Inglaterra a raíz de la New Towns Act de 1946, como ejemplos de magnitud comparable. En Norteamérica, las propuestas extensivas de Hilberseimer para Chicago plantean soluciones urbanas contrapuestas, pero reflejan una misma preocupación: articular formas de crecimiento compatibles.
El primer plan para una nueva ciudad encargado al TPA responde a la necesidad de alojar a los trabajadores de una industria de guerra. El último consiste en desarrollar y ordenar los impulsos turísticos de la Cuba precastrista. Las circunstancias políticas y humanas y la dificultad para llevar a término las propuestas no sólo explican el desengaño y el relativo silencio de Josep Lluís Sert respecto a este trabajo, sino también su desconfianza, en períodos posteriores, hacia la eficacia de una cierta escala de propuesta urbana.
Sin embargo, este conjunto de planes y proyectos trasladan una vez más la discusión sobre el crecimiento urbano y los nuevos lugares de intercambio social [7] – en un contexto de cambios bruscos y transformación radical – al centro del debate arquitectónico. La difusión de estos trabajos resulta especialmente significativa en la medida en que la construcción de la ciudad en América Latina continúa pendiente de los modelos comprobados en países desarrollados, basándose en una nueva versión compositiva, en los valores que la ciudad abierta pueda ofrecer y en la supuesta modernización que pueden aportar nuevos artefactos y servicios. Mientras, las ciudades van creciendo y colonizando el territorio al margen de esas ideas, incesantemente. Como Medellín hoy, que construye sus laderas en bolsas de "cerradas" o condominios y torres vigiladas en el sur, o a golpe de invasiones que fortifican sus perímetros en el norte, con barrios "informales". [8]
Desde su estudio de Nueva York, con la colaboración de un gran número de arquitectos, ingenieros y abogados, Sert y Wiener elaboran los proyectos siguientes: [9] ciudades nuevas, planes piloto, poblados y urbanizaciones. Las ideas que generan estos planes se reflejan con especial claridad en sus esquemas y bocetos iniciales.

3 proyectos de ciudades nuevas **(Tumaco, Chimbote, Cidads dos Motores), en contextos geográficos y climáticos muy distintos, ensayando soluciones de unidad residencial en condiciones precarias, alternativas a la forma del espacio libre y la composición estratégica del centro cívico como núcleo de referencia urbana.**

3 New Town projects (Tumaco, Chimbote, Cidade dos Motores), for very different geographical and climatic contexts, in which they tested solutions for residential units in precarious conditions offering alternatives to the form of open space and the strategic composition of the civic Centre.

La reconstrucción de la isla de Tumaco (1947-1949), se ordena a partir de un macrotridente que conecta el Morro, el nuevo puerto y una nueva base militar. El centro cívico, situado junto al puerto, incluye la iglesia, la escuela y los edificios administrativos. El tapiz de casas, con el tradicional sistema de doble acceso – en forma de peine para las vías peatonales y anular para el tráfico rodado –, ensaya una primera solución combinada de vivienda/taller, adaptada a una población de recursos mínimos. Las casas previstas para la autoconstrucción alternan materiales locales – adobe, paja, tablas – con elementos prefabricados, que permiten ensayar soluciones de cubierta (cáscaras, fibrocemento). Un emotivo diario de seguimiento de las obras de infraestructura y del puerto explica las dificultades y la complejidad del trabajo. [10]

The reconstruction of the island of Tumaco (1947-1949), ordered on the basis of a macro-trident connecting the Morro, the new port and a new military base. The civic centre near the port comprised a church, a school and administrative buildings. Carpet housing, with the typical system of two accesses – a pedestrian "comb" and traffic ring road – experimented with early versions of the house-cum-workshop, appropriate for a population with very meagre resources. The houses were intended to be put up by the residents themselves, combining local materials – adobe, straw, boards for the walls – and prefabricated elements, making it possible to try out shell roofs of fibre-reinforced concrete. An emotive construction log recording the follow-up of the infrastructures and the port sets out the difficulties and complexity of the works. [10]

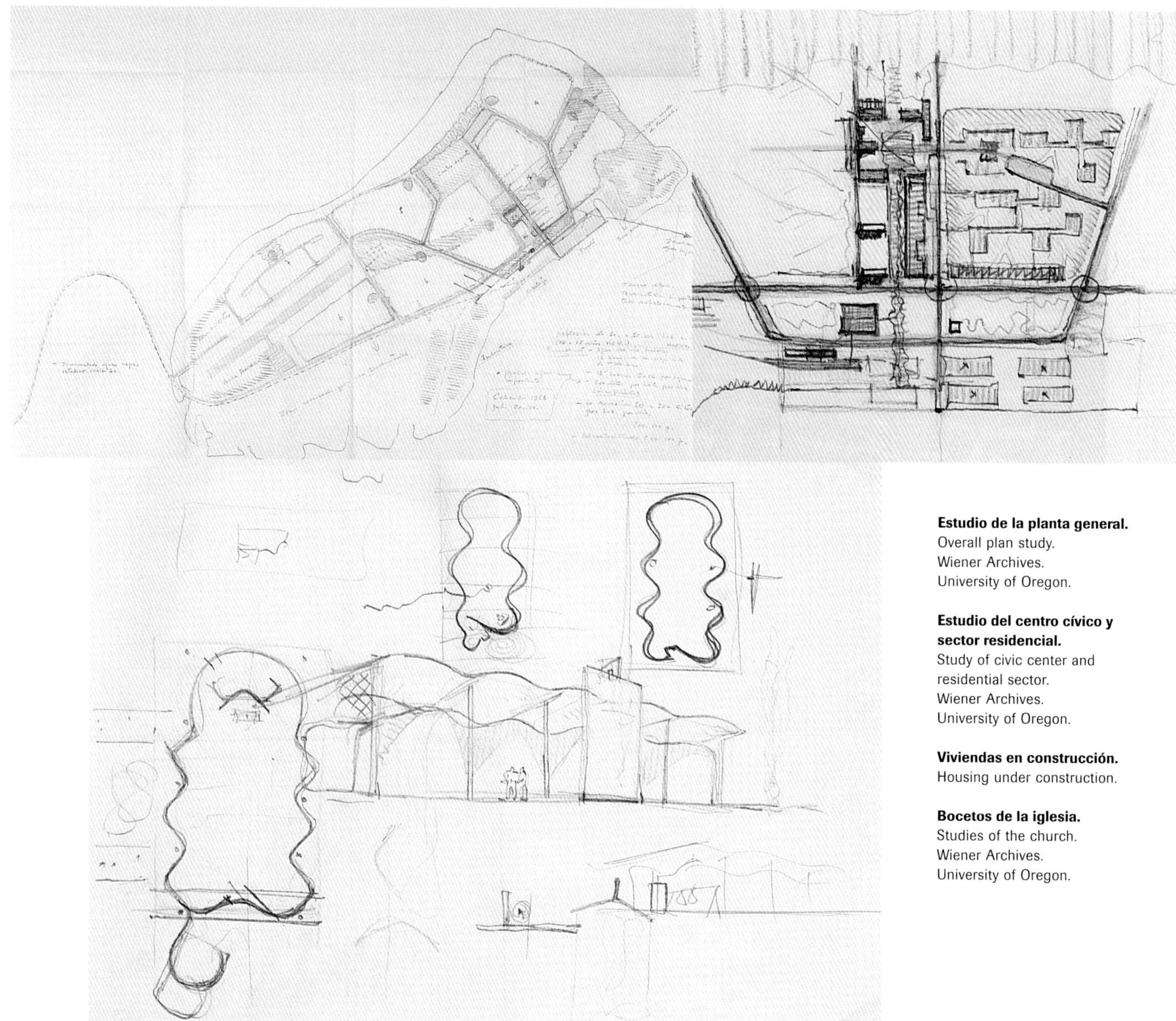

Estudio de la planta general.
Overall plan study.
Wiener Archives.
University of Oregon.

Estudio del centro cívico y sector residencial.
Study of civic center and residential sector.
Wiener Archives.
University of Oregon.

Viviendas en construcción.
Housing under construction.

Bocetos de la iglesia.
Studies of the church.
Wiener Archives.
University of Oregon.

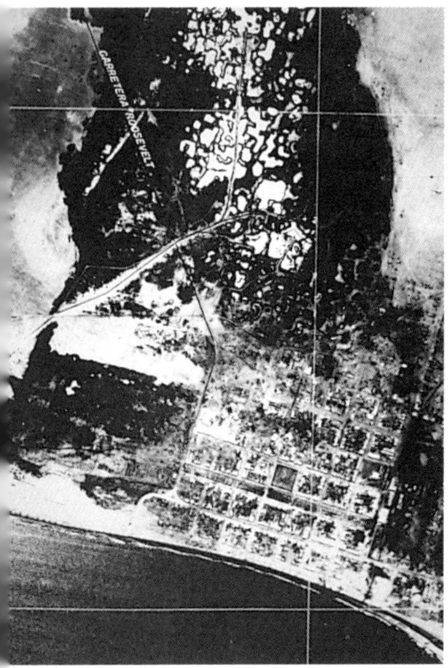

El esquema que Sert dibuja para el nuevo puerto de **Chimbote** (1947-48) superpone un nuevo orden viario a la malla regular poco consolidada e implanta el centro cívico "abierto al mar", que incluye ayuntamiento, iglesia, plaza de toros, oficinas y un hotel. Se exploran múltiples soluciones de tejido urbano compacto, y el uso sistemático del patio como elemento de intercambio en cada escala. Es el primer plan que plantea unidades de cabañas con escuela, rodeadas por huertos y destinadas a albergar la inmigración masiva. El espacio libre, acotado mediante tapias, sigue los canales de irrigación y el parque lineal que los recorre. [11]

The scheme which Sert drew up for the new port of Chimbote (1947-1948) overlaid on a regular but poorly consolidated grid a new circulation system and implanted a civic centre, "open towards the sea", with town hall, church, bull ring, offices and a hotel. This scheme tested out multiple treatments of a compact urban fabric and a systematic utilization of the courtyard or patio as an element of exchange on the large scale. This was the first plan to propose special units of cabins, each unit with a school, ringed by market gardens, to accommodate large-scale immigration. The enclosed open space, surrounded by adobe walls, was based on the irrigation canals and the linear park along the banks of the main canal. [11]

El primer proyecto encargado a TPA es **Cidade dos Motores** (1943-47), una ciudad de nueva fundación para 25.000 habitantes, anexa a una importante fábrica de aviones de guerra, donde se aplican con más rigor los principios de segregación de tráfico, contraste de alturas y distancias y diversidad de tipos. En este caso, resultan interesantes las agrupaciones de edificios de tres plantas – denominados *walk-ups* – donde se dibujan los primeros calados, celosías y aberturas pivotantes, pautados por la rígida descomposición del módulo de 3,5 m. Los bloques de apartamentos de ocho plantas, dúplex o de un solo nivel, combinan fachadas que – como en la Casa Bloc – subrayan la agregación. El elemento vertebrador del conjunto es el centro cívico, dotado de restaurante, teatro, hotel y estadio. Hablando de este plan, Le Corbusier escribe: "Estos planes irradian maestría... Aquí, la planificación tiene tres dimensiones y la geometría ofrece una gran riqueza de combinaciones. Satisfacen al espíritu.
Si estudiamos en detalle las plantas y las secciones, si paseamos virtualmente por esta ciudad, y si intentamos vivirla como pronto harán sus habitantes, descubriremos que el corazón de un hombre ha escuchado el latido de otros corazones para ofrecerles la sensibilidad de la arquitectura." [12] La exposición de este proyecto en el MoMA y su difusión en las revistas de arquitectura fueron decisivas para impulsar otros planes y consolidar la figura de Josep Lluís Sert y de Town Planning Associates en América.

The first project commissioned from TPA was for Cidade dos Motores (1943-1947), a newly-created town for a population of 25,000 adjoining an existing plant manufacturing war planes, in which the principles of traffic segregation, contrast of heights and distances and variety of types were applied even more rigorously. Of particular interest here are the groups of 3-storey buildings – the walk-ups – with their early versions of trellises and blinds and pivoting windows, ordered by the rigid breakdown of the composition into 3.5 m modules. The 8-storey slabs of duplex and simplex apartments have facades which – as in the Casa Bloc of Barcelona – accentuate the aggregation. The central spine of the complex is provided by the civic centre with its restaurant, theatre, hotel and stadium. Le Corbusier wrote that, "mastership radiates from these plans... Here is planning in three dimensions, where geometry has supplied a wealth of combinations. Here spirit is satisfied. If we study in detail the plans and sections, if we virtually walk in this city, and if we try to live there as its inhabitants will soon do, we will note that a man's heart has been listening to other men's hearts so as to bring them the sensibility of architecture". [12] The exhibition of this project in the MoMA and its publication in the architecture magazines proved decisive in paving the way for other plans and gaining prestige for Sert and TPA in America.

Chimbote.
Fotografía aérea que muestra la trama urbana de la ciudad existente.
Aerial photograph showing the existing fabric of the town.

Los nuevos poblados (Pomona, Puerto Ordaz, Ciudad Piar), construidas en torno a la explotación de recursos petrolíferos y mineros, presentan temas de composición común. El patio adquiere entidad como elemento básico de la forma urbana y empiezan a aplicarse las formas del tapiz urbano apuntadas en Chimbote. [13]

New settlements (Pomona, Puerto ordaz and Ciudad Piar), to serve the exploitation of petrol and mining resources present a number of shared compositional features. The "patio" took its place as a basic element of urban form, and the carpet housing models for Chimbote were tested here. [13]

En Pomona (1951), zona petrolífera de Maracaibo, se proyecta una unidad de 300 viviendas, que consta de guardería infantil, escuela y centro comercial, y constituye un prototipo extensible a todo Venezuela. Como en proyectos anteriores, se plantean sistemas de control natural térmico y del asoleo – ventilación transversal con celosías, cubiertas especiales – y una compleja composición de fachadas con cerramientos calados y dobles muros: pautas de descomposición y combinación de texturas características de Sert en períodos posteriores.

In Pomona(1951), the petrol area of Maracaibo, a unit of 300 houses with kindergarten, school and shops was designed as a prototype capable of being applied to the whole of Venezuela. As in previous projects, this one posited systems of natural control of solar heat and light – through ventilation with blinds, special roofs – and a complex composition of the facades with trellis screens and double walls; approaches to decomposition and the combination of textures that were to characterize Sert's later work.

Maqueta del grupo de viviendas de Pomona.
Model of the Pomona housing group.
Wiener Archives,
University of Oregon.

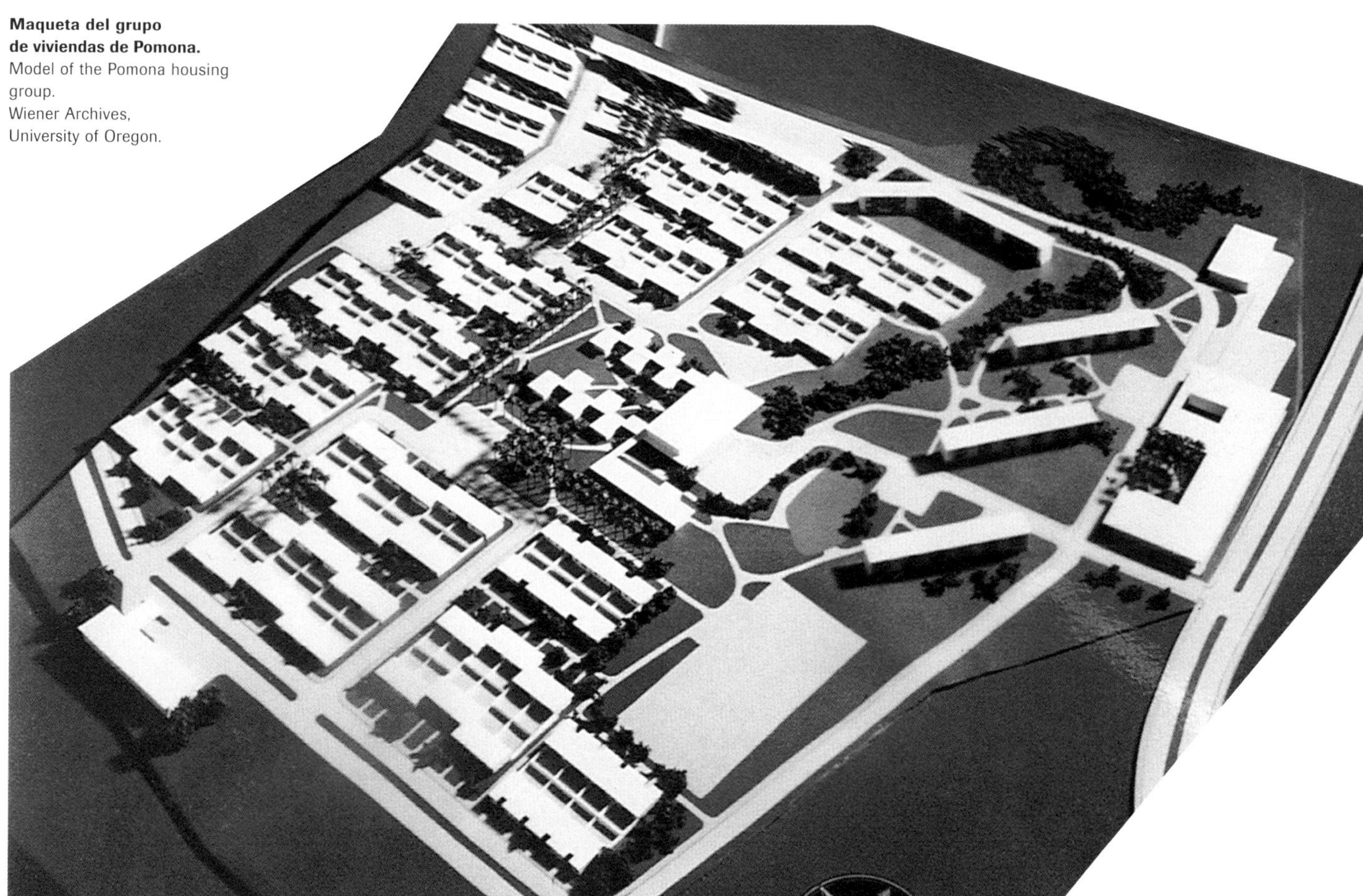

Pomona.
Vista del grupo de viviendas.
View of the housing group.
Wiener Archives.
University of Oregon.

Alzado. Elevation.
Wiener Archives.
University of Oregon.

Vista de la escuela.
View of the school.
Colección de Jaume Freixa.

A orillas del Orinoco se promueve **Puerto Ordaz** y **Ciudad Piar** (1951-53), por encargo de la compañía siderúrgica US Steel Company.

Las obras se inician con la construcción de infraestructuras: muelles, carreteras y campos para la construcción. En Puerto Ordaz, dos ejes articulan los sectores, y en su intersección, el centro cívico cuenta con amplias vistas a la selva. El conjunto se ordena partir de patios que conectan las viviendas, la espléndida iglesia-patio, la escuela-patio o el club social, el hospital y los comercios. En Ciudad Piar, bajo Cerro Bolívar, un mínimo centro cívico dotado de plaza y paseo porticado, iglesia, comisaría, club social y administración, reúne un grupo de viviendas similar.

On the banks of the Orinoco, Puerto Ordaz and Ciudad Piar (1951-1953) were laid out for the US Steel Company. Work began with the laying out of infrastructures: docks, roads and construction camps. At Puerto Ordaz two axes articulate the different sectors, with the civic centre, enjoying panoramic views of the rain forest, at their intersection. The whole complex is structured on the basis of the courtyards that link together the housing, the splendid patio-church, the patio-school, the club, the hospital and the shops. In Ciudad Piar, at the foot of Cerro Bolívar, a minimal civic centre with a square and a porticoed promenade, a church, a police station, club and local authority offices provides the core for a similar residential development.

Puerto Ordaz.
Construcción de cerramientos y celosías.
Construction of screen walls.

Vistas de viviendas.
Views of housing.

Vista aérea de la ciudad y la confluencia de los ríos Orinoco y Caroni.
Aerial view of the town and the confluence of the Orinoco and Caroni Rivers.

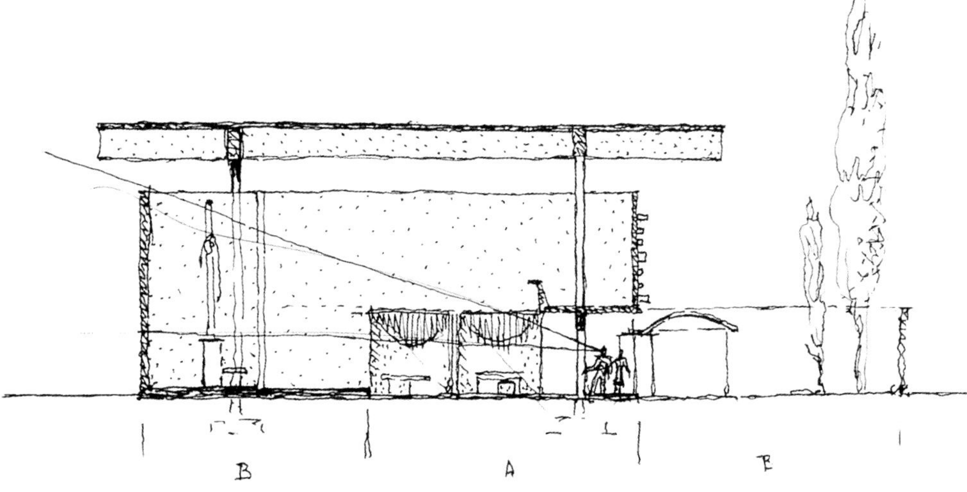

Puerto Ordaz.
Maqueta del centro cívico.
Model of the civic center.

Estudio preliminar del centro cívico y la iglesia.
Preliminary study of the civic center and church.
Sert Collection,
Harvard University.

Iglesia. Church.

Maqueta. Model.
Wiener Archives,
University of Oregon.

Sección. Section.
Sert Collection,
Harvard University.

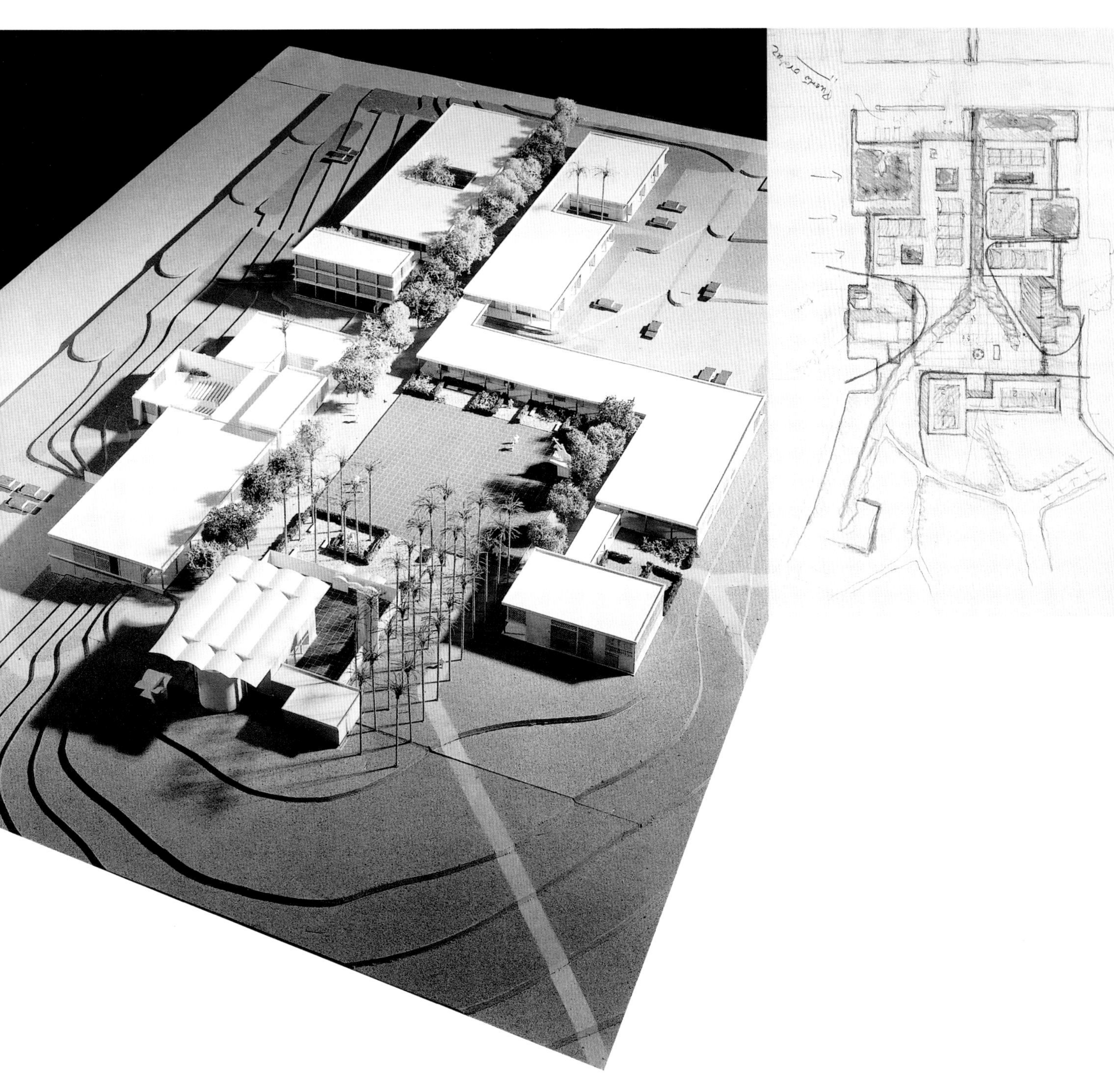

Cinco planes piloto **(Lima, Medellín, Cali, Bogotá y La Habana) para ciudades existentes abordan las primeras tentativas de planificación regional. Aquí, el énfasis se pone en los temas de estructura urbana y viaria, en el centro cívico y en la transformación y saneamiento del tejido urbano de la época colonial.**

5 Pilot Plans (Lima, Medellín, Cali, Bogotá and Havana), for existing cities constitute early attempts at regional planning. The emphasis here is on the themes of urban structure and road network, on the civic centre and on the transformation – and opening out – of the colonial fabric.

El plan de Lima (1947) es el primero que TPA elabora para una ciudad ya existente. El plan pretende absorber el crecimiento previsto – de 900.000 a 1.800.000 habitantes – densificando y reordenando la malla colonial con unidades residenciales, sin aumentar la extensión. El primer esquema de TPA recoge la estructura proyectada por H. Meiggs, y ordena un nuevo centro cívico de unas 70 hectáreas en la antigua penitenciaría, en una especie de versión latina del Rockefeller Center. Se proyectan los primeros vaciados de la manzana tradicional y la superposición de una retícula viaria de mayores dimensiones, que completa las avenidas existentes. [14]

The Plan for Lima (1947) was the first for an existing city. It proposed to absorb the envisaged growth – from 900,000 to 1,800,000 inhabitants – by increasing the density and restructuring the colonial grid on the basis of residential units without extending the surface area. Sert's first scheme took the structure designed by H. Meiggs and laid out a new civic centre covering some 70 hectares of the former penitentiary, in a Latin American version of the Rockefeller Center. The first clearances of the traditional city block were designed and the superimposing of a larger-scale traffic grid completed the existing avenues. [14]

Centro cívico de Lima. Estudio de la combinación de bloques en altura con una construcción horizontal agujereada por patios.
Lima civic center. Combination of the high-rise blocks and horizontal slab perforated with patios. Wiener Archives, University of Oregon.

Medellín. Canalización de aguas.
Drainage channel.

Vista de la ciudad.
View of the city.

El plan piloto de Medellín (1948-1950), es probablemente la propuesta más interesante y completa de TPA en este período. La sección transversal del río plantea uno de los temas claves del plan: la explotación de la configuración geomorfológica como argumento del proyecto. Se trata de organizar la ciudad nueva a partir de la transformación urbana de las magníficas quebradas, ordenando el nuevo crecimiento – de 300.000 a 700.000 habitantes – en las zonas libres de «La América».
La estructura viaria y de zonas verdes dibuja la ciudad nueva. El tronco axial que ordena el río y el parque confirma su vocación lineal. Se ensayan múltiples parcelaciones y primeros proyectos de estas unidades limitadas entre calles y ejes verdes.
Se proyecta el centro cívico en el solar triangular de la Alpujarra, desplazando los antiguos usos, con torres para oficinas que se articulan con edificios bajos, dotados de amplios patios, destinados a usos comerciales y culturales.
El centro cívico se ha construido paulatinamente olvidando los edificios de poca altura, que habrían favorecido un uso más doméstico del espacio libre. Por otra parte, los excesos en la malla viaria extienden a toda la ciudad un sistema de complejos «intercambios viales» que hacen imposible la continuidad entre las distintas partes.

A pesar de todo, desde la perspectiva actual, resulta sorprendente observar el interés ambiental de los espacios
libres de las unidades residenciales y la calidad media de la arquitectura.
Y esto no sólo se aplica a los grupos de viviendas y los espacios recreativos construidos directamente por la oficina del plan regulador, sino también a los numerosos ejemplos de casas que adaptan múltiples variantes de los tipos arquitectónicos originales a una primera parcelación. [15] En este período, Sert construye su casa de Locust Valley en Long Island, [16] aprovechando la estructura de un granero americano tradicional. En una de las paredes de la despejada sala, cuelga el plan de Medellín, tras el espléndido móvil de Calder.

The Pilot plan for Medellín, Colombia (1948-1950) is probably the most interesting and complete of TPA's works of this period. The cross section through the river highlights one of the key themes of the plan: the exploitation of the geomorphological configuration as the core of the project. The aim was to organize the new city on the basis of the urban transformation of the magnificent ravines, ordering the new growth – from 300,000 to 700,000 inhabitants – in the free zones of "La América", with the structure of roads and landscaped green areas defining the new town. The axial spine established by the river and the park confirm the linear layout, and the scheme experiments with multiple plots and draft designs for these units, bounded by streets and landscaped areas. The civic centre occupies the triangular site of the Alpujarra, supplanting older uses, with tower blocks of offices linked by low-rise buildings with spacious courtyards for commerce and cultural uses.
Construction of the civic centre went ahead, neglecting the low-rise buildings that would have favoured a more domestic use of the open space. At the same time, the exaggeration in the construction of the traffic supergrid extended to the whole city a system of complex "road interchanges" that made continuity between its constituent parts impossible and ineffective. In spite of all this, it is surprising to note today the environmental interest of the open spaces of the residential units and the more than acceptable quality of the architecture as a whole. I am not referring only to the groups of housing or to the leisure spaces constructed directly for the local Planning Office, but also to the numerous instances of houses that adapt a multiplicity of variants on the original architectonic types to the initial plot division. [15] At this time, Sert was building his own house in Locust Valley, Long Island, N.Y. [16] on the basis of an existing barn.
The Plan for Medellin hung on the wall of his empty living room, behind the splendid mobile by Calder.

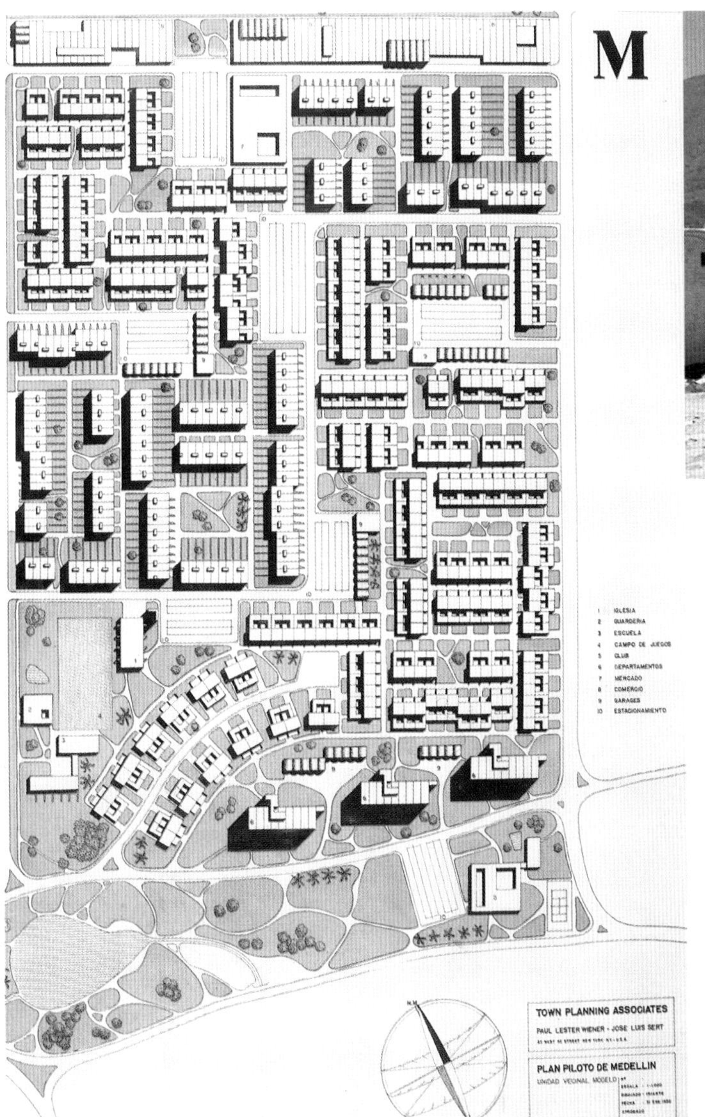

M

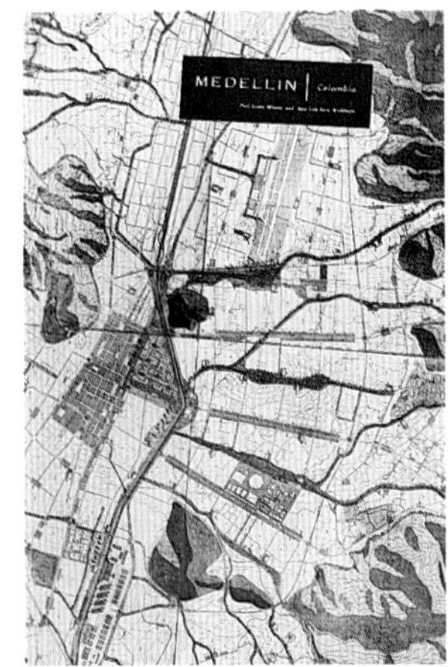

Medellín.
Sector residencial.
Residencial sector.

Portada de *Progessive Architecture* con planta general.
Cover of *Progressive Architecture* with overall plan.

Viviendas en construcción.
Housing under construction.

Maqueta de viviendas con cubierta en bóveda.
Model of vaulted roof housing.

En Cali, el plan piloto (1950) prevé un aumento de población de 275.000 a 750.000 habitantes en 35 años. [17] **En el área central, una nueva retícula confiere jerarquía al orden fortuito de las calles, y se plantea la remodelación de las manzanas existentes, como en Lima, o más tarde en La Habana. El centro cívico, con un sistema dual de plaza abierta que agrupa edificios administrativos y una plaza de carácter comercial cerrada y porticada, enlaza con la plaza de Armas mediante una doble vía comercial. El plan prevé que el crecimiento residencial se desarrolle hacia el oeste, donde sitúa los centros deportivos, conectados con la autopista del sur. A lo largo de la línea de ferrocarril que conduce a Buenaventura, unas alejadas unidades satélite adoptan un esquema lineal para zonas mixtas residencia/industria.**

In Cali, the Pilot Plan (1950) anticipated a growth in population from 275,000 to 750,000 inhabitants in 35 years. [17] In the central district, a new grid gives an orderly hierarchy to the undifferentiated street system and engages with the remodelling of the existing city blocks, as had been done in Lima and was later done in Havana. The civic centre, with a dual system of an open-air square accommodating the administrative buildings and a covered, porticoed commercial square, is linked to the historic central *plaza* by means of a double shopping street. Residential growth and sports centres are zoned to the west, flanking the motorway to the south. A series of remote satellite units set out along the railway line to Buenaventura adopt a linear layout for zones of mixed residential and industrial uses.

Sert y Wiener participan en el plan de Bogotá (1950-1953), primero como asesores del plan piloto (1950), y más tarde como redactores del plan director (1953), elaborado con Le Corbusier como asesor. En este caso, se plantea de un modo más estricto la jerarquización viaria basada en "La règle des 7 V". Por otra parte, se refleja la experiencia ensayada en Medellín, Cali o Lima. La clasificación en 35 grandes sectores permite descomponer los problemas y plantear proyectos parciales, estableciendo las grandes vías estructurales. Los arquitectos estudian numerosas propuestas de transformación de manzanas – con una diversidad y una sistematización sorprendentes – y la articulación de espacios verdes nuevos y existentes. Se ordena un nuevo núcleo dividido en tres áreas: el centro político-administrativo, con un sistema a dos niveles, donde los edificios nuevos coexisten con la catedral y la sede del Parlamento; el centro comercial y de oficinas, con plazas porticadas rodeadas de edificios; y el centro cultural y turístico, situado en un parque abierto con edificios diseminados. [18]

Sert and Wiener first contributed to the Plan for Bogotá (1950-1953) as advisers on the Pilot Plan (1950), and later as designers of the Master Plan (1953), drawn up with Le Corbusier as consultant. Here they posited in stricter terms the "Règle des 7V" or road classification. At the same time they drew on the experience gained in Medellin, Cali and Lima. The classification of the plan into 35 large sectors made it possible to break down the problems and put forward partial projects, as well as helping to establish the major structural traffic routes. A number of impressively varied and systematic proposals for transforming the city blocks were studied, together with the linking up of new and existing green spaces. A new Core was laid out, divided into three areas: political and administrative, with a two-level system in which new buildings could coexist with the Cathedral and he Parliament; commercial and business, with porticoed squares flanked by office buildings, and cultural and touristic, with free-standing buildings dispersed across an open park. [18]

El último proyecto de TPA en América Latina es el plan piloto de La Habana (1956), donde se ensaya el escalado del planeamiento. La estructura de espacios libres, los lugares destinados al ocio en la línea de mar y las propuestas de saneamiento del casco viejo son los elementos más relevantes del plan. Los trabajos de levantamiento y estudio de la región representan una apuesta compleja y decidida de afrontar la ciudad como parte de un continuo territorial.
Otro grupo de trabajos son las urbanizaciones y complejos turísticos de Cuba, que TPA realiza simultáneamente al plan piloto: conjuntos hoteleros y turísticos en Varadero, donde se plantea la construcción de grupos de casas, el hotel de Isla de Pinos y el desarrollo de un sector residencial del plan piloto Quinta Palatino, que consta de amplias casas con patio e hileras de apartamentos de tres plantas. Estos proyectos respondían a encargos privados que se interrumpieron en 1956, y dependían de la construcción de unos edificios de servicios que habían de justificar y rentabilizar la urbanización.

The last work in Latin America was the Pilot Plan for La Habana (1956), in which the scaling of the planing scheme was introduced. The structure of open spaces, he places for recreation by the sea and the proposals for opening up the historic centre are the outstanding elements of the plan. The effort put into studying the region and drawing up plans represents a complex and clear commitment to addressing the city as part of a territorial continuum. Another group of works here are the Tourist resorts and developments for Cuba, produced by TPA at the same time as the Pilot Plan. These included hotel and tourist complexes in Varadero, where the development of groups of houses was proposed, and the hotel on Isla de Pinos island, together with the development of a residential sector of the Quinta Palatino Pilot Plan, with spacious courtyard-houses and strips of three-storey apartment buildings. All of these projects, interrupted in 1956, were private commissions which put their faith in the construction of the service buildings that were to justify the development and make it profitable.

La Habana.
Maqueta de zonas de nuevo desarrollo.
Model of development areas.

As I see it, the proposals found in this whole series of plans present a coherent and perhaps least dogmatic evolution of a number of the themes posited for the functional city. They constitute one of the works of the greatest scope and interest of the last fifty years in the field of urbanism, little publicized on account of the silence of the designers themselves and the complexity of the difficulties they engage with. This being the case, I would like to highlight here some of the urban premisses which strike me as important.

1. These are not projects for the expansion of the existing city: they are new towns or complete reformulations of old towns in order to guide new growth – as discussed at CIAM 4 – for 20,000, 75,000 or 400,000 inhabitants, in which Sert somehow links the generic issues put forward by Le Corbusier and Giedion with the concrete proposals of the urban design tradition. In the design of each sector, the architect hopes that its eventual construction will embody the future development of the whole city. [19]

2. They manifest a clear commitment to urban concentration and low land consumption; a commitment to a compact city that is ordered either by increasing the density of the existing fabric – Lima – or by concentration in compact discontinuous pockets – the settlements on the banks of the Orinoco.

3. Over and above the functional classification or the urgent structuring of circulation routes, priority must be given to the civic centre, the place that gives identity and dynamic impetus to the community. As the modern equivalent of the historic Plaza de Armas around which Latin American cities were laid out, it includes a hotel, government offices and law courts in big cities such as Bogota, Cali or Havana, or with a simple social club, church and shops in smaller nuclei such as Tumaco, Puerto Ordaz or Pomona.

4. They posit an alternative to the form of open public space for the contemporary city. If Radburn crystallizes the centrifugal model of the North American city, in the proposals of TPA an alternative, centripetal model is crystallized for Latin America, closer to the uses and manners of the Mediterranean city. Public space is defined through invention or enhacement and articulation of existing open areas, geographical or artificial, to organize strips of pedestrian continuity. The canals in Chimbote or the ravines in Medellin offer the opportunity for a system of open spaces – green or yellower in aspect – that inverts some of the canonical standards of functional urbanism: less open space/greater occupation of the ground. A scaling of intermediate open spaces from the more public to the more private – from the courtyard of the civic centre to the private patio of the individual house – organize the places of communal interchange that extend to the whole city. [20]

5. Solutions were designed for the habitat – "carpet housing" – that organize compact forms of low-rise courtyard-houses, in which the street is bounded by adobe walls; an important series of examples of groupings initially designed for Chimbote and tested again with variants in Medellin and Pomona. [21] Work is necessarily present in the home, in Tumaco, and a mixture of uses continues to be favoured in the blocks of old colonial cities, in Lima or Havana. We also find early projects for incomer neighbourhoods of shacks – intended to be built by the occupants themselves – for people newly arrived in the city.

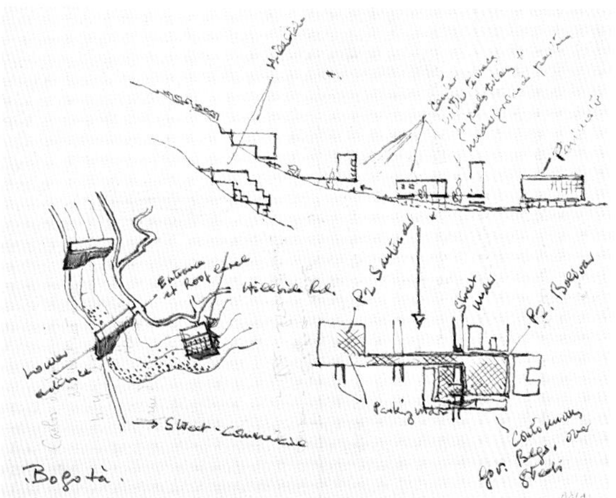

Bogotá.
Estudio de las vertientes y paseo elevado del centro cívico.
Study of hillside development and elevated civic center promenade. Colección Sert, Harvard University.

A mi modo de ver, el conjunto de estos planes presenta una evolución coherente – tal vez la menos dogmática – de ciertos temas formulados por la "ciudad funcional". Se trata de uno de las obras urbanísticas de mayor envergadura e interés de los últimos cincuenta años, poco divulgada a causa del mutismo de sus propios autores y la complejidad de las dificultades que aborda. Por esta razón, conviene destacar aquí una serie de argumentos urbanos relevantes para entender el alcance de este trabajo:

1. Estos proyectos no plantean la extensión de la ciudad existente, sino la creación de nuevas ciudades o la completa reformulación de viejas ciudades, orientando el nuevo crecimiento – como se discutía en el IV CIAM – para 20.000, 75.000 o 400.000 habitantes. En cierto modo, Sert enlaza las preocupaciones urbanísticas genéricas de Le Corbusier y Giedion con la tradición concreta del proyecto urbano. Así, Sert diseña las distintas partes de la ciudad con la esperanza de encontrar en su realización parcial la expresión futura del conjunto de la ciudad. [19]

2. Apuestan decididamente por la concentración urbana y por el bajo consumo de suelo, por una ciudad compacta que se ordena mediante la densificación del tejido existente (Lima), o mediante la concentración en bolsas compactas discontinuas (poblados situados a orillas del Orinoco).

3. Más allá de la clasificación funcional o de la estructuración urgente de la circulación, merece atención prioritaria el centro cívico, como referente local de identidad y núcleo que constituye el motor de la comunidad. Se trata de la alternativa moderna a la plaza de Armas: dotada de hotel, ministerios y juzgados en las grandes ciudades grandes como Bogotá, Cali, o La Habana, o compuesta simplemente de club social, iglesia y establecimientos comerciales en los núcleos menores, como Tumaco, Puerto Ordaz o Pomona.

4. Plantean una alternativa a la forma del espacio libre público en la ciudad contemporánea. Si Radburn cristaliza el modelo centrífugo de ciudad norteamericana, las propuestas de TPA adoptan un modelo alternativo, centrípeto para América Latina, próximo a los usos y costumbres de la ciudad mediterránea. El espacio libre se articula inventando/reforzando/articulando los vacíos existentes y los accidentes geográficos o artificiales, organizando franjas que vertebren la continuidad no viaria. Los canales de Chimbote o las quebradas de Medellín ofrecen la oportunidad de habilitar un sistema de espacio libre – verde o más amarillo – que invierte algunos de los estándares canónicos del urbanismo funcional: menos espacio libre / mayor ocupación del suelo. Una gradación de espacios libres intermedios, del más público al más privado – del patio del centro cívico al patio privado de la casa- organiza los lugares de intercambio de la comunidad que se extienden a toda la ciudad. [20]

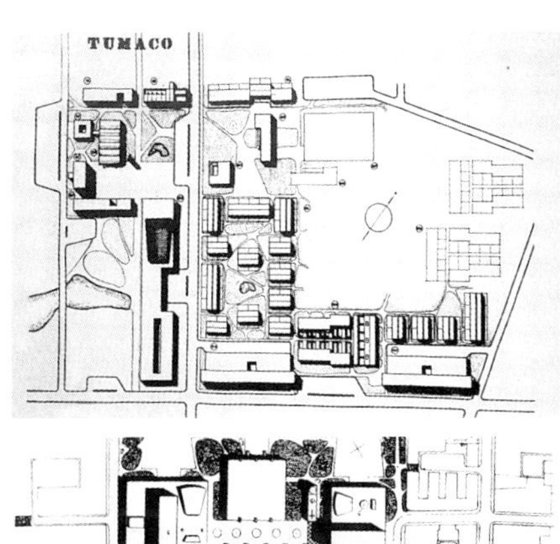

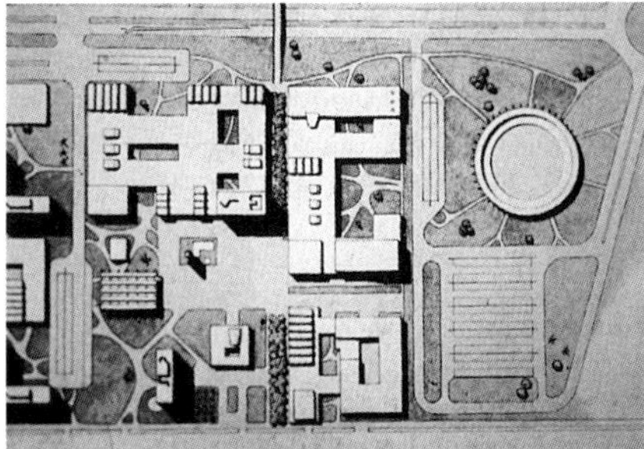

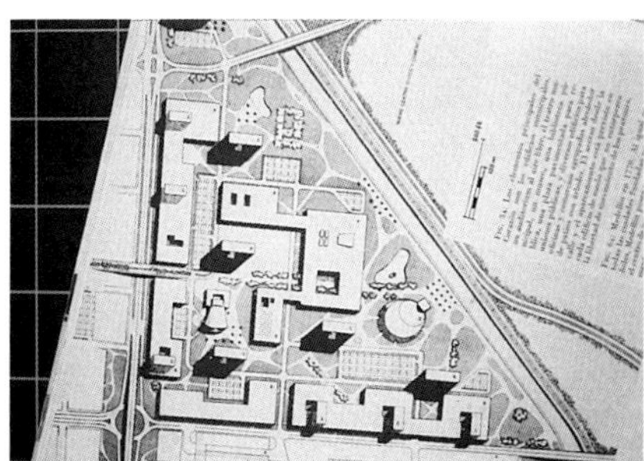

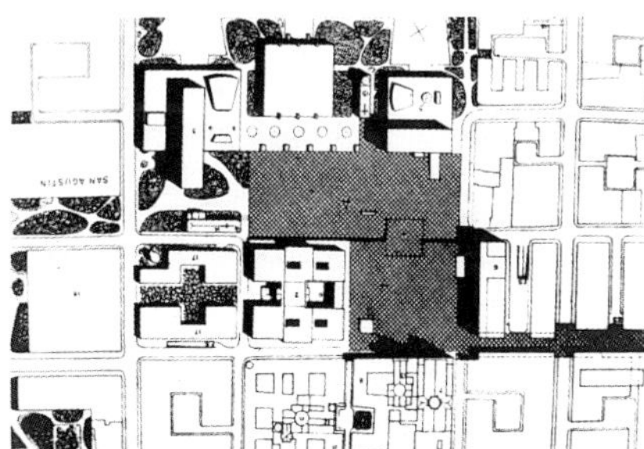

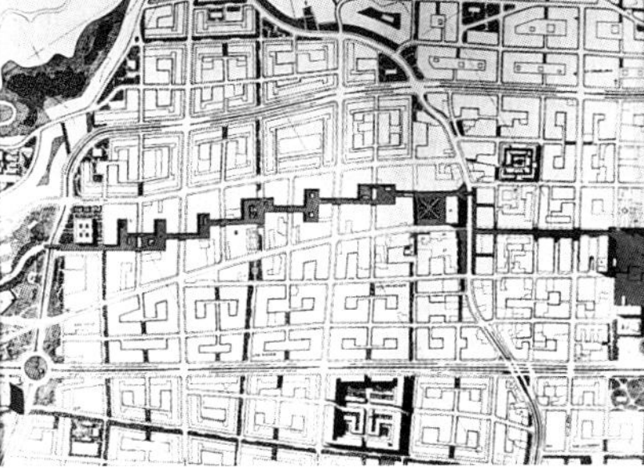

El centro cívico. Tumaco, Chimbote, Medellín y centro político y paseo comercial elevado de Bogotá.
The civic center.
Tumaco, Chimbote, Medellín and the political center and elevated commercial promenade of Bogotá.

6. At each scale, for each city, the proposals are conceived as prototypes, from the most evocative and widely known, such as the church in Puerto Ordaz, to the multiple variants on the minimal house. Of particular interest are the precise solutions which adapt elements of environmental control and systems developed for auto-construction to the new language: pivoting walls, wide blinds on the windows, trellises and double walls, the diverse roof designs, etc.

7. Sert's extraordinary capacity for organizing and co-ordinating the work, which involved drawing up a plan for a city – new or old – and in many cases making a start on the infrastructures and the first minimal groupings – is reflected in technical documents of incalculable value: from regional analysis to the magnificent small-scale initial studies he produced on tracing paper; from the multiple courtyard-houses to the case-studies of partial fragments.

8. None of the works TPA produced during this period had in their construction the impetus and the continuity that are a feature of some of the documents. These are plans, not projects with a fixed time-scale: they were constructed "deforming themselves over time and adapting to the policies, to the managers and architects, to the people".

Sert and Wiener never built an outstanding hotel or presidential palace, nor any exceptional building or tourist resort, in Latin America. Nor did they build any city from scratch or in its entirety. [22] Nevertheless, their plans have served as the reference for more long-term construction, or allowed the intermittent ordering of urban development. In spite of the many "transgressions" that have been incorporated in the course of time, as happens with most good plans, they have oriented growth and ensured the construction of a better city.

Each of these plans embraced large and small works that have left definite traces in the city in question; fragmentary and partial interventions, impossible to present as "the designer's finished work". The high-cost development of Tumaco, where A, B and C groups of housing were constructed and where the first prefabricated systems of shell-roofs were tested out; the development of the Orinoco Valley, connecting the port and the mines, with its basic facilities – the pretty social club – and the groups of houses in the workers' sectors of Puerto Ordaz and Ciudad Piar; the interventions on the ravines and the river in Medellin, where in addition groups of prototype houses were constructed, one or two pioneering examples of the green factory, as well as the first example of a central park adjacent to the triangle of the civic centre; the establishing of the new traffic system and the central sites in Lima or Cali; the options for sectoral growth and transformation in Bogota; the creation of infrastructures, and the attractive three-storey complexes, the terrace housing for the workers and the commercial centre in Pomona... Many decisions, works, infrastructures, open spaces, new buildings and numerous small groups of housing, all responding to these long-standing proposals.

Sert's attitude with regard to some of the premisses of the functional city had significantly changed when the work in Latin America had concluded, and at a time when his authority was widely acknowledged: as Dean at Harvard, but above all as one of the most influential of modern architects, respected for his public and private buildings.

> "Over the years I have also reacted against: the separation on principle of buildings according to heir functions; the single optimum orientation that results in the system of parallel blocks; green spaces not intended for active use; the placing on platforms or terraces of activities proper to ground level; the principle which repudiates the street as an urban element and a type of space because it has been badly used and 'abused'; the belief that cities should carry on growing instead of multiplying, a principle that, in my opinion, is linked to the 19th-century idea of prosperity, or the principle of 'the bigger the happier'." [23]

5. Se proyectan soluciones para el hábitat – el tapiz urbano –, organizando formas compactas de casas con patio pegadas al suelo, donde la calle aparece entre tapias. Un conjunto importante de agrupaciones que se inician con el plan de Chimbote y luego se ensayan con variantes en Medellín y Pomona. [21] En Tumaco, la vivienda va necesariamente asociada al taller o lugar de trabajo, y en Lima y La Habana se favorece la cohabitación de usos en las antiguas manzanas o cuadras coloniales. Conviene destacar también los primeros proyectos para nuevos barrios de pequeñas construcciones diseñadas para la autoconstrucción, destinados a acoger la población recién llegada a las ciudades.

6. En cada escala, para cada ciudad, las propuestas se desarrollan como proyectos prototípicos: desde las más sugerentes y conocidas, como la iglesia de Puerto Ordaz, hasta las múltiples variantes de viviendas mínimas. Resultan especialmente interesantes las soluciones concretas que adaptan elementos de control ambiental y sistemas de autoconstrucción al nuevo lenguage: mamparas pivotantes, amplias celosías en las ventanas, calados y dobles paredes, diversos ensayos de cubiertas, etc.

7. La extraordinaria capacidad de Sert para organizar y coordinar el trazado de un plan para una ciudad – antigua o nueva –, y en muchos casos, iniciar los trabajos de infraestructura y la construcción de las primeras agrupaciones mínimas, ofrece documentos técnicos de valor inestimable: del análisis regional a los magníficos pequeños esquemas previos que Sert realiza sobre papel cebolla, de las múltiples casas con patio a los estudios individualizados de fragmentos construidos.

8. Ninguno de los trabajos de TPA realizados a lo largo de este período sigue el impulso y la construcción gradual y progresiva que suelen reflejar los documentos. Se trata de planes, no de proyectos realizados con un plazo fijo: se han construido deformándose en el tiempo y adaptándose a las demandas de políticos, gestores y arquitectos.

Sert y Wiener no llegaron a construir ningún hotel, palacio presidencial, edificio singular o complejo turístico relevante en América Latina. Tampoco construyeron ninguna ciudad de forma continuada y completa. [22] Sin embargo, sus planes han constituido una referencia para la construcción dilatada, y han permitido ordenar vastas parcelaciones intermitentes. A pesar de las múltiples “transgresiones” incorporadas a lo largo del tiempo, como la mayoría de planes de calidad, han servido para orientar el crecimiento y han garantizado la construcción de una ciudad mejor.

Cada uno de estos planes comportó pequeñas o grandes obras que marcaron definitivamente sus ciudades: intervenciones fragmentarias y parciales, imposibles de presentar como “obra acabada de autor”. La costosa urbanización de Tumaco, donde se construyen agrupaciones de vivendas A, B y C y donde se ensayan primeros sistemas prefabricados de cubiertas tipo cáscara; la urbanización del valle del Orinoco, que conecta el puerto y las minas con las zonas de equipamientos básicos – como el magnífico club social –, y los grupos de viviendas del sector obrero en Puerto Ordaz y Ciudad Piar; las intervenciones sobre las quebradas y el río en Medellín, donde además se construyen prototipos de agrupaciones de viviendas, algún ejemplo pionero de fábrica-jardín, así como el primer planteamiento de parque central adyacente al triángulo del centro cívico; la fijación del nuevo orden viario y los núcleos centrales de Lima y Cali; las opciones sobre el crecimiento y transformación de sectores de Bogotá; la construcción de infraestructuras, y los magníficos conjuntos de tres plantas, las hileras de viviendas obreras y el centro comercial de Pomona... Muchas decisiones, obras, infraestructuras, espacios vacíos, nuevos edificios y pequeños grupos de viviendas que responden a aquellas viejas propuestas.

Resulta significativo el cambio de actitud de Josep Lluís Sert respecto a algunas premisas de la ciudad funcional, una vez concluida su actividad en América Latina y en un momento en que su autoridad es sobradamente reconocida, no sólo como decano de Harvard, sino sobre todo como uno de los arquitectos modernos más influyentes, respetado por sus edificios públicos y privados:

During a period of twenty-five years since he stepped off the boat in America, Sert designed new cities and recomposed old ones in extreme conditions, built universities and urban centres, designed large neighbourhoods and multifunctional complexes. In the long run, these "reactions" reflect the evolution of his ideas on urbanism in confronting the complex reality of Latin America: its open spaces and its elegant colonial architecture, its poverty and its grandeur, the beauty of its geography, the problems of its people. It is this shock and the day-to-day difficulties of Sert's work that best explain the distance and the change of focus between TPA's first proposals for Cidade dos Motores (1943-1945) and the regional plans for the metropolis of Havana (1956), as well as the quality of his finest plans: Tumaco, Chimbote or Medellin.

NOTES

Illustrations in the possession of the archives of the Josep Lluís Sert Collection, Frances Loeb Library, Harvard Graduate School of Design.

The present study is part of ongoing research into the plan produced by Josep Lluis Sert as a member of TPA in which I am engaged at the LUB, Laboratori d'Urbanisme de Barcelona, ETSAB. For a first systematic approach to these plans, see RUBERT, Maria, "Cinco esquemas de ciudad funcionalista. Los Planes de Josep Lluís Sert para América Latina", *Arquitecturas bis* no. 49, 1985. The generous assistance and suggestions of Mary F. Daniels, curator of the Special Collections at the Frances Loeb Library, have been fundamental for the progress of this work. Equally important has been the opportunity to visit Colombia and get to know the cities at first hand, under the guidance of Jorge Pérez, Dean of the Universidad Pontificia Bolivariana and of professors Patricia Schnitter, who is researching the Wiener and Sert Plan for Medellin, Giovanna Spera, and Gabriel Bahamont, a participant in the PRIMED programme, and to talk to Carlos Julio Calle, Marco Aurelio Montes and Ines Giraldo, to Alejandro Echeverri, to Adolfo Arboleda and Laureano Forero; this has enabled me to get closer to that reality. The emotive explanations of Alfonso Lalinde, an architect who worked with Sert and Wiener, have proved decisive for understanding some of the motives and ideas of their projects.

1. Lecture by Sert to the RIBA, London, 1966.

2. See "The work of Town Planning Associates", *Architectural Design*, 1957, and PhD dissertation by J. Freixa.

3. See *AC. Documentos de actividad contemporánea*, Barcelona 1931-1937.

4. The work produced by Le Corbusier for workers' housing, "A house, a tree". See MARZÁ, F.; MONTEYS, X., "Les cases per a mà d'obra auxiliar a Barcelona dintre de l'obra de le Corbusier"; BUSQUETS, J., "Cada casa un arbre. Un model actual d'habitatge en el Pla Macià", in *Le Corbusier i Barcelona*, Fundació Caixa de Catalunya, Barcelona, 1988.

5. In effect, when Sert put foward the issue of the functional city as his passport and letter of presentation in America, discussion moved towards the more radical approach presented in the magazine *AC*, as compared to the more efficient version in the Athens Charter. See RUBERT, M., "Una lectura actual de Josep Lluís Sert", *La Vanguardia*, 10/3/85, and ROVIRA, J. M., "Sert, Le Corbusier, Giedion: Un intercambi epistolar" in *La tradició moderna*, COAC, Girona, 1995.

6. See PLUNZ, R., *UR*, no. 3, LUB, ETSAB, Barcelona.

7. This was a result of the concern with such matters in relation to the theme of the CIAM 8 congress, "the heart of the city". See SERT, J. L., TYRWHITT, J. and ROGERS, E. N., *The heart of the city*, London, 1952.

8. The line that the controversial new metro implied for the city suggests a possibly less segregated and necessarily more complex future for Medellin. See SOLÀ-MORALES, M., "Ciudades cortadas", *City-Ciudad, Publicación de cultura Metropolitana*, Colegio Oficial de Arquitectos Vasco-Navarro, Bilbao, 1996. The lines of the plan W-S are the subject of an unpublished study by Patricia Schnitter, UP Bolivariana.

9. The planning work was carried out by TPA in collaboration with M. Benacerraff, C. Guinand, J. G. Haitan, H. Ritter, M. Rodriguez, L. Dorich, C. Arbelaez, F. Ramirez, H. Suito, M. Romañach, R. Gutierrez, Nel Rodriguez, A. Lalinde and other collaborating architects in the various countries, together with Seeley, Stevenson, Value & Knecht, engineers, and C. Haar, lawyer.

10. *Tumaco construction diary* Frances Loeb Library. Harvard School of Design.

In collaboration with Elwyn E. Seeley, Eng; Hoshino, landscaping; Martinez, Iriarte, Viecom, Amorocho, architects; Silva and Cabrera, topographers; Martinez and Santacruz, engineers from the Ministerio de Obras públicas.

11. This was probably Sert's most influential plan, especially after its diffusion as an example at the CIAM in Bergamo.

12. In collaboration with Otto da Rocha Silva, Horacy Assis da Silva, architects, and Elwyn E. Seeley & Co., civil engineers, Brigadier Antonio Guedes, Oswaldo Bittencourt (representing Brazil in N.Y.). *Two cities, Planning in North and South America*, Museum of Modern Art, June, 1947.

13. Puerto Ordaz, Ciudad Piar and Pomona: in collaboration with the Oficina de Planificación y Vivienda. In collaboration with Francisco Carrillo Batalla, Carlos Guinand de Baldo and Moises Benacerraf.

14. In collaboration with Luis Dorich of the Oficina Nacional de Planeamiento.

15. In collaboration with Nel Rodriguez, director of the Master Plan office; Elwyn E. Seeley, engineer; Guillermo Orozco, civil engineer; Alfonso Lalinde, architect.

16. See FREIXA, J., *J. Ll. Sert*, Barcelona, 1989; BASTLUND, Knud, *Josep Lluis Sert., Architecture, city planning, urban design*, Zurich, 1967.

17. By the mid-50s, more than $120,000,000 had been invested in infrastructures.

18. The basic preliminary outlines were drawn up following a meeting between Le Corbusier, Paul Lester Wiener, Josep Lluis Sert and Herbert Ritter in Roquebrune, Menton, after the CIAM in Bergamo.

19. See Solà-Morales, M., "La segunda historia del proyecto urbano", *UR* no. 5, LUB-ETSAB, Barcelona, 1987.

20. These proposals, set out in "Can Patios make cities?", represent one of the key arguments of Sert's urbanistic discourse. See SERT, J. L., *Architectural Forum*, 1953, and DONATO, J. E., "Sert 1929-1953".

21. Which Sert returned to, using different dimensions, for his house in Boston. See FREIXA, J., *J. Ll. Sert*, Barcelona, 1989, and BASTLUND, K., *Josep Lluis Sert. Architecture, city planning and urban design*, Zurich 1967.

22. For the Harvard campus, Sert subsequently designed the Holyoke, Peabody Terrace, etc., and Paul Lester Wiener constructed the comfortable Washington Square Village apartaments, one of the last slum clearance projects in New York.

23. See "Opiniones cambiantes sobre el entorno urbano", lecture delivered at the RIBA in 1966.

"A lo largo de los años, también he reaccionado contra la separación por principio, de los edificios según sus funciones; la orientación única y óptima que lleva al sistema de bloques paralelos; los espacios verdes no destinados a un uso activo; la colocación en plataformas o cubiertas de actividades propias del nivel del suelo, cuando en ese nivel no hay suficientes elementos activos; el principio que condena la calle como espacio y elemento urbano porque se ha usado mal y se ha "abusado" de ella; la creencia de que las ciudades deben seguir creciendo en lugar de multiplicarse, un principio que en mi opinión está vinculado a la idea decimonónica de la prosperidad, o al principio del "cuanto más grande más feliz." [23]

Durante los veinticinco años transcurridos desde que Sert desembarcó en América, el arquitecto proyectó nuevas ciudades y reestructuró viejas ciudades en condiciones extremas, construyó universidades y conjuntos urbanos, diseñó grandes barrios y complejos multifuncionales. Pero en cualquier caso, estas "reacciones" reflejan la evolución de sus ideas urbanas al enfrentarse a la compleja realidad de América Latina, a sus vacíos y su elegante arquitectura colonial, a su pobreza y sus grandezas, a la belleza de su geografía, a las dificultades de su gente. Ese choque cultural y las dificultades cotidianas de su trabajo explican la distancia y el cambio de prioridades entre la primera propuesta de TPA para la Cidade dos Motores (1943-1945), y los planes regionales para la metrópolis de La Habana (1956), como también la calidad de sus mejores planes: Tumaco, Chimbote y Medellín.

NOTAS

Las ilustraciones pertenecen a los fondos de la Josep Lluís Collection, Frances Loeb Library, Harvard University Graduate School of Design.

El presente trabajo forma parte de una investigación sobre los planes de Josep Lluis Sert como miembro del Town Planning Associates, que en la actualidad estoy realizando para el Laboratori d'Urbanisme de Barcelona (LUB), ETSAB. Para una primera aproximación a esos planes, véase: RUBERT, Maria, "Cinco esquemas de ciudad funcionalista. Los Planes de Josep Lluís Sert para América Latina", *Arquitecturas bis* núm. 49, 1985. La generosa ayuda y las sugerencias de Mary F. Daniels, conservadora de las Special Collections de la Frances Loeb Lybrary de Harvard University, ha sido fundamental para avanzar en este trabajo. Sin duda, viajar a Colombia y conocer directamente esas ciudades, de la mano de Jorge Pérez, decano de la Universidad Pontificia Bolivariana, la colaboración de los profesores Patricia Schnitter, investigadora del Plan de Wiener y Sert en Medellín, de Giovanna Spera, de Gabriel Bahamont, colaborador del programa PRIMED, y las conversaciones con Carlos Julio Calle, Marco Aurelio Montes e Inés Giraldo, con Alejandro Echeverri, Adolfo Arboleda y Laureano Forero, me han permitido acercarme a esa realidad con otra perspectiva. Las emotivas explicaciones del arquitecto Alfonso Lalinde, colaborador de Sert y Wiener, han sido decisivas para entender algunas ideas y motivaciones de esos proyectos.

1. Sert. Conferencia ante el RIBA, Londres 1966.

2. Véase "The Work of Town Planning Associates" *Architectural Design*, 1957, así como la tesis doctoral de Jaume Freixa.

3. Véase *AC. Documentos de actividad contemporánea*, Barcelona 1931-1937.

4. O los trabajos realizados por Le Corbusier para viviendas obreras "Una casa, un arbre". Véase MARZÁ, F; MONTEYS, X., "Les cases per a mà d'obra auxiliar a Barcelona dintre de l'obra de Le Corbusier"; BUSQUETS, J., "Cada casa, un arbre. Un model actual d'habitatge en el Pla Macià", en *Le Corbusier i Barcelona*, Fundació La Caixa de Catalunya, Barcelona, 1988

5. La discusión de la ciudad funcional adquiere, cuando Josep Lluís Sert lo plantea como su libro de ingreso y presentación en América, la versión más radical que presenta la revista *AC*, alejándose de la versión más eficaz de la Carta de Atenas. Véase RUBERT, M. "Una lectura actual de Josep Lluís Sert", en *La Vanguardia* del 10 de marzo de 1985; y ROVIRA, J. M., "Sert, Le Corbusier, Giedion: Un intercanvi epistolar" en *La tradició moderna*, COAC, Gerona, 1995.

6. Véase PLUNZ, R, *UR* núm. 3. LUB ETSAB, Barcelona.

7. La preocupación por esos temas se refleja en las discusiones del VIII CIAM, "El corazón de la ciudad". Véase también: SERT, J. L., TYRWHITT, J. y ROGERS, E. N., *The Heart of the City*. Londres, 1952.

8. El nuevo corte que ha significado para Medellín la construcción del nuevo metro sugiere una futura organización de la ciudad, necesariamente más compleja y tal vez menos segregada. Véase SOLÀ-MORALES, M., "Ciudades cortadas" en *City-Ciudad. Publicación de cultura metropolitana*, Colegio Oficial de Arquitectos Vasco-Navarro, Bilbao, 1996.

9. Los trabajos de planeamiento fueron realizados por el TPA con la colaboración de M. Benacerraff, C. Guinand, J.G. Haitan, H.Ritter, M. Rodríguez, L. Dorich, C. Arbelaez, F. Ramírez, H. Suito, M. Romañach, R. Gutiérrez, Nel Rodríguez, A. Lalinde, arquitectos colaboradores de distintos países, así como los ingenieros Seeley, Stevenson, Value & Knecht y el abogado C. Haar.

10. Diario de la construcción de Tumaco. Frances Loeb Lybrary. Harvard School of Design. Colaboradores: Elwyn E. Seelye (ingeniero), Hoshino (paisajista), Martínez, Iriarte, Viecom. Amorocho Arquitectos, Silva y Cabrera Topogras, Martínez y Santacruz, (ingenieros del Ministerio de Obras Públicas).

11. Probablemente, se trata del plan más influyente de Josep Lluís Sert, sobre todo tras su difusión como ejemplo en el CIAM celebrado en Bérgamo.

12. Colaboradores: Otto da Rocha Silva, Horacy Assis da Silva (arquitectos), y Elwyn E. Seelye & co (ingenieros civiles), brigadier Antonio Guedes, Oswaldo Bittencourt (representante neoyorquino en Brasil). *Two Cities Planning in North and South America*, Museum of Modern Art, junio 1947.

13. Puerto Ordaz, Ciudad Piar y Pomona. Colaboradores: Oficina de Planificación y Vivienda, Francisco Carrillo Batalla, Carlos Guinand de Baldo, Moisés Benacerraf.

14. Colaboradores: Luis Dorich, Oficina Nacional de Planeamiento.

15. Colaboradores: Nel Rodríguez, jefe de la Oficina Plano Regulador, Elwyn E. Seeye, ingeniero; Guillermo Orozco, ingeniero civil; Alfonso Lalinde, arquitecto.

16. FREIXA, J., *J. Ll. Sert*, Barcelona 1989; BASTLUND, K., *José Luis Sert. Architecture, City Planning, Urban Design*, Zurich, 1967.

17. A mediados de los cincuenta, ya se había invertido más de 120.000.000 de dólares en infraestructuras.

18. El trazado básico preliminar se diseñó tras una reunión de Le Corbusier con Paul Lester Wiener, Josep Lluís Sert y Herbert Ritter en Roquebrune, Menton, tras el CIAM de Bérgamo.

19. Véase Solà-Morales, M., "La segunda historia del proyecto urbano", *UR* núm. 5, LUB-ETSAB, Barcelona, 1987.

20. Estas propuestas, sintetizadas en «Can Patios Make Cities?», plantean uno de los argumentos clave en el discurso urbanístico de Sert. Véase SERT, J. L., *Architectural Forum*; DONATO, J. E., "Josep Lluís Sert 1929-1953".

21. O que Josep Lluís Sert recupera, con otras dimensiones, en su casa de Boston. Véase FREIXA, J., *J. Ll. Sert*. Barcelona, 1989; BASTLUND, K., *José Luis Sert. Architecture, City Planning and Urban Design*, Zurich, 1967.

22. Más tarde, Sert proyecta para el campus de Harvard (el Holyoke, Peabody Terrace etc...) y Wiener construye los confortables apartamentos de Washington Square Village, uno de los últimos proyectos de regeneración urbana (*slum clearance*) de Nueva York.

23. Véase SERT, J. L., "Opiniones cambiantes sobre el entorno urbano", Conferencia pronunciada ante el RIBA, en 1966.

Sun and shade

JOSEP M. ROVIRA

1 A may serve to orient us: "Between flights a plane must find shelter – hangar. A pilot must have rest – house, dormitory. A plane must be refuelled – oil depot. The depot must be replenished – trucks, moving on roads, transportation. The pilot may have been wounded – hospital. The plane may have to be repaired – factories where parts are made. The plane must be armed – arsenal where bombs are manufactured. Future pilots, future mechanics must be trained – vocational schools." [1]

Thus it appeared – quoting an excerpt from a text by the architect William Lescaze published in 1942 – that the progress of the war called for hangars, houses, dormitories, transport, hospitals, factories, arsenals, specialized schools. These things required planning, design and construction, precisely those processes which Lescaze is especially concerned to note that the architects are skilled in carrying out. The outbreak of war had given rise to new demands, many of which called for urgent attention, making use of a highly developed industrial infrastructure and seeking strategically viable sites. A new motive – the motive of war – had found a place in American life, something which the USA was also to utilize in order to accomplish, as we shall see, objectives of quite another kind.

Modern architecture was to be called on to carry out these new tasks, on the basis precisely of certain of the postulates its creators had always upheld; something that the Americans also took it upon themselves to sum up in 1942, on the occasion of the exhibition organized by the MoMA ten years on from the International Style exhibition, which had already accomplished its aims. The show in question was called *What is modern architecture?*, and was the first of a series devoted to understanding the modern arts. To come to terms with this new architecture, then, the curators of the exhibition could think of nothing better than going back to Vitruvius, and after announcing that the modern architect must proceed in the manner of a scientist, because he had to be able to study problems in an analytical spirit, testing and verifying the value of different solutions like a psychologist in order to transcend the cold notion of the house as a machine for living in, and like an artist, they subjected some of these modern buildings to the Vitruvian triad.

With respect to utility, they mentioned the capacity of the new architecture to resolve and optimize new uses, creating new typologies, and to take advantage of new technology in the fitting out of buildings. In similar fashion, they emphasized the interest in the *locus* as a key element in the design of the house, and the need for planning on the large scale to help to maintain a healthy balance between regions. When it came to the question of solidity, the new structural systems using steel and concrete, and new materials such as plywood and glass brick were taken as effective guarantees of this. In order to speak of beauty they employed familiar categories: the absence of ornament, sincerity of materials, volume in place of mass, the use of abstract forms and asymmetry. The catalogue then went on to present examples of the work of leading European and American architects. [2]

The new demands of wartime were to be met by the new architecture in a country that was starting to have a massive need for that architecture and could draw on famous precedents in tackling the problem: from the demountable houses produced as part of the vast TVA project to the workers' bungalows or the experiments with mail-order housing of previous decades. Immediately prior to the date that concerns us here, in 1940 the architects of the Farm Security Administration, Burton D. Cairns and Vernon De Mars, had designed the Yuba City complex in California;

Sol y sombra

JOSEP M. ROVIRA

1 "Un avión debe encontrar refugio entre vuelo y vuelo; necesita un hangar. El piloto debe descansar; necesita una casa, un dormitorio. El avión debe repostar; necesita una base con tanques de repostaje. La base precisa suministro de combustible; hacen falta camiones, carreteras, transporte. El piloto puede resultar malherido; hace falta un hospital.

El avión puede precisar reparación; hacen falta fábricas de componentes aeronáuticos. El avión debe dotarse de armamento; tiene que haber un arsenal donde se fabriquen las bombas. Hay que formar futuros pilotos, futuros mecánicos; necesitamos escuelas técnicas especializadas." [1] Así dice un texto del arquitecto William Lescaze, publicado en 1942. En efecto, el desarrollo de la guerra plantea la necesidad de disponer de hangares, viviendas, dormitorios, transporte, hospitales, fábricas, arsenales, escuelas técnicas especializadas. Exige planificación, diseño y construcción, algo que a Lescaze le interesa mucho transmitir, pues es precisamente lo que los arquitectos saben hacer. El estallido de la guerra ha provocado nuevas necesidades que a menudo deben resolverse con urgencia, mediante una amplia infraestructura industrial y buscando unos emplazamientos estratégicamente definidos. Una nueva razón –la razón de guerra– se instala en la vida americana, algo que Estados Unidos utilizará para alcanzar también otra clase de objetivos, como veremos más adelante.

La arquitectura moderna tendrá que resolver estas nuevas exigencias, de acuerdo a algunos de los postulados que defendían sus iniciadores y que los americanos resumieron en la exposición celebrada en el MoMA en 1942, diez años después de la célebre exposición sobre el *International Style*, que ya había cumplido sus objetivos. La muestra se tituló *What is Modern Architecture?* y constituía la primera de una serie dedicada a conocer las artes modernas. Para explicar en qué consistía la nueva arquitectura, a los comisarios de la exposición no se les ocurrió otra idea que acudir a Vitruvio, y tras declarar que el arquitecto moderno debía actuar como un científico –capaz de estudiar los problemas con espíritu analítico, comprobando y verificando su valor–, como un psicólogo –para superar la fría noción de la casa como máquina de habitar–, y también como un artista, sometieron algunos de aquellos edificios modernos a la tríada vitruviana.

En cuanto la utilidad, subrayaron la capacidad de la nueva arquitectura para solucionar y optimizar nuevos usos, creando nuevas tipologías, y para aprovechar la tecnología mejorando el equipamiento de los edificios. Del mismo modo, destacaron el interés por el lugar como elemento clave en el diseño de la vivienda y la necesidad de una planificación a gran escala para garantizar los equilibrios regionales. Respecto a las exigencias de solidez, los nuevos sistemas estructurales de hierro y hormigón y los nuevos materiales, como la madera laminada y el bloque de vidrio, constituían la respuesta adecuada.

Para hablar de la belleza, utilizaron categorías conocidas: ausencia de ornamento, sinceridad de materiales, volumen en lugar de masa, uso de formas abstractas y asimetría. A continuación, el catálogo mostraba obras de arquitectos europeos y americanos de reconocido prestigio. [2]

Se trataba de nuevas necesidades, características de tiempos de guerra, a las que podía responder la nueva arquitectura.

El país empezaba a necesitar de esta arquitectura a escala masiva, y presentaba significativos antecedentes para afrontar el problema: desde las casas desmontables construidas en el vasto proyecto de la Tennessee Valley Administration, hasta los bungalows para trabajadores o la experiencia del *mail-order housing* (vivienda por catálogo), de décadas anteriores. Antes de la fecha que nos ocupa, ya en 1940, los arquitectos de la Farm Security Administration, Burton D. Cairns y Vernon De Mars, habían proyectado

Yuba City.
Burton D. Cairns, Vernon DeMars, 1940.

this community of farm workers was featured in the exhibition catalogue as an example of prefabricated construction using new materials. De Mars had also designed in the same year another vast complex of houses and community buildings for thousands of workers near the shipyards in San Francisco Bay, using plywood panels produced in a factory that had adapted the assembly systems used in the aircraft industry for this purpose. These houses could be dismantled when they were no longer needed and transported to a new site, thus avoiding the problem of ghost towns at the end of the war, when the factories serving the war effort had closed down. [3]

The war thus had the effect of finally bringing to an end the Depression years and ushered in the better times of the post-war period, with the promise of fulfilling the American Dream of a house in the suburbs, with a modern kitchen, near a shopping centre. The massive building programme required to house the workers employed in the war industries, located for the most part on the West Coast, called for a sharpening of both wits and technologies if such great demand for housing was to be satisfied. A few figures may serve to elucidate this process: between 1940 and 1947 the population of the states of California, Washington and Oregon increased by 40%, while between 1940 and 1944 some 500,000 people moved into the Los Angeles area. The prefabricated house was thus an absolute necessity, focusing the energies of the specially commissioned teams of architects and engineers who placed their hopes in ever faster progress, buoyed up by a wartime propaganda machine that treated them as heroes. Amongst the famous figures of the avant-garde involved in the great task were William W. Wurster, Walter Gropius, Marcel Breuer, George Howe, Louis I. Kahn, Richard Neutra and Frank Lloyd Wright. [4]

In 1941, the Quonset hut was designed at the Quonset Naval Air Station in Rhode Island, and by 1946 there were more than 170,000 of them around the world, at the same time as Buckminster Fuller was beginning to experiment with the Dymaxion Deployment Unit and Richard Neutra was designing his Avion Village for workers in the aircraft industry. From 1942 on, a series of large-scale interventions followed one another in rapid succession, such as the creation of a new city at Vanport in Oregon, with 10,000 houses for the families of the workers at the Kaiser shipyards; the creation of new companies which produced manufactured houses based on new prototypes and processes, as was the case with Barrett and Hilp, who constructed 5,000 homes for shipyard workers in Portsmouth, Virginia, at a rate of 80 houses a day, using the Homasote Company's Precision Built, Jr. system.

Of all these mass housing projects, it might be claimed that the ones which present the greatest formal interest are the Aluminum City Terrace by Gropius and Breuer, at New Kensington in Pennsylvania, and the Carver Court housing project by Howe, Stonorov and Kahn at Coatesville, also in Pennsylvania.

2 The July 1942 issue of *Architectural Record* carried an article entitled "Design for Democracy" in which we find the following: "The first, immediate, urgent task in the Design for Democracy is to WIN THE WAR. Otherwise is a futility and nonsense... We must devote our energies to one of three spheres of activity, the one where each can do his part, for all are vital in the Design for Democracy. 1.- Active military service. 2.- War construction. 3.- Planning for the building of an America better fitted for the needs of an industrialized, civilized people". Although Wiener

Carver Court.
Howe, Stonorov, Kahn, 1942.

Dymaxion, Wichita House.
Buckminster Fuller, 1942.

en California el conjunto de Yuba City, una comunidad de trabajadores de una granja, incluido en el catálogo de la exposición mencionada como un ejemplo de construcción prefabricada con nuevos materiales. También De Mars proyectó, en el mismo año, cerca de los astilleros de la bahía de San Francisco, otro vasto grupo de viviendas y edificios comunitarios para varios miles de obreros, utilizando paneles de madera contrachapada producidos por una fábrica que imitaba los sistemas de construcción aeronáutica. Esas casas podían desmontarse al concluir su utilización temporal y transportarse a otros lugares.
De este modo, se evitaba la existencia de ciudades fantasma una vez finalizado el conflicto bélico, cuando la industria bélica dejara de funcionar. [3]
Así pues, la guerra sirvió para enterrar definitivamente los años de la depresión y abrió las puertas a una posguerra mejor, con la promesa de realización del sueño americano en un entorno de casas unifamiliares en las afueras, centros comerciales y cocinas modernas. El programa de edificación a gran escala, imprescindible para alojar a los trabajadores de la fábricas de guerra, habitualmente instaladas en la costa oeste, obligaba a agudizar la inteligencia y la tecnología para responder a tanta necesidad de viviendas. En este proceso, algunos datos pueden resultar reveladores: entre 1940 y 1947, la población de California, Washington y Oregón creció en un 40%, y entre 1940 y 1944, 500.000 personas se trasladaron a vivir al área de Los Angeles.
La casa prefabricada era, pues, una necesidad ineludible, de modo que arquitectos e ingenieros se dedicaron a estudiar sus posibilidades, respondiendo a encargos concretos, estimulados por la esperanza en aquel progreso acelerado y apoyados por la retórica bélica, que los trataba de héroes. A este grupo de profesionales se incorporaron algunos arquitectos de vanguardia, como William W. Wurster, Walter Gropius, Marcel Breuer, George Howe, Louis I. Kahn, Richard Neutra y Frank Lloyd Wright. [4]
En 1941 se diseñó el prototipo de la Quonset Hut, en la Quonset Naval Air Station de Rhode Island, de la que en 1946 ya se habían producido más de 170.000 unidades en todo el mundo. Al mismo tiempo, Buckminster Fuller iniciaba sus experiencias con la Dymaxion Deployment Unit, y Richard Neutra proyectaba Avion Village para los trabajadores de fábricas aeronáuticas.
A partir de 1942 se suceden las actuaciones a gran escala, como la creación de una nueva ciudad en Vanport, Oregón, con 10.000 viviendas para los trabajadores de los astilleros Kaiser y sus familias, o la producción industrializada de viviendas por parte de distintas empresas a partir de prototipos diseñados especialmente para tales ocasiones, como es el caso de Barrett y Hilp y sus 5.000 viviendas para los trabajadores de los astilleros de Portsmouth, Virginia, al ritmo de ochenta casas diarias, según el sistema Precision Built Jr. de la Homasote Company.
Tal vez las que presentan mayor interés formal son la Aluminum City Terrace de Gropius y Breuer, en New Kensington, y el proyecto de viviendas Carver Court de Howe, Stonorov y Kahn, en Coatesville, ambas en Pensilvania.

2 Aunque no recibieron encargos muy relevantes en este contexto, Paul Lester Wiener y Josep Lluís Sert aportaron algunos proyectos significativos. En el número de julio de 1942 de *Architectural Record* apareció un artículo titulado "Design for Democracy" en el que se podía leer: "La tarea principal, inmediata y más urgente del Diseño por la Democracia es GANAR LA GUERRA. Cualquier otra prioridad sería inútil, un disparate... Debemos dedicar nuestras energías a una de estas tres esferas de actividad, aquella en la que cada uno pueda aportar la parte que le corresponde, ya que las tres son esenciales para el Diseño por la Democracia: 1-servicio militar activo. 2-construcción de guerra. 3-planificación para la construcción de una América mejor dotada para las necesidades de una sociedad industrializada y civilizada." Pocos días antes, el 16 de Junio, Wiener envía una carta a un cierto doctor

Quonset Hut.
1941.

and Sert were not to receive any very large-scale commissions, it is clear that they were also involved in this task. Only a few days before the publication of the article "Design for Democracy", on the 16th of June, Wiener had sent a letter to a certain Dr Somary, enquiring about the price of plywood panels, in which he wrote that they were working on a "barrack unit which could be bought by the unit. Each unit is 20' x 30'". [5] It thus appears that they were already at this time turning over what they were subsequently to call Ratio Structures, a project for a prefabricated modular system commissioned by the War Production Board and which could be utilized for a variety of functions. These were moments when Wiener's correspondence with Gropius is concerned exclusively with this matter – a question with which, as we know, the latter had been obsessed for a period of years in Europe.

The work that the two architects were engaged in was explained by Wiener to Niemeyer on the 18th of November of that year in a letter enclosed with a copy of the book *Can Our Cities Survive?* that Sert had just published. [6] "Here in America, work is strictly reduced to constructions for the Government... I have been working with Sert on the problem of housing for war workers, which is very interesting." [7] By November the project must have been virtually finished, since they then began to submit it for consideration by the War Department, pointing out its immense capacity for different functions, although it is also true that they received the first criticisms at this time. A letter from Wiener to C. T. Wood at the War Department reads, "(we) demonstrated the model and layout for hospital units to Colonel Crandall and his staff of architectural draftsmen", but even though the Colonel seems to have liked the project for its spatial solution and its flexibility, "he disqualified himself on all matters relating to construction and engineering". After insisting on the fact that the design of the Ratio Structure could be converted to a multitude of uses, and that it was very different to what the army had been accustomed to using, he enumerates its possibilities: "The Ratio Structure System would be of the greatest benefit for hospital units, training schools, officers' quarters, war apartments, dormitories, recreation halls, warehouses, where construction must be rapid and inexpensive, but semi-permanent." From this point on their efforts were centred almost exclusively on the design of their idea – although Sert was also involved in teaching and lecturing at various universities, thanks to the invitations he was starting to receive as a result of publication of his book. So much so, indeed, that in January 1943 Alvin Johnson suggested to Philip N. Youtz, head of the Consumer Office of Production Research and Development that they should raise Sert and Wiener's monthly salary from $500 to $625.

From March on we find a flood of letters and visits from official bodies interested in the project, and attempts by A. F. Somary to develop the product – which was granted the patent number 476.008 in April – on a commercial basis. There were also countless consultations with structural engineers, while we know from a series of dated sheets of manuscript notes and sketches that in October 1943 Sert was reworking important aspects of the design, above all in relation to the joints of the curved roof panels and the dimensions and detailing of the wall panels with a view to reducing the cost of packaging and transport.

A letter dated the 25th of October from Philip N. Youtz, who had assisted them with numerous matters relating to the viability of the project,

Despacho de los Town Planning Associates en la calle 42.
The Town Planning Associates office on West 42nd street.

Somary consultándole sobre los precios de unos paneles de madera contrachapada, y explica que están trabajando en unos "...barracones que podrían adquirirse por unidades. Cada unidad mide 20 x 30 pies". [5] Es un indicio de que por aquellas fechas ya empezaban a concebir lo que finalmente denominarían Ratio Structures, un sistema prefabricado de módulos constructivos que podían ser útiles para diversas funciones, por encargo de la War Production Board. En aquella época,
la correspondencia de Wiener con Gropius se centra exclusivamente en este tema, que, como es sabido, preocuparía a Gropius durante muchos años en Europa.
El 18 de noviembre del mismo año, Wiener le escribe a Niemeyer para enviarle el libro de Sert, *Can Our Cities Survive?* [6], que acaba de publicarse, y le explica el trabajo que están desarrollando: "Aquí en América, el trabajo se reduce estrictamente a las construcciones del Gobierno... He estado trabajando con Sert en el problema de la vivienda para los operarios de guerra y es muy interesante." [7] En noviembre, el proyecto debía estar prácticamente acabado, ya que lo someten a la consideración del Departmento de Guerra, sugiriendo su inmensa capacidad de aplicaciones.
También por entonces reciben las primeras críticas. En efecto, una carta de Wiener a C.T. Wood, del citado organismo, dice: "Hemos mostrado los planos y la maqueta de las unidades de hospital al coronel Crandall y su equipo de arquitectos y delineantes", y aunque el proyecto satisface al militar por su solución espacial y su flexibilidad, "él no se consideraba cualificado para valorar todas las cuestiones relativas a la construcción e ingeniería". Tras insistir en que el diseño de la Ratio Structure puede ser reconvertido para múltiples usos, y en que presenta muchas diferencias respecto al modelo utilizado habitualmente por el ejército, enumera las posibilidades que ofrece: "El sistema Ratio Structure puede resultar muy útil para centros hospitalarios, escuelas técnicas, cuarteles militares, viviendas de guerra, residencias, salas recreativas, almacenes, unidades que requieren una construcción rápida y barata, pero semipermanente..."
A partir de ese momento, Sert y Wiener se centran exclusivamente en el diseño de esta idea, aunque Sert sigue impartiendo cursos y conferencias en distintas universidades, gracias a las invitaciones que le llegan a raíz de la publicación de su libro. Así, en enero de 1943, Alvin Johnson le sugiere a Philip N. Youth, jefe de la Consumer Office of Production Research and Development, un aumento del sueldo de 500 dólares mensuales que cobran Sert y Wiener, a 625 dólares. Desde marzo asistimos a un baile de cartas y visitas de organismos oficiales interesados en el proyecto y de tentativas por parte de A. F. Somary de comercializar del producto, que en abril ya tiene número de patente: 476.008. También abundan las consultas a expertos en estructuras, y gracias a algunas cuartillas fechadas, con textos manuscritos y dibujos, sabemos que en octubre de 1943, Sert está reelaborando partes importantes del proyecto, sobre todo aquellas relativas a las juntas de las placas curvadas del techo y a las medidas y el diseño de detalles de los paneles de cerramiento, a fin de reducir los costes de embalaje y transporte.
El 25 de octubre, una carta de Philip N. Youth, quien les ha ayudado en numerosas cuestiones relativas a la viabilidad, permite deducir que el proyecto enfila la recta final: "Me alegro de que estéis avanzando en el desarrollo práctico de vuestro sistema constructivo. Creo que es muy importante que esté listo para poder comercializarse lo antes posible."
En diciembre de 1943, la revista *Architectural Forum* publica el proyecto y su construcción experimental. El artículo incluye una memoria que subraya su carácter innovador, así como las primeras imágenes de la construcción de un módulo tipo, que había empezado a presupuestarse a finales del año anterior.
En el texto se enumeran algunas cuestiones de interés: la construcción se realiza de abajo hacia arriba, las paredes son sólo de cerramiento y su construcción es independiente de la estructura, que se deja vista en la fachada. En vez de la tradicional cubierta a dos aguas se utiliza un único tejado curvado, resuelto finalmente con paneles estandarizados. El particular diseño de la fachada permite una gran diversidad de combinaciones, del mismo modo que la concepción del proyecto posibilita su

seems to indicate that they were in the final stages of the design: "I am glad that you are going ahead on the practical development of your building system. I think that it is very important that this be ready for market at the earliest possible date".

In December 1943, the design and its prototype construction were published in the magazine *Architectural Forum*. There we find a report referring to the supposed novelty of the project, together with the first pictures of a standard module, which had been put out to tender at the end of the previous year. The text enumerates various points of interest: construction proceeds from the bottom up, the walls are simply a skin, assembled independently of the structure, which is left exposed on the facade. In place of the traditional double-pitch roof, a single, curved roof was used, finished on the exterior with standardized panels.

The special design of the facade allowed a great diversity of combinations, in the same way that the conception of the project provided for its adaptation to accommodate a huge range of uses, as some of the architects' drawings make clear. The structure, which could bridge spans of between 20' and 32', was of wood, with the vertical and horizontal elements fixed to one another by metal cover plates, which made for a considerable saving on iron and wood in relation to the maximums for wartime houses set by the WPB.

In this project, Sert drew on some of the experiments with demountable houses he had worked on in Barcelona in the thirties, in the light of modern architecture's conceptual interest in the prefabrication of low-cost dwellings as a means of resolving the acute housing shortage in the city in those years. It also marked a return to the form of the Catalan vault, which he had used in several projects from that period, but not to its structural essence. At the same time he now had at his disposal both the high level of technology and the new materials available to the American construction industry. The result, as can be appreciated from the published pictures, is – depending on the particular combination of the modules – something between a hangar of almost unlimited size and a series of houses with a vaguely Mediterranean appearance, which may be laid out to form internal courtyards. Entirely independently of the specifics of the site, the system can be combined in different ways according to the requirements of the functions it is to accommodate.

Nevertheless, the fact is that the project failed to prosper, despite the efforts of the architects, who devoted the first part of 1944 to the task of publicizing and promoting it in the USA and various European countries in the hope of winning contracts, and even went so far as to register their patent in Canada, Britain and Sweden, although this, too, failed to generate commissions.

Late in 1944, Benjamin W. Gelb asked for permission to put up a prototype model in Paterson, New Jersey. In spite of vocal support from the architectural profession, as exemplified by the September 1944 issue of *Architectural Record*, [8] we must not forget that the conditions of access to housing changed radically with the end of the war, and the fall in the production of new houses had nothing whatever to do with the design quality of the project.

Ratio Structures was one of many victims of a new situation characterized by new economic and production conditions, by a change in priorities and policy in the granting of mortgages, by new zoning legislation hostile to modern design and the use of standardized systems, by a resistance on the part of the construction unions, by the caution of the banks with regard to the financing of experimental projects and, last but not least, by the doubts and misgivings of potential customers, as announced by Peter S. Reed.

A letter from Paul Lester Wiener to a certain Alfred, on the 17th of July 1945, seems to pass sentence on the Ratio Structures, confirming the hopelessness of the case: "Ratio Structures... is suspending activities, awaiting the clarification of the material situation and the end of the war".

adaptación a cualquier uso, tal como muestran algunos dibujos de los arquitectos. La estructura, que podía cubrir luces entre 6 y 10 metros, es de madera, con los elementos verticales y horizontales unidos por platabandas metálicas, lo cual supone un ahorro importante en hierro y madera en relación a los máximos permitidos por la War Production Board para las viviendas de guerra. Con este proyecto, Sert recuperaba algunas experiencias de casitas desmontables que había desarrollado en los años treinta en Barcelona, vinculadas al interés conceptual de la arquitectura moderna por la prefabricación de casas de bajo coste que resolviera los angustiosos problemas de carencia de vivienda que existían en la ciudad. También retomaba la forma de la bóveda catalana, que había utilizado en algunos proyectos de esta época, aunque sin su esencia estructural.

Al mismo tiempo, podía aprovechar el alto nivel tecnológico y los nuevos materiales de que disponía la industria americana.

El resultado, que puede observarse en las imágenes publicadas, según la agregación de los módulos elegida se sitúa a medio camino entre un hangar de dimensiones casi infinitas y una serie de módulos de vivienda con una vaga imagen mediterránea, que pueden incluso configurar patios interiores. Indiferente al entorno, el proyecto podía adoptar diversas combinaciones según las exigencias de los programas a los que fuera destinado.

Pero lo cierto es que las cosas no prosperaron, a pesar del interés de los arquitectos, que a principios de 1944 difundieron su proyecto por Estados Unidos y algunos países de Europa, intentando obtener contratos. Llegaron incluso a registrar la patente del prototipo en Canadá, Inglaterra y Suecia, pero tampoco consiguieron ningún encargo.

A finales de 1944, Benjamin W. Gelb les pidió permiso para edificar un módulo tipo en Paterson, en las cercanías de Nueva York.

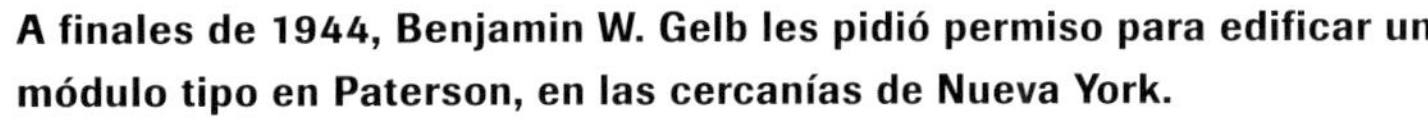

A pesar de las voces que se levantaban desde el campo profesional, como el contenido del discurso del número de septiembre de 1944 de *Architectural Record*, [8] no hay que olvidar que las condiciones de acceso a la vivienda variaron radicalmente durante la posguerra, y la caída en la construcción de viviendas no dependió en absoluto del diseño y la calidad de las propuestas.

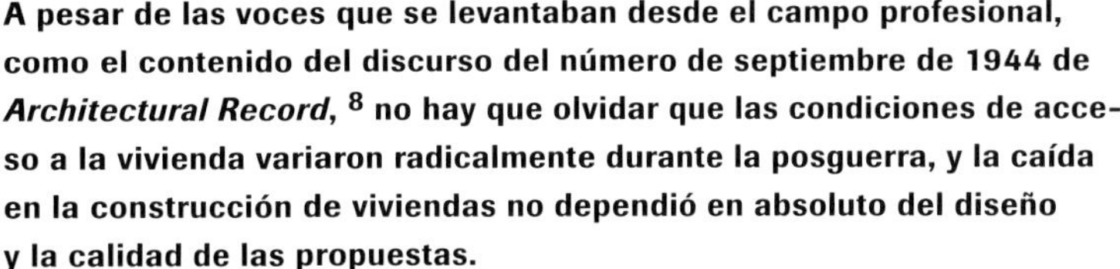

Ratio Structures fue también víctima de esta realidad de las nuevas condiciones económicas y productivas, de los nuevos criterios de la política de concesión de hipotecas, de las leyes que en diversas zonas actuaron contra el diseño moderno y sus postulados de estandarización, de las resistencias de los sindicatos de constructores, de la prudencia de los bancos a la hora de financiar proyectos experimentales, y también -y no menos importante-, de las reservas psicológicas de los consumidores, como explica Peter S. Reed.

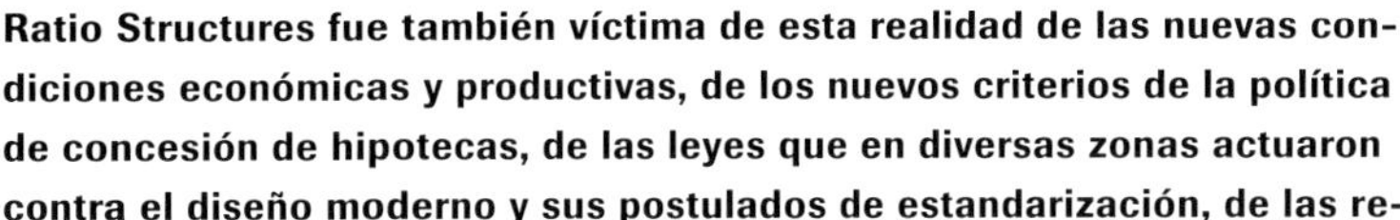

El 17 de julio de 1945, una carta de Paul Lester Wiener a un cierto Alfred parece sentenciar el proyecto de Ratios Structures y confirma lo dicho hasta ahora: "Ratio Structures... suspende actividades, a la espera de una clarificación de la situación material y del fin de la guerra."

Ratio Structures.
Paul Lester Wiener,
Josep Lluís Sert.

Vistas exteriores de la Casa Sert.
Exterior views of the Sert House.
Locust Valley, Long Island,
New York, 1949.
Colección Sert.
Harvard University.

3 At that date Sert was involved with the project for what was to be his own house in Locust Valley, Long Island, New York. This is borne out by a letter to him from his friend Joan Miró, the painter, dated May 15th, 1948: "I must congratulate you, first of all, on the purchase of the house. I remember it well, the setting, too, is marvellous, and I promise to be a frequent visitor when I am once again in New York". If we consider that Miró had been in New York in 1947, from March until early November, it is not difficult to establish the date of Sert's interest in setting up house on Long Island. [9] Moreover, Miró's letter provides us with another and equally significant datum: Sert had bought an existing house, a circumstance that has been somewhat distorted by some publications, in which it is claimed that the Catalan architect had refurbished an old barn as his home. [10]

In fact, things were even more complicated, in that Sert had actually bought a large mansion, and he lost no time in drawing up plans of this, dividing it – no doubt in view of its considerable cost – into two separate parts, one of which he offered to sell to Fernando Teixidor and to Alma Morgenthau, the wife of his partner Paul Lester Wiener. After this initial operation, Sert demolished one wing of the existing house, cleared out the interior of the remaining structure and, on the basis of the great void space of the stable-cum-garage and the addition of a new wing, constructed what was to be his home until he moved to Cambridge in 1958.

A number of blueprints found in his files, dated June 28th, 1949, indicate the moment when he must have completed the project. To judge by the dates of the known publications, the building must have been ready to move into in July 1950, since there are letters to Sert, expressing an interest in publishing the project, from the magazines *House & Garden*, dated August 2nd, 1950, and from *Progressive Architecture*, dated the 24th of that month.

The final result of the conversion is a development, albeit more generous in its proportions and more complex in its programme, of some of the ideas Sert had put into practice in the Garraf houses, at least with regard to the floor plan: a large void space which contains the living room, the kitchen and the architect's office backs onto the bedrooms and the landscaped space which links up with the surrounding countryside.

The completed volume presents itself as the union of two radically different built elements; that which maintains the form of a covered volume under a double-pitch roof, belonging to the remnants of the old stable and later garage of the original house, container of the void space described above, and that which, topped with a flat roof, laid out over two levels and resolved in terms of the golden section, as Sert was fond of pointing out, [11] and which calls to mind certain earlier works by Marcel Breuer, such as the 1940 Chamberlain Cottage in Weyland or the 1947 Cantilevered House in New Canaan, or the Resor House by Mies van der Rohe, in that it is conceived on the basis of a set of walls which support, and hold clearly separate from the ground, a compact box; the main difference is that in the case of Sert's house, these walls enclose courtyards, entrances and secluded gardens, rising as they do to a height of one storey.

One architecture engaging with another: that is the outcome here. In dialogue or in confrontation? Integrating with or separating from one another? Making friends or falling out? We shall leave the answer, and Sert's intentions, for later. Peter Blake liked to observe that this house was at a crossroads – just as its designer was, given that it combined the approaches of the architect and the city planner – and its great, excessive space, whose dimensions were always noted in each successive publication, [12] asked to be understood as something half way between a living room and a civic centre. He also identified it with a plaza, borrowing the term from a friend of his, a builder named Barbagallo. Blake was also fond of quoting the comments of the humorist Saul Steinberg, a friend of Sert's, who said that when he came into the house he never remembered to take off his hat, and that he walked

Planta y sección.
Plan and section.
Colección Sert.
Harvard University.

3 Por aquel entonces, Sert ya estaba interesado, desde hacía algún tiempo, en el proyecto de la que sería su propia casa en Locust Valley, Long Island, al sureste de Nueva York. Así se refleja en una carta que le dirige en catalán su amigo el pintor Joan Miró, el 15 de mayo de 1948: "Antes que nada, tengo que felicitaros por la compra de la casa. Yo la recuerdo muy bien, y el sitio también es maravilloso. Os prometo visitas frecuentes cuando vuelva a Nueva York."

Si tenemos en cuenta que Miró estuvo en Estados Unidos desde marzo hasta principios de noviembre de 1947, no es difícil precisar las fechas del interés de Sert por vivir en Long Island. [9] Pero Miró nos ofrece otra pista igualmente interesante: Sert ha comprado una casa existente, un hecho que ha sido desfigurado en cierta medida por algunas publicaciones, al afirmar que el arquitecto catalán reformó un viejo granero para instalar en él su vivienda. [10]

En realidad, las cosas son más complejas, ya que, efectivamente, Sert compró una gran mansión y rápidamente, sin duda por su elevado coste, levantó los planos y la dividió en dos mitades, ofreciendo una de ellas en venta a Fernando Teixidor y a Alma Morgenthau, la esposa de su socio Paul Lester Wiener. Después de esta operación inicial, Sert derribó un ala de la casa, destruyó el interior de lo que quedaba y entre el gran espacio vacío del establo-garaje y un cuerpo añadido, construyó la que fue su vivienda hasta que se trasladó a vivir a Cambridge en 1958.

Unas copias encontradas en su archivo, fechadas el 28 de junio de 1949, indican el momento en el que debió de acabar el proyecto. A juzgar por la fecha de las publicaciones encontradas, el edificio quedó listo en julio de 1950, pues una carta de la revista *House & Garden* dirigida al arquitecto el 2 de agosto de 1950, y otra de la revista *Progressive Architecture* del 24 del mismo mes se interesan por la publicación de un reportaje sobre el tema. El resultado final desarrolla, con proporciones más generosas y una mayor complejidad del programa, algunas ideas que Sert empezó a materializar en las casas del Garraf, por lo menos en cuanto a la planta: un gran espacio vacío que contiene la sala de estar, la cocina y el despacho del arquitecto se sitúa de espaldas a los dormitorios y al espacio ajardinado que conecta con el paisaje.

El volumen final presenta la unión de dos cuerpos radicalmente distintos: uno que mantiene la forma de un volumen cubierto con un tejado a dos aguas, correspondiente a los restos del antiguo establo y más tarde garaje de la casa anterior, y que contiene el mencionado espacio vacío, y otro, que termina en una cubierta plana, desarrollado a dos niveles y resuelto mediante la sección áurea, como Sert solía explicar. [11]

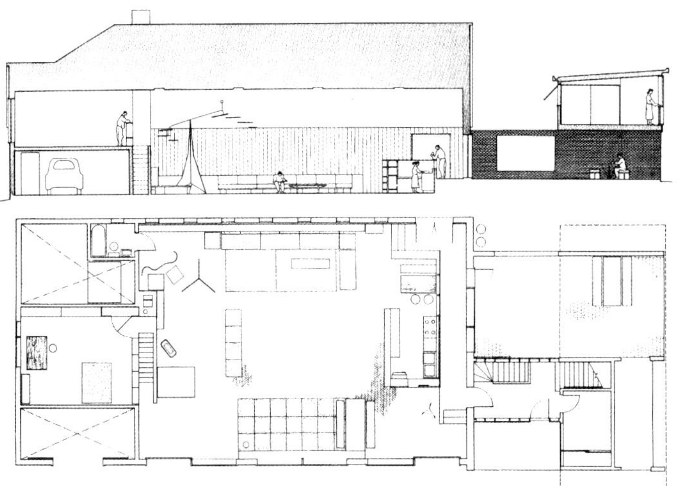

Este segundo cuerpo recuerda a algunas experiencias previas de Marcel Breuer en la casa Chamberlain Cottage de Weyland en 1940 y en la Cantilevered House de New Canaan en 1947, o a la casa Resor de Mies van der Rohe, que se concibe desde unos muros que sostienen una caja compacta separada claramente del suelo, aunque en el caso de la vivienda de Sert, los muros albergan patios, entradas y jardines de reposo, presentando un piso de altura.

El resultado es una arquitectura frente a otra.

¿Se trata de un diálogo o un enfrentamiento?

¿Se integran o se separan? ¿Entablan amistad o

Saul Steinberg, a friend of Sert's, who said that when he came into the house he never remembered to take off his hat, and that he walked around wearing it throughout his visit, greeting those he met with a touch of its brim. A plaza in which the Calder mobile was the bell tower, the bench running along the wall the café, and the kitchen City Hall. A plaza in which Calder, Le Corbusier, J. J. Sweeney and Miró were regular visitors. In speaking of the plaza as urban space in Blake's terms obliges us to mention – but no more than that, at present – the content of the CIAM that was held in Bergamo in 1949, with its talk of the heart of the city, at which Sert had played a leading part. If we leave aside one or two excesses of the kind Peter Blake is so devoted to, one issue calls for our attention: the interior of the "community space" contained a great variety of works of art, a striking mix of colours and a special system for the arrangement of the furniture that cannot leave us indifferent; in similar fashion, the original paving of that former garage, its tiles laid in a kind of herring-bone pattern to drain away liquids, was conserved by Sert. In 1947, the year in which the project had begun to take "shape", a number of significant things occurred, both in the wider context of architecture in North America and in Sert's life, which inevitably had some impact on this building, and an understanding of these will be of value to our purposes here.

Thus, on the 5th and 6th of March there was a symposium at Princeton entitled "Building for Modern Man", which was published in 1949, in which outstanding figures such as Walter Gropius, Konrad Wachsmann, Richard Neutra, Gyorgy Kepes, Joseph Hudnut, Sigfried Giedion, George Howe, William W. Wurster, Frank Lloyd Wright and Robert Moses took part, and which would surely have been attended by Sert, as a letter from his friend Giedion seems to demonstrate.

We have not space here for a lengthy analysis of the contribution of each of the participants, so we must confine ourselves to noting some of the themes aired there: [13] respect for the past; the need for a radical change in architectural training, in which visual education should be seen as essential; the need for a firm commitment to restoring to architecture its aesthetic values and for architecture to contribute to the enrichment of human life. The conviction that the construction industry should be not the master but the servant of architecture and that it was necessary to rise to the challenge of the machine was directly asserted by Gropius, who went on to insist that although architecture might find itself dependent on prefabrication for economic reasons, prefabrication must be sufficiently flexible to resolve individual needs. In the same way, post-war architecture would have to take account of social, emotional and economic factors.

These are terms, then, that take us away from the pragmatism of the war years, when the needs were quite other, and when the position of those who championed an abstract architecture associated with the machine aesthetic and produced using industrial processes accordingly began to lose their influence. This was an architecture that had now to rediscover its links with the past, having emerged from the parenthesis of the war and the apogee of the avant-garde architects, who were in any case Europeans – in other words, representatives of the defeated, or of those who had failed to master the war and been obliged to flee Paris and settle in New York. Moreover, an article by Lewis Mumford which appeared in the *New Yorker* on October 11th, 1947 provoked a greater than usual stir. For this controversial American sociologist and writer, there was something in the air. New winds were beginning to blow through the world of architecture, apparent in the fact that leading critics such as Henry-Russell Hitchcock, who twenty years earlier had identified the "modern" in architecture with cubism in painting and with the then general glorification of all that was mechanical and

Interior de la Casa Sert con el plano de Medellín en la pared.
Interior view of the Sert House with Medellin plan on wall.
Colección Sert.
Harvard University.

se pelean? Dejaremos la respuesta y sus intenciones para más adelante. A Peter Blake le gustaba decir que aquella casa estaba en una encrucijada –como su arquitecto, que combinaba el trabajo de arquitecto con el de urbanista–, y que su espacio grande y desmesurado, con unas medidas que siempre repiten
todas las publicaciones, [12] debía entenderse como alguna cosa situada a medio camino emtre una sala de estar y un centro cívico. Parafraseando a un constructor amigo llamado Barbagallo, Blake identificaba aquel espacio con una plaza, y citaba a un humorista amigo de Sert, Saul Steinberg, diciendo que al entrar en la casa, siempre olvidaba quitarse el sombrero y se paseaba por su interior sin descubrirse durante la visita, saludando a quienes encontraba con un gesto que llevaba la mano al ala del sombrero. En aquella "plaza", el campanario era el móvil de Calder, el banco adosado a la pared hacía las veces de café y la cocina era el ayuntamiento. Una plaza a la que asistían asiduamente Calder, Le Corbusier, J.J. Seweeny y Miró.
Obviamente, hablar de plaza en los términos que utiliza Blake nos obliga a mencionar (de momento sólo eso) el contenido del CIAM celebrado en Bérgamo en 1949, donde se habló del corazón de la ciudad, y en el que Sert tuvo un papel determinante.
Al margen de una cierta tendencia a la exageración propia de Peter Blake, aquí hay un tema que nos interesa: el interior del "espacio comunitario" contenía una gran variedad de obras de arte, una impactante mezcla de colores y un sistema especial de distribución del mobiliario que no puede dejarnos indiferentes. Además, Sert conservó el pavimento del antiguo garaje, un despiece de cerámica en forma de espina de pez, con desagüe incluido.
En 1947, el año en que el proyecto empezó a tomar "forma", ocurrieron muchos acontecimientos significativos, tanto en el contexto arquitectónico norteamericano como en la vida de Sert, acontecimientos que influyeron en el edificio y que ahora podremos evaluar en algunos aspectos. En efecto, entre el 5 y el 6 de marzo de 1947 tuvo lugar en Princeton un simposio titulado *Building for Modern Man*, que se publicó en 1949 y donde intervinieron personajes de la talla de Walter Gropius, Konrad Wachsmann, Richard Neutra, Gyorgy Kepes, Joseph Hudnut, Sigfried Giedion, George Howe, William W. Wurster, Frank Lloyd Wright o Robert Moses, y al que seguramente acudió Sert, como se desprende de una carta de su amigo Sigfried Giedion. [13]
No podemos hacer aquí un análisis exhaustivo de las aportaciones de cada participante, por tanto, nos limitaremos a enunciar algunos temas que allí se repitieron: el respeto por el pasado; la necesidad de un giro drástico en el campo de la formación del arquitecto en la que se considera imprescindible la educación visual; la voluntad inaplazable de recuperar los valores estéticos de la arquitectura y la necesidad de que ésta colabore al enriquecimiento de la vida humana. Gropius defiende personalmente la convicción de que la industria no debe dirigir sino servir a la arquitectura y de que hay que vencer el desafío de la máquina, e insiste en que si la arquitectura ha de depender de la prefabricación por cuestiones económicas, debe ser sin embargo lo bastante flexible como para resolver las necesidades individuales. De igual modo, la arquitectura de posguerra debe tener en consideración conceptos sociales, emocionales y económicos.
Esta terminología muestra un distanciamiento respecto del pragmatismo y las necesidades de los tiempos de guerra.
En ese momento, la defensa de una arquitectura abstracta, conectada con la estética de la máquina y producida en serie, ha empezado a perder su sentido. En efecto, la arquitectura debía recuperar su conexión con el pasado, una vez cerrado el paréntesis de la guerra y superado el apogeo de las vanguardias, unas vanguardias que eran por añadidura europeas, es decir, propias de un continente de vencidos, de individuos que se habían demostrado incapaces de controlar la guerra y que ahora tenían que abandonar París para instalarse en Nueva York.

Interior de la Casa Sert.
Interior view of the Sert House.
Colección Sert.
Harvard University.

También el 11 de octubre de 1947, un artículo de Lewis Mumford publicado en *The New Yorker* levantó una polvareda considerable. Para el polémico escritor americano, algo estaba sucediendo en aquella época. Nuevos vientos empezaban a soplar en el panorama de la arquitectura.

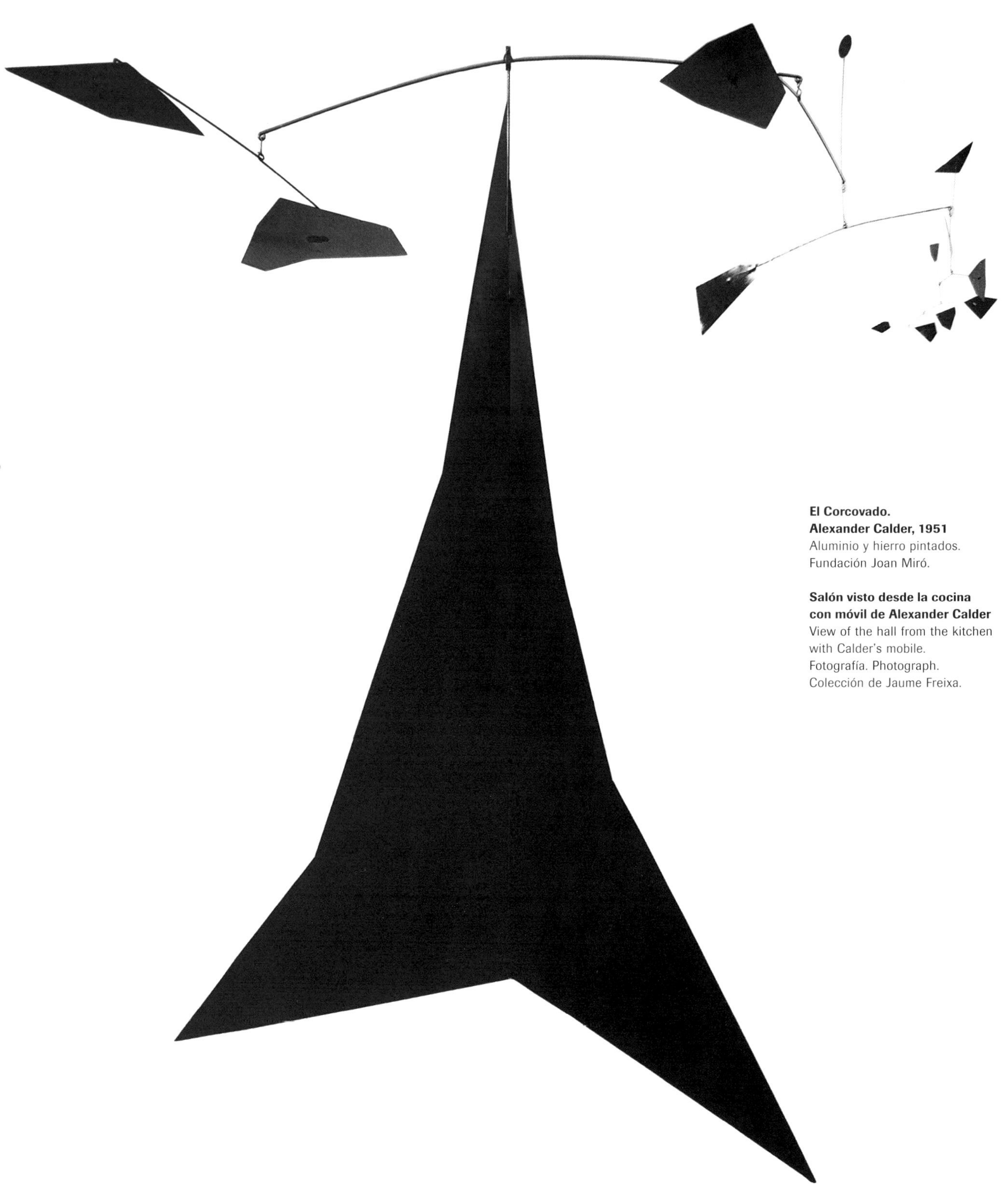

El Corcovado.
Alexander Calder, 1951
Aluminio y hierro pintados.
Fundación Joan Miró.

Salón visto desde la cocina con móvil de Alexander Calder
View of the hall from the kitchen with Calder's mobile.
Fotografía. Photograph.
Colección de Jaume Freixa.

not on the machine, and he made much of the fact that one of the inventors of modern architecture, Sigfried Giedion, [14] was at that time firmly aligned on the side of the monumental and the symbolic; he also took note of the moves on the part of certain younger architects to bring into play elements with an emotional charge, such as colour, texture, painting and sculpture. Mumford took the opportunity to observe that a number of architects in the USA were already working along these lines, and he coined the term Bay Region Style to make it clear that these architects' buildings did not look like factories or museums.

Mumford's article served as the prompt for another symposium, this one held in the MoMA on the evening of the 11th of February 1948; taking part were Walter Gropius, Marcel Breuer, Peter Blake, Eero Saarinen, Alfred H. Barr, Henry-Russell Hitchcock and Gerhard Kallmann, with Mumford himself acting as moderator. [15] Of particular note amongst the interventions during the course of the evening was Gropius' annoyance with the term that Mumford was trying to gain official acceptance for; a reaction that harked back to the 1932 exhibition in its insistence that the International Style was neither international nor a style, but that it already embraced a commitment to that very regionalism which Mumford was suddenly so anxious to discover. Gropius argued that the idea of the regional had been actively advocated by many of the moderns 25 years before, while Breuer sought to relativize Mumford's term, looking for points of correspondence between "machinists" and "regionalists", and making use of a Castilian expression for the purpose: "*Sol y sombra*, as the Spanish say; sun *and* shadow, not sun *or* shadow". Peter Blake inclined to the view that to speak of an industrial revolution in architecture was simply nonsense, [16] and as a result the terms of the debate struck him as exaggerated. Mumford, in his closing remarks, took a backward step, declaring that he felt it would be better to speak of something more fruitful, in other words, of a continuous development of the modern, in order not to run into so many obstacles. There was thus no question of holding on to categories that were as clear as they were now useless and unworkable. The post-war period had no time for an architectural rhetoric of this kind, generator of manifestos and stock phrases, but was searching instead for ways forward that would draw together skills, integrate disciplines, provoke encounters between different facets of knowledge and the arts as a means of learning and progressing.

Some or all of this was debated at Bridgwater, at the meeting which ran from the 7th to the 14th of September, 1947, at which Sert was appointed president of CIAM, a position he was to occupy until the dissolution of the congresses. Aesthetic questions, too, were discussed at Bridgwater, where Le Corbusier exclaimed, "At last the imagination has entered into CIAM!", and where in the summing up it was recognized that the time of the revolution in architecture had passed away, and that architects had to address themselves to a different kind of creative universe, developing "a long-lasting tradition" that would be found in the "agreement between the human work and the natural environment". One of the points in the solemn final declaration, enumerating the objectives of CIAM, establishes this beyond all doubt: "To satisfy the spiritual and material needs of man through the creation of an environment in keeping with the social, ethical, aesthetic and scientific concepts of urbanism and architecture".

Sert must have been one of those who paid particular attention to what was going on at the congress, above all when the moment came to draw up the questionnaires relating to the impact of the other arts, and during the discussion of the role of painting and sculpture in architecture and of collaborations between painters, architects and sculptors, and the use of colour, of materials and sculptural form: the spacious living room of Sert's own house would serve to hint at this, and to invite us to explore the matter more fully.

Let us go back to Long Island, then, to the house that asks to be understood as a great question mark, or as a long series of question marks that only becomes meaningful in relation to the lives of its occupants. The splitting up and demolition of an old house belongs to the old set of ideas,

Los críticos más audaces, como Henry-Russell Hitchcock, que veinte años atrás había identificado la modernidad en arquitectura con el cubismo en la pintura y con la glorificación general de lo mecánico y lo impersonal, ahora defendía el personalismo de Frank Lloyd Wright. Mumford, con una simplificación un tanto tendenciosa, escribía: "Ciertamente, la máxima de Le Corbusier en los años veinte –de que la casa moderna es una máquina para vivir en ella– se ha quedado totalmente anticuada." Para Mumford, había llegado el momento de centrarse en la vida, no en la máquina, y subrayaba que uno de los inventores de la arquitectura moderna, Sigfried Giedion, [14] defiende en ese momento lo monumental y lo simbólico.

Además, Mumford aludía a la iniciativa de algunos jóvenes de jugar con elementos propios del sentimiento, como el color, la textura, la pintura y la escultura. Mumford aprovechaba la ocasión para decir que, en Estados Unidos, algunos arquitectos trabajaban en esa línea desde hacía tiempo, y acuñaba el término Bay Region Style para defender que los edificios construidos según la misma tendencia no parecían fábricas ni museos.

El texto desencadenó otro simposio, que tuvo lugar en el MoMA durante la tarde-noche del 11 de Febrero de 1948, y en el que intervinieron Walter Gropius, Marcel Breuer, Peter Blake, Eero Saarinen, Alfred H. Barr, Henry-Russsell Hitchcock, Gerhard Kallmann y Lewis Mumford como moderador. [15] Entre las intervenciones de aquella velada, destaca la irritación de Gropius hacia el término que pretendía institucionalizar Mumford, un enfado que le llevó a remontarse a la exposición de 1932, afirmando que el estilo internacional no era ni internacional ni estilo, sino que ya expresaba la voluntad regionalista que Mumford pretendía descubrir repentinamente. Gropius insistía en que la idea de lo regional había sido defendida por muchos arquitectos modernos veinticinco años atrás. Breuer relativizó el término de Mumford, buscando puntos de acuerdo entre "maquinistas" y "regionalistas", con un aforismo prestado de la lengua española: "Sol *y* sombra, como dicen los españoles; no sol *o* sombra." Peter Blake declaró que hablar de revolución industrial en arquitectura era casi un desatino, [16] y que por tanto, los términos del debate le parecían excesivos. Mumford, al cerrar la sesión, intentando superar los escollos, dio marcha atrás y planteó una propuesta de reflexión más fructífera, un desarrollo continuo de la modernidad.

Ya no existía la posibilidad de quedarse con categorías tan claras como inútiles e inoperantes. Los tiempos de posguerra ya no permitían aquella retórica arquitectónica de manifiestos y frases hechas, sino que había que buscar salidas entrecruzando conocimientos, integrando disciplinas, provocando encuentros entre distintos aspectos de la cultura y las artes para aprender y avanzar.

Estos y otros temas se discutieron en Bridgwater, en el congreso celebrado entre el 7 y el 14 de septiembre de 1947, en el que Sert fue nombrado presidente de los CIAM, cargo que ostentó hasta la disolución de este organismo. En Bridgwater también se habló de cuestiones estéticas y Le Corbusier se permitió exclamar: "¡Por fin entra la imaginación en los CIAM!".

En las conclusiones, se reconoció que el tiempo de la revolución arquitectónica había acabado y que los arquitectos debían enfrentarse a un universo creativo distinto, desarrollando "una tradición de largo aliento", que podría encontrarse en el "acuerdo de la obra humana con el medio natural". Un punto de la solemne declaración final, al enumerar los objetivos de los CIAM, no deja lugar a dudas: "Satisfacer las necesidades espirituales y materiales del hombre por la creación de un medio conforme a los conceptos sociales, éticos, estéticos y científicos del urbanismo y la arquitectura."

Probablemente Sert también tomó buena nota de las cosas que sucedían en el congreso, sobre todo cuando llegó el momento de formular los cuestionarios relativos al impacto de las artes hermanas, y se discutió sobre el papel de la pintura y la escultura en la arquitectura, y de la colaboración entre pintores, arquitectos y escultores, el uso del color, del material y de la escultura: la amplia sala de estar de su casa así parece detectarlo, aunque quedarnos en esta pura anécdota sería insuficiente.

Volvamos pues a Long Island. Se trata de una casa que debería entenderse como un gran interrogante, o una serie encadenada

the scorning of any kind of ornament in a building and the conviction that the new message is the only one that has a right to a place in the world. The fact that part of the house was maintained seems to indicate something of a guilty conscience about the whole thing and the possibility of granting some kind of opportunity to a commonplace aesthetic, vulgar yet inherently typical of the country that opened its doors to Sert and his wife Moncha, to say nothing of a canny sense of avoiding unnecessary expense in the design of the new house.

In the great void space of the interior, traditional and enclosed, Sert set out a series of avant-garde artworks and brightly coloured hand-woven rugs and fabrics produced by Latin American Indians. This is the living space, the domestic habitat, in which a diversity of cultural products such as those itemized here coexist and establish connections, reflecting Sert's interest in combining different aspects of reality he lived in, a pleasure he had already cultivated in the thirties, in the houses in Garraf mentioned above, in which avant-garde art rubbed shoulders with traditional Mediterranean pottery and ceramics. Popular culture, élite art and functionalist urbanism all coexist in an American barn, the mantle protecting so much complexity, an all-embracing container, supreme lord and master of the popular and the modern, possessor of the world, easing away with an integrating gesture the tension that all these things might between them generate and the social and historical connotations their gestation produced. The whole is accompanied by a furniture that is uncomfortable, invisible, almost obliging the user to disappear. In fact, nothing could be further removed from a happy integration into the American tradition. If we look at the floor plan, it is not hard to see that the order of this heteroclite universe is controlled from the two opposite poles of the space: the kitchen and the architect's weekend studio. The domestic and the professional are the two categories that direct and supervise the interior space, in which nothing may be used or displaced except under the unblinking, watchful eye of Moncha or Josep Lluís. Another domestic and intellectual order is wedded in the day-to-day life of the Serts, each with their own well-defined functions in that equilibrium they always maintained; thus they orchestrated this huge space in which there is no architectonic passage or visual accident not seen first by the proprietors themselves.

It is in the private zone that the meaning of the house finds closure: lightweight box of wood supported on brick walls that stop short of the ends, with openings wherever needed, appears to float in space. This is the place where Sert and Moncha could finally have a private, intimate space of their own, after marrying in secret, no doubt for family reasons, many years before, in Paris or, alternatively, in Cuba, prior to arriving in the USA; a love-nest, raised off the ground, brushed by the lovely trees that surround the house, looking on the future and the perfect nature of the setting, straight on, without fear. The contrast between the two volumes is thus complementary: neither friends nor enemies, they seek only to reflect the different nuances of day and night, work and sex, facets of a relationship that had until then been nomadic and which in a new time and place they decided to make sedentary, searching for roots: like the architecture to come.

de interrogantes que sólo adquieren sentido si se cotejan con la biografía de sus usuarios. Dividir y derruir una casa tradicional pertenece a una mentalidad superada, implica el desprecio por cualquier edificio ornamentado y la creencia de que el nuevo mensaje es el único con derecho a ocupar un lugar en el mundo. Mantener algún vestigio de la antigua casa indica una cierta mala conciencia respecto a la acción emprendida y la posibilidad de conceder una oportunidad a una estética adocenada y vulgar, pero propia del país que le había acogido, y también representa un cierto sentido del ahorro en la planificación de la nueva vivienda.
Sert sitúa en un gran espacio interior vacío, tradicional y cerrado, un conjunto de obras de arte de vanguardia y de telas y tapices de vivos colores, producto del trabajo manual de los primitivos indios suramericanos. Al mismo tiempo, en las paredes se extienden proyectos de ciudades latinoamericanas. Éste es el ambiente donde ha elegido vivir, un lugar donde se entrecruzan distintos productos culturales, representando el interés por mezclar aspectos distintos de la realidad que le rodeaba, algo que ya le gustaba hacer en los años treinta, en las casas del Garraf, donde el arte de vanguardia se mezclaba con elementos de cerámica propios de la tradición mediterránea.
Cultura popular, arte de élite y urbanismo funcionalista coexisten en un establo americano, manto protector de tanta complejidad, contenedor comprensivo, dueño y señor dominante de lo popular y lo moderno, amo del mundo, y en su gesto integrador, alivian la tensión que pueden representar y las connotaciones sociales e históricas que produjo su gestación.
El conjunto está acompañado de un mobiliario incómodo, invisible, que obliga al usuario casi a desaparecer.
En realidad, nada más alejado de una integración feliz bajo la tradición americana. Si observamos la planta, no nos será difícil ver que el orden de este universo heteróclito se controla desde los dos polos extremos del ambiente: la cocina y el estudio de fin de semana del arquitecto. Lo doméstico y lo profesional son las dos categorías que dirigen y supervisan el espacio interior, donde nada puede ser utilizado o desplazado sino desde la atenta y férrea mirada de Moncha o Josep Lluís.
Orden doméstico y orden intelectual se hermanan en la vida cotidiana del matrimonio Sert, cada uno con sus funciones bien definidas en el equilibrio que siempre mantuvieron; así se orquesta este vasto espacio donde no hay paseo arquitectónico ni accidente visual que no haya sido percibido previamente por sus propietarios.
Es en la zona privada donde el sentido de la casa se cierra: una caja ligera de madera, soportada por unos muros de ladrillo que no llegan a los extremos y que son vaciados según conviene, parece flotar. Es allí donde Sert y Moncha podrán tener, por fin, un lugar íntimo, propio, después de haberse casado de forma clandestina en París, seguramente por imperativos familiares, y muchos años antes, o por otras circunstancias, en Cuba, antes de entrar en Estados Unidos. Un nido de amor, separado del suelo, rozando los hermosos árboles que rodean la casa, mirando hacia el futuro y la impecable naturaleza del entorno, de frente, sin miedo.
El contraste de los dos volúmenes es, pues, complementario: ni amigos ni enemigos uno del otro, sólo aspiran a representar los distintos matices del día y la noche, el trabajo y el sexo, aspectos de una relación que hasta ahora había sido transhumante y que en un nuevo tiempo y un nuevo espacio decidió hacerse sedentaria, buscando raíces: como la arquitectura que habría de venir.

NOTES

1. LESCAZE, William, *On being an architect*, New York, 1942.
2. See *What is modern architecture?*, Museum of Modern Art, New York, 1942.
3. For an appreciation of the most important constructions developed to meet the new needs of wartime, see ALBRECHT, Donald (ed.), *World War II and the American Dream. How Wartime Building Changed a Nation*, MIT Press, Cambridge (Mass.), 1995.
4. REED, Peter S., "Enlisting Modernism". This article, included in the book cited above, offers an account both of the social and ideological changes produced by the need to run the war industries effectively and of the most significant commissions and projects for these vast housing developments undertaken by well-known architects. Reed also sets out the criticisms of the quality of the houses as constructed expressed by a number of architects.
5. Wiener Archives, University of Oregon, Box 12.
6. SERT, J. L., *Can Our Cities Survive*, Harvard University Press, Cambridge (Mass.), 1942.
7. Wiener Archives, University of Oregon, Box 12.
8. Here we find: "...The quantity of buildings needed is tremendous and is growing like a snowball rolling down hill. But what of the quality?... we look for more logical designs, as well as more efforts of the imaginative to outdo their contemporaries in producing the unusual. We look for greater freedom from the conventions of modern stylists as well as from the conventions of the periodists. We look for more 'delight' in architectural design, more knowing use of colour, of expressive light and shade and shadow, of forms more carefully proportioned. We look for an architecture that has passed its belligerent, self-conscious adolescence, freed from self-imposed taboos, an architecture mature and efficient, honest and sincere, soul-satisfying as well as serviceable... We believe post-war architecture will stand qualitative as well as quantitative analysis!".
9. On the architecture of the houses of the kind that Sert bought and reformed on Long Island at this time, se DONALDSON EBERLEIN, Harold, *Manor Houses & Historic Homes of Long Island and Staten Island*, Philadelphia-London, 1928.
10. The practice of converting old barns into houses can be appreciated in a number of projects published in the magazine *Architectural Forum*. Thus, for example, in the July 1947 issue we find in a feature on one of these projects the following comment: "A Connecticut barn is remodelled into a country house pleasantly free of affectation or cliché". The August 1951 issue of the same magazine published a lengthy report by Mary Mix Foley on different types and forms of the American barn. It seems likely that this practice of converting old and obsolete architectural elements is what confused those critics who insisted on speaking of the romantic old barn refurbished as architect's residence. The house on Long Island was published in the following magazines: *House and Garden*, January 1952, pp. 26-31, and *Progressive Architecture*, August 1952, pp. 96-101. It was also featured in *House & Garden's Book of Building for 1952*, pp. 86-89, in *Architectural Record*, August 1953, in *Domus*, no. 275, November 1952, pp. 15-18, and in *Arquitectura* (Mexico), no. 41, March 1953, pp. 49-54. It also appears in Robert Winkler's book *Architects' Homes*, published in Zurich in 1955. A somewhat later newspaper article, published in the Louisville *Courier-Journal* of 4th November, 1956, clears up one or two points. Here we read how Sert "demolished the original two-storey house attached to the stable, and rebuilt on its foundations a new, breathtakingly modern wing... Many owners of such a vast barn as this would have been tempted to cut it up into many rooms, or install a second floor under the soaring roof. Not Sert. He capitalized on the spaciousness of the 52 foot-long room. At one end he designed a compact kitchen area, with nothing above shoulder height. At the opposite end, the barn already was arranged in two levels, with space for a garage underneath".
11. Shortly after completion of his house, on the 1st of October, 1951, Sert was invited by Carla Mazoli, on behalf of the Milan Triennale, to take part in a "Convegno internazionale sulle proporzioni nelle arti". Sert was unable to attend, as he explained in a letter of the 6th of that month. Nevertheless, he showed an interest in organizing a similar event at the MoMA, centred on the notion of Divine Proportion. This congress was duly held on the 11th of March, 1952, and Sert prepared a paper for the occasion.
12. The dimensions of the large living room-dining room-kitchen-studio space of the Sert house were: 75 x 35 feet, with a height of 16 feet at its highest point.
13. This was published as *Building for Modern man. A symposium*, edited by Thomas H. Creighton, Princeton, 1949.
14. See ROVIRA, Josep M., "Sigfried Giedion, pensar históricamente", in *Sigfried Giedion, textos escogidos*, Arquitecturas CA, Murcia. Publication forthcoming.
15. The discussions and various texts which accompanied this debate are published in the *Museum of Modern Art Bulletin*, Spring 1948: Vol. XV, no. 3, pp. 1-21.
16. Blake's comments can be found in the MoMA bulletin cited above. Those interested in the underlying context of the symposium may wish to consult: BLAKE, Peter, *No place like Utopia*, W. W. Norton, New York, 1993, pp. 104-113.

NOTAS

1. Lescaze, William, *On being an architect*, Nueva York 1942, pág.270.
2. Véase *What is modern architecture?*, Museum of Modern Art, Nueva York, 1942.
3. Para una comprensión de las construcciones más relevantes que se originaron a raíz de las nuevas necesidades de los tiempos de guerra, véase: Albrecht, Donald, ed., *World War II and the American Dream. How Wartime Building Changed a Nation*, MIT Press, Cambridge (Mass.) 1995.
4. Reed, Peter S., "Enlisting Modernism". Este artículo, contenido en el libro mencionado en la nota anterior, informa de los cambios ideológicos y sociales que planteó la guerra y la urgencia de resolver satisfactoriamente las necesidades de la industria bélica, así como de los encargos y realizaciones arquitectónicas más importantes en la producción de viviendas a escala masiva. Reed recoge también las críticas de diversos arquitectos respecto de la calidad de las viviendas edificadas.
5. Wiener Archives, University of Oregon, Box 12.
6. Sert, J. L., *Can Our Cities Survive?*, Harvard University Press, Cambridge (Mass.) 1942. Sobre las circunstancias que rodean a la publicación de este texto, véase Rovira, Josep M., "*Can Our Cities Survive?* Un texto de José Luis Sert. Lectura desde intercambios epistolares", en *La tradición moderna*, COAC, Girona, págs. 113-131.
7. Wiener Archives, University of Oregon, Box 12.
8. En este discurso podemos leer: "...La cantidad de edificios necesarios es inmensa y crece como una bola de nieve que rueda pendiente abajo. ¿Pero y la calidad? Queremos un diseño más lógico, y un mayor esfuerzo de imaginación para superar a los contemporáneos produciendo lo inhabitual. Buscamos una mayor libertad de las convenciones del estilismo moderno, así como de las convenciones de quienes siguen la moda. Queremos un diseño arquitectónico más 'placentero', un uso más inteligente del color, de la expresividad de la luz, la sombra y los matices, de formas más cuidadosamente proporcionadas. Buscamos una arquitectura que haya superado su adolescencia beligerante, libre de tabúes autoimpuestos, una arquitectura madura y eficiente, honesta y sincera, capaz de satisfacer al espíritu y al mismo tiempo útil... Creemos que la arquitectura de la posguerra resistirá un análisis tan cualitativo como cuantitativo."
9. Sobre la arquitectura de las casas existentes en aquella época en Long Island, parecidas a la que Sert compró y reformó, véase Donaldson Eberlein, Harold, *Manor Houses & Historic Homes of Long Island and Staten Island*, Filadelfia - Londres 1928.
10. La costumbre de rehabilitar viejos graneros como viviendas se refleja en algunas intervenciones recogidas en la revista *Architectural Forum*. Así por ejemplo, en el número de julio de 1947, se publica uno de esos proyectos con el siguiente enunciado: "Remodelación de un granero de Connecticut en una casa de campo, deliciosamente libre de la afectación del cliché". En la entrega de agosto de 1951 de la misma revista, Mary Mix Foley publicaba un amplio reportaje sobre distintos tipos y formas del "granero americano" (*American Barn*). Seguramente esta tendencia a recuperar arquitecturas antiguas y obsoletas confundió a los críticos, que se empeñaron en hablar del viejo y romántico granero rehabilitado como vivienda de un arquitecto. La casa de Sert en Long Island apareció en las siguientes publicaciones: *House and Garden* enero de 1952, págs. 26-31; *Progressive Architecture*, agosto de 1952, págs. 96-101; *House & Garden's Book of Building*, 1952, págs. 86-89; *Architectural Record*, agosto 1953; *Domus* núm. 275, noviembre 1952, págs.15-18; *Arquitectura* (México) núm. 41, marzo 1953, págs. 49-54. También apareció en el libro de Robert Winkler, *Architects' Home*, publicado en Zurich en 1955. Una noticia aparecida en un periódico, *The Courier-Journal* de Louisville, y publicada poco tiempo después, el 4 de noviembre de 1956, aclara alguna cosa más. El artículo dice que Sert "demolió la vivienda original de dos plantas adyacente al establo, y edificó sobre sus cimientos un nuevo volumen de una modernidad impresionante... La mayoría de propietarios de un granero tan amplio como el suyo habrían sucumbido a la tentación de dividirlo en numerosas habitaciones o de instalar una segunda planta bajo la altísima cubierta. Sert no. Él aprovecha la amplitud de la sala de más de 15 metros de largo. En uno de los extremos diseña una cocina compacta, sin ningún elemento por encima del nivel de los hombros. En el extremo opuesto, el granero ya tenía dos niveles, con espacio para un garaje en el nivel inferior."
11. Poco después de terminar su casa, el 1 de octubre de 1951, Carla Mazoli le invita a la Triennale de Milán a participar en un "Convegno internazionale sulle proporzioni nelle arti". Sert no puede asistir, como indica en una carta del 6 de octubre. En cambio, se muestra interesado por organizar un acontecimiento similar en el MoMA, centrado en la proporción divina. El congreso tuvo lugar el 11 de marzo de 1952 y Sert presentó una ponencia.
12. Las medidas del gran espacio de la sala de estar-comedor-cocina-estudio de la casa Sert eran: 75 x 36 pies, con una altura de 16 pies en la parte más alta, es decir, 22,86 m x 10,97 m x 4,9 m.
13. Creighton, Thomas H., ed., *Building for Modern Man: A Symposium*, Princeton 1949.
14. Véase Rovira, Josep M., "Sigfried Giedion, pensar históricamente", en *Sigfried Giedion, textos escogidos*, Arquitecturas CA Murcia. En prensa.
15. Las discusiones y algunos escritos que acompañaban a este debate están publicados en *The Museum of Modern Art Bulletin*, primavera 1948, Vol. XV, núm. 3, págs. 1-21.
16. El comentario de Blake aparece en la publicación de la nota anterior. Para situar el simposio en su contexto, puede ser útil consultar Blake, Peter, *No place like Utopia*, W. W. Norton, Nueva York 1993, págs. 104-113.

Centres of Community Life

JOSEP LLUÍS SERT, President of CIAM

> 'For in truth the most accurate definition of the *urbs* and the *polis* is very like the comic definition of a cannon. You take a hole, wrap some steel wire tightly round it, and that's your cannon. So, the *urbs* or the *polis* starts by being an empty space, the *forum*, the *agora*, and all the rest are just a means of fixing that empty space, of limiting its outlines. The *polis* is not primarily a collection of habitable dwellings, but a meeting place for citizens, a space set apart for public functions. The city is not built, as is the cottage or the *domus*, to shelter from the weather and to propagate the species –these are personal, family concerns– but in order to discuss public affairs. Observe that this signifies nothing less than the invention of a new kind of space, much more new than the space of Einstein. Till then only one space existed, that of the open country, with all the consequences that this involves for the existence of man. The man of the fields is still a sort of vegetable. His existence, all that he feels, thinks, wishes for, preserves the listless drowsiness in which the plant lives. The great civilisations of Asia and Africa were, from this point of view, huge anthropomorphic vegetations. But the Greco-Roman decides to separate himself from the fields, from Nature, from the geo-botanic cosmos. How is this possible? How can man withdraw himself from the fields? Where will he go, since the earth is one huge, unbounded field? Quite simple; he will mark off a portion of this field by means of walls, which set up an enclosed finite space over against amorphous, limitless space. Here you have the public square. It is not, like the house, an "interior" shut in from above, as are the caves which exist in the fields, it is purely and simply the negation of the fields. The square, thanks to the walls which enclose it, is a portion of the countryside which turns its back on the rest, eliminates the rest, and sets up in opposition to it. This lesser rebellious field, which secedes from the limitless one, and keeps to itself, is a space *sui generis*, of the most novel kind, in which man frees himself from the community of the plant and the animal, leaves them outside, and creates an enclosure apart which is purely human, a civil space.' [1]

After the Frankfurt Congress of 1929 CIAM recognised that the study of modern architectural problems led to those of city planning and that no clear line of separation could be drawn between the two. Since then, the International Congresses have dealt with both architecture and city planning in all their meetings. Our housing studies led us to consider land use, community services, and traffic (Brussels Congress, 1931), and the analysis of whole cities followed as a natural consequence. The City Planning Chart was formulated in Athens in 1933 as a result of this analysis. The task of CIAM since then has been the development and the application of the principles formulated in that chart.

The study of new residential sectors where houses, community services, and recreational facilities would be integrated into one plan was the theme of the Paris meeting in 1937. Then came World War II before the Congress could meet again, and when CIAM members and groups got together in Bridgwater in 1947, the Congress had to recognise that *architecture and city planning were tied closer together than ever before*, as many architects were faced with the problems of reconstruction and the development of new regions demanding the creation of new communities.

The end of the war found CIAM architects occupying important reconstruction jobs. Young groups were following CIAM directives in remote countries and the Congress has ceased to be exclusively a Western and Central European organisation, as many of its members, old and new, were now dispersed over different continents. As a consequence of this dispersion CIAM has broadened its scope, and its views had to be broadened accordingly. Many problems that CIAM had been dealing with in pre-war years were more European than universal; they referred to countries with

This essay was published as the introduction to the papers
from CIAM 8 in Tyrwhitt, J., Sert, J. L., Rogers, E. N., eds.,
The Heart of the City: Towards the humanisation of urban life,
Lund Humphries, London, 1952

Centros para la vida colectiva

JOSEP LLUÍS SERT, Presidente de los CIAM

"Porque, en efecto, la definición más certera de urbe y *polis* se parece mucho a la que irónicamente se da del cañón: toma usted un agujero, lo rodea de alambre muy apretado, y eso es un cañón. Así, la urbe o *polis* empieza siendo un hueco: el foro, el ágora; y todo lo demás son pretextos para asegurar ese hueco, para delimitar su contorno. La *polis* no es sólo un conjunto de casas habitables, sino un lugar de encuentro para los ciudadanos, un espacio acotado para funciones públicas.
La urbe no está construida, como la cabaña o el *domus*, para cobijarse de la intemperie y propagar la especie, que son menesteres privados y familiares, sino para discutir sobre la cosa pública. Esto significa nada menos que la invención de una nueva clase de espacio, mucho más innovador que el espacio de Einstein.
Hasta entonces sólo existía un espacio: el campo, y en él se vivía, con todas las consecuencias que implica para la existencia del hombre. El hombre del campo todavía es una especie de vegetal. Su existencia, todo lo que piensa, siente y quiere, conserva la somnolencia inconsciente en que vive la planta. En este sentido, las grandes civilizaciones asiáticas y africanas fueron grandes vegetaciones antropomorfas. Pero el mundo grecorromano decide separarse del campo, de la Naturaleza, del cosmos geobotánico. ¿Cómo es posible? ¿Cómo puede el hombre abandonar el campo? ¿A dónde irá, si toda la tierra es un campo inmenso e ilimitado? Muy sencillo: delimitando un trozo de campo mediante unos muros que opongan el espacio acotado y finito al espacio amorfo y sin fin. He aquí la plaza. No es un "interior" cerrado por arriba, como la casa o las cuevas que hay en el campo, sino que es pura y simplemente la negación del campo. La plaza, gracias a los muros que la delimitan, es una porción de campo que se vuelve de espaldas al resto, que prescinde del resto y se opone a él.
Este campo menos rebelde, que se aísla del campo infinito y se reserva a sí mismo frente a él, es un espacio *sui generis*, novísimo, donde el hombre se libera de la comunión con el mundo vegetal y animal, los deja fuera y crea un ámbito aparte, puramente humano. Es el espacio civil." [1]

CIAM 8

Después del Congreso de Francfort de 1929, los CIAM reconocieron que el estudio de los problemas de la arquitectura moderna estaba ligado a los problemas del urbanismo y que no era posible trazar una línea clara de separación entre unos y otros. Desde entonces, en todas sus reuniones, los Congresos Internacionales se han ocupado tanto de la arquitectura como del urbanismo. Nuestros estudios sobre la vivienda nos han llevado a considerar los usos del suelo, los servicios colectivos y la circulación (Congreso de Bruselas de 1931), y como consecuencia natural, el análisis de la ciudad en su conjunto.
Como resultado de este análisis, en 1933 se formuló en Atenas la Carta Urbanística. Desde entonces, la labor de los CIAM ha consistido en desarrollar y aplicar los principios formulados en aquel documento.
El estudio de nuevos sectores residenciales donde las viviendas, servicios comunes y lugares de esparcimiento se integra-

Este texto se publicó originalmente como introducción a las ponencias del VIII CIAM en Tyrwhitt, J., Sert, J. L., Rogers, E. N., eds., *The Heart of the City: Towards the humanisation of urban life*, Lund Humphries, Londres, 1952

relatively high standards of living, to overpopulated regions, and to old cities with more of a past than a future; but we had overlooked the fact that four-fifths of the world population do not have these problems.

Besides, with the revolutionary changes of the last years, many new countries have emerged and vast undeveloped areas are being linked by new means of communication to the more advanced parts of the world. There is a general awakening of peoples in Asia, South America, Africa, etc. Simultaneously, new means of production are being developed rapidly. These facts have an enormous bearing in the fields of regional planning, city planning, and architecture, and there is an increased recognition in all countries for a need for integration and co-ordination of all city planning activities to stop chaotic growth.

Late changes in politics, sciences, and techniques make the future unpredictable, but as planners and architects we have to face the realities of life and try to do our best with the changing means at hand. We have to work for the world we live in, with all its faults, doubts and limitations, but this should not prevent us from envisioning a better world and trying to orient our work towards it. Plans should be flexible and facilitate all changes for the better, so that the cities of today may develop normally into those of tomorrow.

The need for a Civic Core

The study of the heart of the city, and in general that of the centres of community life, is to our minds necessary and timely. Our analytical surveys show the decay and blight of central areas and the disintegration of what was once the heart of the old cities, their Core. With the unprecedented suburban expansion of the last 100 years (normal consequence of the new means of transportation, the growth of industry and of land speculation) the suburbs have outgrown the city proper, and in some nations the populations have 'gone suburban'.

Many city planners have let themselves be carried away by these prevailing trends, and in their studies suburbanism has taken the upper hand and decentralisation has become a magic word, a world panacea.

The garden city is a favourite topic, and the successors of the builders of the skyscrapers appear ashamed of the work of their predecessors and ignore the real civic problems. Meanwhile the city breaks up and becomes nothing but a place to work in and to endure – a place you have to go to but want to leave as soon as you can.

As life has been leaving the old Cores, business and commercial areas have developed spontaneously along the new roads and new main streets. These streets soon become congested and decay in their turn as blight continues to spread from the centre outwards. This process of constant and unchecked decentralisation and land speculation, is a real menace to all our cities and to the stability of civic values. It only works in the interests of a few against those of the citizenry in general. It brings in its trail municipal bankruptcy, and it must be stopped. To put an end to this unplanned decentralisation process we must reverse the trend, establishing what we may call a process of *recentralisation*.

This recentralisation process demands the creation of new Cores that will replace the old ones that the unplanned growth has destroyed.

What these new Cores should be like is what this book will try to explore. They have not been well defined to date, and we feel that this definition is necessary, and that is why we have chosen this theme for the 8th Congress of CIAM. We have also made this choice because, after the last war, a great many of our members and groups in particular, and modern architects and planners in general, have been faced with the replanning of central areas in bombed-out cities, and they soon found out that *these areas require a special treatment – that previous city planning studies had never dealt with.*

ran en un solo proyecto constituyó el tema principal del Congreso de París de 1937. En 1947, después de la II Guerra Mundial, cuando los miembros y grupos de los CIAM pudieron reunirse de nuevo en Bridgwater, el Congreso reconoció que *la arquitectura y el urbanismo estaban más vinculados que nunca*, en un momento en que muchos arquitectos se veían enfrentados a los problemas de la reconstrucción y del desarrollo de nuevas regiones que exigían la creación de nuevos núcleos urbanos.

Al final de la guerra los arquitectos de los CIAM realizan importantes trabajos de reconstrucción. Muchos grupos jóvenes siguen las directrices de los CIAM en países lejanos y el Congreso ha dejado de ser una organización exclusivamente occidental y centroeuropea, ya que muchos de sus miembros, viejos y jóvenes, se hallan ahora dispersos en distintos continentes. Esta situación impulsa a los CIAM a ampliar su campo de acción y, paralelamente, la perspectiva que tenía de él. Muchos de los problemas tratados por los CIAM en los años anteriores a la guerra eran más europeos que universales; se referían a países con un nivel de vida relativamente alto, a regiones superpobladas y a viejas ciudades con más pasado que futuro. No se había tenido en cuenta que las cuatro quintas partes de la población mundial tenían otros problemas.

Además, con los cambios revolucionarios de estos últimos años, han surgido países nuevos, y los nuevos medios de comunicación han unido regiones hasta ahora subdesarrolladas con las zonas más avanzadas del mundo. Los pueblos de Asia, América del Sur y África empiezan a despertar, y al mismo tiempo, se desarrollan rápidamente nuevos medios de producción. Estos hechos ejercen una enorme influencia en el ámbito del planeamiento territorial y urbano, así como en la arquitectura. Por otra parte, cada vez se reconoce más la necesidad de integrar y coordinar todas las actividades urbanísticas, a fin de evitar y detener el crecimiento caótico de las ciudades.

Los recientes cambios políticos, científicos y tecnológicos hacen imprevisible el futuro, pero como urbanistas y arquitectos, debemos enfrentarnos con la realidad concreta de la vida y hacer todo lo que podamos con los medios cambiantes que tenemos a nuestro alcance. Debemos trabajar para el mundo en que vivimos, con todos sus defectos, dudas y limitaciones, sin que eso nos impida imaginar un mundo mejor y orientar nuestro trabajo en esa dirección. El planeamiento debe ser flexible y facilitar cualquier cambio futuro que pueda ser beneficioso, a fin de que las ciudades de hoy puedan transformarse con normalidad en las ciudades de mañana.

La necesidad de un centro cívico

El estudio del núcleo de la ciudad, y en general, de los centros de vida colectiva, resulta hoy oportuno y necesario. Nuestros estudios demuestran la degradación de unos centros urbanos caducos y estériles, y que lo que un día constituyó el núcleo de las viejas ciudades –su corazón–, está sometido a un proceso de desintegración. Con la expansión sin precedentes de la periferia en los últimos cien años (consecuencia natural de los nuevos medios de transporte, del desarrollo industrial y la especulación del suelo), los barrios periféricos han crecido más que la propia ciudad, y en algunos países, la población se ha convertido masivamente en "suburbana".

Muchos urbanistas se han dejado llevar por esta tendencia general, dedicando todos sus estudios a los barrios periféricos, de tal modo que la descentralización se ha convertido en una palabra mágica, una especie de panacea universal.

La ciudad jardín es el tópico preferido, y los sucesores de los que edificaron los rascacielos se avergüenzan de su obra e ignoran los verdaderos problemas de la ciudad. Mientras tanto, la ciudad se disgrega y se reduce a un lugar de trabajo y sufrimiento... un lugar donde hay que ir, pero que todos desean abandonar lo antes posible.

Al mismo tiempo que la vida ha ido abandonando los antiguos centros, zonas comerciales y de negocios han ido desarrollándose espontáneamente a lo largo de las nuevas avenidas. Pero rápidamente, a medida que la infección se extiende desde el centro de

Rockefeller Plaza, Nueva York. Nueva York no dispone de un lugar apropiado para manifestaciones colectivas. Cualquier pequeño espacio abierto se convierte en centro de reunión. Un pozo en medio de edificios altísimos siempre es mejor que nada, y la gente se reúne ahí para ver florecer las plantas o para contemplar cómo otros patinan y se divierten.
Rockefeller Plaza, New York City. New York has no appropriate place where people can celebrate events. Any small open space becomes a meeting place. A well between high buildings is better than nothing, and people gather here to see some flowers bloom or to watch others skate and amuse themselves.

la ciudad esas vías se congestionan y se van degradando. Este proceso de descentralización continua y descontrolada, y la consiguiente especulación del terreno, constituye una auténtica amenaza para nuestras ciudades y para la estabilidad de los valores cívicos, favoreciendo tan sólo los intereses de unos pocos frente a los intereses generales. Este camino sólo puede conducir a la bancarrota municipal, y conviene atajarlo. Para acabar con el desordenado proceso de descentralización es preciso crear una corriente contraria, es decir, lo que podríamos llamar un proceso de *recentralización*.

Este proyecto exige la creación de nuevos centros, de nuevos núcleos que sustituyan a los que ha destruido el crecimiento caótico. Este libro se propone estudiar las características que deben reunir estos nuevos centros. Hasta ahora no se habían definido claramente, y como esta definición nos parece necesaria, hemos elegido este tema para el VIII Congreso de los CIAM. Otra de las razones de esta elección ha sido que, después de la guerra, la mayoría de nuestros miembros y grupos en particular, y el colectivo de arquitectos y urbanistas en general, han tenido que enfrentarse a la replanificación del centro de las ciudades bombardeadas, y en seguida han visto que *estas zonas requieren un tratamiento especial, del que nunca se habían ocupado hasta ahora los estudios urbanísticos*.

La planificación de estos centros de vida colectiva es básicamente un problema social, que vincula estrechamente el proyecto arquitectónico y el urbanístico. Estos Congresos Internacionales han estudiado la integración del urbanismo y la arquitectura desde principios de los años treinta, y por esta razón están especialmente bien preparados a la hora de proponer programas y soluciones definitivas para los nuevos núcleos de las ciudades.

Evidentemente, no es un asunto fácil que sólo requiera definición, sino que exige también un cuidadoso análisis y clarificación de conceptos, una tarea que se ha propuesto realizar el VIII Congreso.

Nuestros congresos han tenido en cuenta un punto de vista mucho más humano del urbanismo moderno que otras asociaciones profesionales. En las revistas de divulgación científica, hemos visto demasiadas descripciones de la vida en las ciudades del mañana, donde la radio y la televisión en cada hogar, y el helicóptero en cada patio convertirían la dispersión en un estilo de vida ideal. La radio, el cine, la televisión y la información impresa están absorbiendo hoy todo el ámbito de la comunicación. Cuando estos elementos están controlados por unos pocos, la influencia de estos pocos sobre la mayoría puede convertirse en una amenaza para nuestra libertad. Las condiciones actuales de nuestras ciudades tienden a agravar esta situación, porque la ampliación excesiva, la congestión del tráfico y la dispersión han separado al hombre del hombre, estableciendo barreras artificiales.

Sin dejar de reconocer las enormes ventajas y las grandes posibilidades de estos nuevos medios de telecomunicación, seguimos creyendo que los lugares de reunión pública, tales como plazas, paseos, cafés, clubs sociales, etc., donde la gente pueda encontrarse libremente, estrecharse la mano y elegir el tema de conversación a su gusto, no son cosas del pasado.

Adaptados a las exigencias de hoy, deben tener un lugar en nuestras ciudades.

En el pasado, muchas ciudades tenían formas y estructuras definidas, y estaban construidas en torno a un núcleo central, que a menudo era el factor determinante de aquellas formas. Eran las ciudades las que hacían los núcleos, pero éstos a su vez hacían de la ciudad una verdadera ciudad "y no simplemente una agregación de individuos. El centro físico o corazón, que aquí llamamos núcleo, es el elemento esencial de todo verdadero organismo."

> **"Porque una colectividad humana es un organismo, y un organismo consciente. No sólo los miembros dependen unos de otros, sino que cada uno de ellos conoce su dependencia. Este conocimiento, o sentido de la colectividad se expresa con distintos grados de intensidad según el nivel que la colectividad ocupa en el ordenamiento social. Es muy fuerte, por ejemplo, en el nivel más bajo, el de la familia; y vuelve a resurgir con gran intensidad en otros cinco grados superiores: en la aldea o la agrupación residencial primaria, en el municipio rural o el barrio residencial, en la pequeña ciudad de provincias**

Planning such community centres is basically a social problem in which architectural design and city planning are very closely linked. Because these International Congresses have studied the integration of planning and architecture since the early 'thirties they are especially well prepared to suggest programmes and definite solutions for the new Core. This is not an easy subject, and it needs not only definition, but careful analysis and clarification of concepts, and this is the task of the 8th Congress.

Our Congresses have taken a more human view of modern city planning than other technical bodies. We have seen in popular scientific magazines too many descriptions of the life in the cities of tomorrow, where radio and television in every home and the helicopter in every backyard should make dispersion an ideal way of life. Radio, movies, television and printed information are today absorbing the whole field of communication. When these elements are directed by a few, the influence of these few over the many may become a menace to our freedom. Conditions in our cities to-day tend to aggravate this situation as over-extension, traffic congestion and dispersion have separated man from man, establishing artificial barriers.

While fully recognising the enormous advantages and possibilities of these new means of telecommunication, we still believe that the places of public gatherings such as public squares, promenades, cafés, popular community clubs, etc., where people can meet freely, shake hands, and choose the subject of their discussion, are not things of the past and, properly replanned for the needs of today, should have a place in our cities.

Many cities of the past had definite shapes or patterns, and were built around a Core that very often was the determining factor of those shapes. It was the cities that made the Cores but they in turn made the city a city, 'and not merely an aggregate of individuals. An essential feature of any true organism is the physical heart or nucleus, that we here call the Core'.

'For a community of people is an organism, and a self-conscious organism. Not only are the members dependent on one another, but each of them knows he is so dependent. This awareness, or sense of community, is expressed with varying degrees of intensity at different scale levels. It is very strong, for example, at the lowest scale level – that of the family. It emerges again strongly at five different levels above this: in the village or primary housing group; in the small market centre or residential neighbourhood; in the town or city sector; in the city itself; and in the metropolis or the multiple city. At each level the creation of a special physical environment is called for, both as a setting for the expression of this sense of community and as an actual expression of it. This is the physical heart of the community, the nucleus, THE CORE.' [2]

If we want to give our cities some definite form we will have to classify and subdivide them by sectors, establishing centres or Cores for each of these sectors. These Cores will act as catalysing elements, so that around them the

La Avenida de los Campos Elíseos, en París.
Las grandes avenidas no son lugares de reunión; se construyeron para los desfiles. El peatón se convierte en espectador y deja de ser actor; se limita a contemplar el desfile militar o los coches que pasan. El tráfico central separa al público a ambos lados de la avenida y sólo los que van en coche disfrutan de una visión completa de la calle.
Avenue des Champs Elysées, Paris.
Big avenues are not meeting places, they were built for parades. The pedestrian becomes a spectator and ceases to participate in the show. He watches the military parades or the cars as they pass by. Central traffic separates the people on different sides of the avenue and only those in the cars dominate the view.

> o el barrio de la ciudad, en la ciudad misma, y en la metrópoli o ciudad múltiple. En cada uno de estos niveles es necesaria la creación de un especial ambiente físico donde el sentido de la comunidad pueda manifestarse de un modo concreto. Ese es el corazón físico de la colectividad, su centro, su núcleo". [2]

Si queremos dar a nuestras ciudades una forma definida, debemos clasificarlas y subdividirlas en sectores, estableciendo centros o núcleos para cada uno de ellos. Estos núcleos actuarán como elementos catalizadores y alrededor de los mismos se desarrollará la vida de la colectividad. En ellos se agruparán los edificios públicos de distintas clases, siguiendo una armonía formal y espacial; serán los puntos de reunión de la gente, los centros de vida colectiva donde los peatones tendrán preferencia sobre los intereses del tráfico y los negocios. Sus dimensiones se planificarán según las actividades que hayan de desarrollar, pero los factores que determinarán su forma definitiva serán unas distancias que puedan recorrerse fácilmente a pie, además del ángulo de visión y el bienestar del hombre en general. Serán todo lo contrario de lo que es hoy "la calle mayor", donde los intereses comerciales tienen primacía sobre todo lo demás.

La función social de los nuevos centros o núcleos comunitarios consiste fundamentalmente en unir a la gente y facilitar los contactos directos y el intercambio de ideas que estimulen la libre discusión.

Hoy día, en nuestras ciudades, la gente se reúne en las fábricas y en las calles transitadas, en condiciones muy poco favorables al intercambio de ideas. Los centros de reunión de la colectividad, debidamente organizados, proporcionarán un marco donde se desarrolle una nueva vida social y un saludable espíritu cívico. Las más diversas actividades humanas, espontáneas u organizadas, encontrarán su lugar adecuado en esos centros comunes, y los ciudadanos tendrán ocasión de conocer gente de otros lugares, ya que esos centros también estarán abiertos a los extranjeros, que podrán encontrarse allí para disfrutar de todo lo que la comunidad pueda ofrecerles en materia de diversiones, espectáculos, información cultural y otras oportunidades generales de reunión. Estas personas podrán así descubrir nuevos valores humanos entre los ciudadanos y tendrán ocasión de mantener contactos sociales de los que hoy carecen. El planeamiento de estos nuevos centros y la forma de sus edificios tendrán en cuenta esta función social.

No estamos hablando de cosas completamente nuevas, ya que tales centros existieron tiempo atrás en nuestras ciudades, y en ellos se moldeó nuestra civilización. La libertad de pensamiento no se fraguó en las regiones rurales, ni tampoco es producto de la prensa, la radio o la televisión; debe mucho más a la mesa del café que a la escuela, y aunque en su formación colaborasen otros factores, se difundió sobre todo mediante la palabra y tuvo su origen en los lugares donde la gente tenía posibilidad de encontrarse.

A través de los siglos, las personas se han reunido en parques públicos, mercados, paseos y plazas.

Corros de gente rodeando a oradores improvisados, en la Piazza del Duomo de Milán. El centro colectivo debe permitir que la gente se reúna libremente alrededor de un orador espontáneo. Debe permitir que se celebren tanto reuniones espontáneas como organizadas.
Groups around election speakers in the Piazza del Duomo, Milan. In the Core people should be able to gather freely round any spontaneous speaker. The Core should be a container both for planned and for unplanned meetings.

Galerías Vittorio Emanuele, Milán (dibujo de Saul Steinberg).
Galleria Vittorio Emanuele, Milan (drawing by Saul Steinberg).

life of the community will develop. In these new nuclei, public buildings of different types will be grouped in harmony of form and space; they will be the meeting places of the people, community centres where the pedestrians will be given preference over traffic and business interests. Their measure will be dictated by the activities that have to develop in them, but walking distances and man's angle of vision, and his well-being will be the outstanding factors in the determination of their final shape.

They will be the opposite of what 'Main Street' is today, where business interests have taken the upper hand.

The social function of the new community centres or Cores is primarily that of uniting the people and facilitating direct contacts and exchange of ideas that will stimulate free discussion. People meet to-day in our cities in factories and busy streets, in the most unfavourable conditions for a broad exchange of ideas.

The organised community meeting places could establish a frame where a new civic life and a healthy civic spirit could develop. The most diverse human activities, spontaneous or organised, would find their proper place in such community centres. And citizens would have an opportunity to know other people, as these meeting places would also be open to strangers. They could gather there and see and enjoy the best the community could offer them in terms of amusements, shows, cultural information, and general opportunities of getting together. These strangers could thus discover fresh human values among the people and obtain opportunities for social contacts of which they are deprived today. The plans of these new centres and the shapes of their buildings would express this function.

We are not talking of things that are entirely new, for such centres once existed in our cities, and what came out of them has shaped our civilisation. Free thinking did not find its shape in rural regions, neither is it a product of press, radio or television, it owes more to the café table than to the school and, though other means have helped, it was mainly spread by the spoken word and born in the meeting places of the people.

Through the centuries, people have been getting together on the village greens, market places, promenades and piazzas. More recently, the railroad stations, the bus terminals, and even the landing strips have become places of gatherings. People go there to see and to be seen, to meet friends and sweethearts, to make new acquaintances, to discuss politics and sports, to tell of their lives, loves and adventures, or to comment on those of others... Such meeting places, though inadequate, exist in big cities: Trafalgar Square, Piccadilly Circus and Hyde Park, the cafés on the Paris boulevards, the Galleria Vittorio Emanuele in Milan, the Canebière in Marseilles, the Piazza Colonna in Rome, Times Square in New York City, the Ramblas in Barcelona, the Avenida de Mayo in Buenos Aires, all the 'plazas de Armas' in Latin-American cities, etc., are examples of the meeting places we all know. They are maintained alive by the people, are still used by them on special occasions, and are a proof that the urge to get together exists in every community, large and small.

Arriba. Los oradores de Hyde Park, en Londres.
Abajo izquierda. Piccadilly Circus, en Londres, la noche de fin de año. Cuando los londinenses quieren celebrar algo, invaden Piccadilly Circus y paran el tráfico.
Abajo derecha. Una manifestación en Trafalgar Square, Londres. Esta plaza se utiliza para las manifestaciones de carácter político, y Hyde Park para los discursos improvisados.

Top. Hyde Park Orators, London.
Above left. Piccadilly Circus on New Year's Eve, London. When Londoners wish to celebrate they invade Piccadilly Circus and stop the traffic, for there is otherwise no room for them.
Above right. Trafalgar Square Protest Meeting, London. Iratalgar Square is used for demonstrations of a political character and Hyde Park for spontaneous speakers.

Modernamente, las estaciones de ferrocarril, las paradas de autobús e incluso los aeropuertos se han convertido también en lugares de reunión. La gente va allí para ver y ser vista, para encontrarse con amigos y enamorados, para conocer gente, para discutir de política y de deportes, para hablar de sus vidas, amores y aventuras, o para comentar las de los demás...
Estos centros de reunión, aunque inadecuados, existen en las grandes ciudades. Ejemplos conocidos son: Trafalgar Square, Piccadilly Circus y Marble Arch en Londres, los cafés de los bulevares de París, las Galerías Vittorio Emanuele en Milán, la Canebière de Marsella, la Plaza Colonna en Roma, Times Square en Nueva York, la Rambla de Barcelona, la Avenida de Mayo de Buenos Aires, todas las "Plazas de Armas" de las ciudades de América Latina, etc. Estos lugares se mantienen vivos gracias a la gente, que los sigue utilizando en ocasiones especiales, y son la prueba de que en toda comunidad, grande o pequeña, existe la necesidad de reunirse.
El VIII CIAM estableció cinco niveles de análisis del núcleo o centro cívico que se detallan a continuación:

1. La aldea (rural) o la agrupación residencial primaria (urbana), que representan la mínima unidad social satisfactoria.
2. La población con mercado (rural) o el barrio residencial (urbano), donde los habitantes se conocen todavía unos a otros y pueden ser socialmente autosuficientes.
3. La pequeña ciudad de provincias (rural) o el distrito ciudadano (urbano), donde ya existe un cierto grado de anonimato y que pueden ser económicamente autosuficientes.
4. La ciudad o población importante, que comprende varios distritos.
5. La metrópoli o centro internacional de varios millones de habitantes.

En la actualidad, disponemos de medios revolucionarios para enriquecer estos nuevos núcleos cívicos. El cine, los altavoces y las pantallas de televisión han irrumpido en las plazas públicas, en los cafés y otros lugares de reunión. Es mucho lo que puede hacerse para popularizar estos nuevos medios de información que, puestos al servicio de la educación popular, podrían ofrecer resultados inconmensurables.
En esos espacios, la educación visual puede ser un factor educativo, formativo; el conocimiento de las nuevas técnicas estimulará capacidades de trabajo hasta ahora ignoradas; las nuevas máquinas suscitarán el interés hacia nuevas actividades.
La música y las obras literarias retransmitidas por radio pondrán a sus autores en contacto directo con el público.
Las obras pictóricas y escultóricas podrán formar parte de una exposición permanente y cambiante, e incluso podrán utilizarse monitores de televisión, que ofrecen todo un mundo que descubrir y mostrar.
Los inventores y artistas de nuestra época podrán participar en la vida de la colectividad, en esos lugares de reunión cotidiana, y ayudarán a poner en contacto los países más remotos (las imágenes visuales no tienen barreras como el lenguaje), de modo que las montañas y los océanos dejarán de ser obstáculos infranqueables. Estos centros de vida colectiva ya no serán, pues, sólo lugares de reunión para la población local, sino también anfiteatros desde donde se podrá contemplar el mundo entero.

El paseo dominical, donde la gente deambula despacio para ver y ser vista.
The Sunday promenade where people stroll about to see and be seen.

The following five scale-levels of the Core have been selected for analysis at CIAM 8:

1. The village (rural) or primary housing group (urban) representing the smallest satisfactory social unit.
2. The small market centre (rural) or residential neighbourhood (urban) in which the residents are still acquainted with one another and which can be socially self-sufficient.
3. The town (rural) or city sector (urban) in which there is already some degree of anonymity and which can be economically self-sufficient.
4. The city or large town which includes several city sectors.
5. The metropolis or important international centre of several million people.

We have revolutionary means at hand to plan these new Cores. The movies, the loudspeakers, the television screens have come to the public squares, cafés and places of gatherings. Everything could easily work towards the popularisation of these new means of communication, and this popularisation would have immeasurable consequences if it were put to the service of popular education.

Visual education in such places would teach people without effort, craft demonstrations would encourage working abilities of all kinds, new machines would develop interest in new trades. Music and literary work retransmitted by radio would put their creators directly in touch with the people. Works of painting or sculpture could be part of a permanently changing display and could also use the television screens that have a new world to discover and show. Inventors and creators of the art of our time could then live with the people in these places of their daily gatherings and they would help link the remotest lands together (visual images have no barriers like language), regardless of mountain ranges or oceans which would no longer present insurmountable obstacles. These community centres would then be not only the meeting places for the local people but also balconies from where they could watch the whole world.

A task for the City Planner-Architect

The architect-planner can only help to build the frame or container within which this community life could take place. We are aware of the need for such a life, for the expression of a real civic culture which we believe is greatly hampered today by the chaotic conditions of life in our cities.

Naturally, the character and conditions of such awakened civic life do not depend entirely on the existence of a favourable frame, but are tied to the political, social and economic structure of every community. If this political, social, and economic structure is one that permits a free and democratic exchange of ideas leading towards the government of the majority, such civic centres would consolidate those governments; for the lack of them and the dependence of the people on controlled means of information makes them more easily governable by the rule of the few.

The creation of these centres is a government job (federal, state, or municipal). These elements cannot be established on a business basis. They are necessary for the city as a whole and even for the nation, and they should be publically financed.

When a city is replanned it is divided into zones of different land uses – industrial, commercial, business, residential, etc. The resulting pattern should then be organic and different from the shapeless growth we have today. Each of these sectors or parts of the city needs to have its own centre or nucleus and the system as a whole results in a *network or constellation of community centres*, classified from small to large, one main centre being the

El trabajo del arquitecto-urbanista

El arquitecto-urbanista sólo puede ayudar a construir el marco o contenedor en el que se desenvuelva esta vida comunitaria o colectiva. Somos conscientes de que la comunicación directa entre los miembros de la comunidad es necesaria para configurar la cultura cívica, actualmente obstaculizada por las caóticas condiciones de vida de nuestras ciudades. Sin embargo, el carácter y condiciones de esta vida cívica consciente no dependen exclusivamente de la existencia de un marco favorable, sino que están ligadas a la estructura política, social y económica de cada comunidad. Si esta estructura política, social y económica permite un intercambio de ideas libre y democrático que conduzca al gobierno de la mayoría, nuestros centros cívicos servirán para consolidar este gobierno democrático. En cambio, la carencia de estos centros y el hecho de que los ciudadanos dependan de fuentes de información controladas, les hace más fácilmente gobernables por la voluntad de unos pocos.

La creación de estos centros es tarea del gobierno (nacional, regional o municipal). Su existencia no puede dejarse en manos de la especulación privada, porque son necesarios para la ciudad e incluso para todo el país. Por tanto, deben ser financiados con recursos públicos.

Cuando se proyecta una ciudad, primero hay que subdividir el territorio en distintas zonas según el uso que se les quiera dar –industrial, comercial, residencial, etc.–, de forma que la estructura general resultante sea orgánica, completamente opuesta a la estructura informe de las ciudades actuales. Cada uno de estos sectores o partes de la ciudad necesita su propio centro o núcleo. El sistema, en su conjunto, será una *red o constelación de centros de la comunidad*, clasificados de menor a mayor.

El centro principal será la expresión de la ciudad o de la metrópoli en su conjunto, es decir, el núcleo, *el corazón de la ciudad.*

Uno de los principales requisitos que deben cumplir estos centros de vida colectiva es la separación entre peatones y automóviles. Los medios de transporte motorizados deben alcanzar al perímetro de estas zonas, donde dispondrán de lugares de aparcamiento adecuados, pero el recinto interior de ese perímetro debe destinarse exclusivamente a los peatones, y protegerse adecuadamente del ruido y las emanaciones de humo de los motores. En estos centros tiene que haber árboles, plantas, agua, sol y sombra, y todos los elementos naturales agradables al hombre. Estos elementos de la naturaleza deben armonizar con los edificios, las formas arquitectónicas, los valores plásticos y el color. El paisaje debe jugar un papel predominante. El conjunto debe organizarse de forma que resulte agradable al hombre y estimule lo más noble de su naturaleza. Todos los elementos que los centros comerciales y de negocios han desterrado de la ciudad en su despiadada carrera especulativa deben restituirse en estos centros de vida colectiva. La armonía de estos centros sólo será posible cuando todas las partes están sujetas al conjunto, y hay que reconocer que nadie se beneficia realmente del individualismo llevado al extremo. Las zonas comerciales de nuestras ciudades expresan esa tendencia generalizada al individualismo, y ante esta situación, no es posible encontrar una solución arquitectónica de conjunto sin imponer ciertas reglas generales. Si en el núcleo de la ciudad tiene que haber libre competencia, tendrá que estar sujeta a un marco arquitectónico unificado.

En los centros de vida colectivos, los peatones estarán protegidos de las temperaturas extremas. Es curioso observar cómo las ciudades modernas han ignorado este factor tan importante. Las calles cubiertas, los pórticos, los patios, etc. –elementos frecuentes en las ciudades del pasado–, han desaparecido de nuestros pueblos y ciudades, donde parece que todo el mundo tenga que utilizar el coche o el autobús para el menor desplazamiento. Aún así, resulta esperanzador que en algunos centros comerciales construidos recientemente en Estados Unidos se haya dado algún paso en la dirección correcta, intentando proteger la circulación peatonal del tráfico y la lluvia, y creando zonas con vegetación en espacios comerciales abiertos al público.

Resulta difícil ofrecer programas generales para estos núcleos, ya que su escala y dimensiones variarán mucho de una aldea a un distrito urbano, de una ciudad a una metrópoli. Además, el clima, las costumbres locales, el nivel de vida y los medios

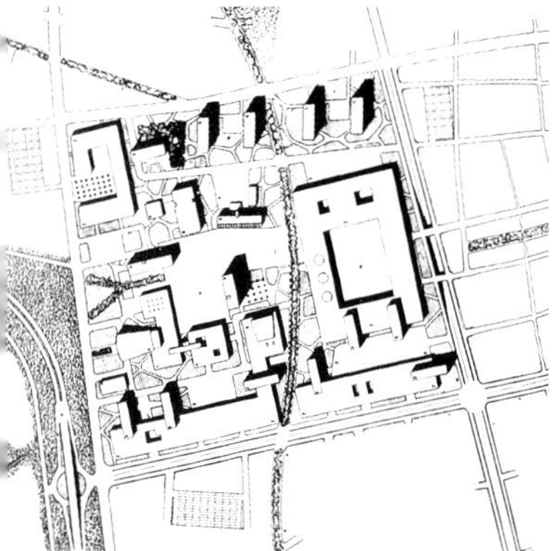

expression of the city or metropolis as a whole, *the heart of the city.*
One of the first requisites of all these centres of community life is the separation of pedestrians and automobiles. Motorised means of transportation must reach different points of the perimeter of these areas and find the necessary parking facilities right there, but the land inside these perimeters should be only for pedestrian use, and screened from the noise and fumes of the motors. Trees, plants, water, sun and shade, and all the natural elements friendly to man should be found in such centres, and these elements of nature should harmonise with the buildings and their architectural shapes, sculptural values, and colour. Landscaping must play a very important role. The whole should be so arranged as to please man and to stimulate the best in human nature.
All the elements that commercial and business centres have banned from the city in their ruthless urge for speculation should be reinstated in these centres of community life. Harmony in such places is only possible when all parts are subject to a whole, and we should now recognise that nobody really benefits from individualism carried to extremes. Our shopping centres today are the expression of competitive individual business, and no architectural solution can be found for a whole district unless certain overall rules are imposed. If free competition is to exist in these centres, it will have to be subjected to a unified architectural frame.
In these community centres the pedestrians should be protected from extreme heat or cold. It is curious to note how modern cities have ignored this important consideration. Covered streets, porticos, patios, etc. —all elements of frequent use in cities of the past— seem to have disappeared from our towns and cities, where everybody is expected to use car or bus for the smallest displacement. It is encouraging that some of the new shopping centres in the U.S.A. represent a trend in the right direction and that attempts have been made to protect pedestrian circulation from traffic and rain, and to create landscaped areas that can make shopping more pleasant. It is difficult to give general programmes for such Cores as they will vary greatly in scale and importance from the small town centre to that of the urban sector, the city, or the metropolitan area. Besides, the climate, the customs of the people and standards of life, and the financial means at hand will in each case help define and shape these different types of Cores. But we can say, in general, that all these community centres will have open areas for public gatherings, such as public squares and promenades. The general trend should be towards the revival of the public squares or 'plazas' and the creation of pedestrian districts.
The boulevards and corridor streets for motorised traffic as well as pedestrians, characteristic of our cities today, are outmoded. Through traffic streets should be reserved entirely for traffic. The plans for the community Cores should be a clear expression of this separation of pedestrians and automobiles. This establishes two different scales that will appear clearly on the plans in the second part of the book.
The differentiation of scale can also be expressed in the heights of the buildings. Many of them must be walkups, two to three floors, covering vast extensions of land. Elements in these low buildings should be those which need to be near to the pedestrians in their daily walks. There must also be high tower elements, expression of the use

Centro cívico y comercial para la ciudad de Cali, Colombia (P.L. Wiener y J. L. Sert en colaboración con un grupo local).
Este centro está dividido en dos zonas principales: la comercial y la administrativa. Las tiendas de la zona comercial están situadas en torno a una plaza cerrada; los edificios administrativos se agrupan alrededor de otro espacio abierto, de las mismas dimensiones, pero que tendrá un aspecto completamente distinto debido a la diversidad de arquitectura. Este centro colectivo ha sido proyectado para una ciudad de 700.000 habitantes.
Civic and Commercial Centre for the City of Cali, Colombia (P.L. Wiener and J.L. Sert with local group).
This centre is divided into two main areas; the commercial and the administrative. The shops in the commercial area are built around a closed plaza; the administrative buildings are grouped around another open space of the same size that will appear completely different because of its architectural treatment. This Core has been planned for a city of 700,000.

económicos influirán y ayudarán en cada caso a definir y configurar los distintos tipos de centro. Sin embargo, en general, podemos afirmar que todos estos núcleos colectivos tendrán espacios abiertos para el público, como plazas y paseos. La tendencia general consistirá en recuperar las plazas públicas y crear zonas peatonales. Los bulevares y las calles con aceras, comunes para el tráfico y los peatones, tan características de nuestras actuales ciudades, resultan inadecuadas. Las avenidas destinadas al tráfico deben reservarse exclusivamente para esa finalidad. El planeamiento de los centros de la comunidad debe expresar claramente esta separación entre peatones y automóviles, implicando dos escalas proyectuales distintas, como podrá verse en los ejemplos que ilustran la segunda parte de este libro.

La diferencia de escala también se expresará en las diferencias de altura de los edificios. Muchos de ellos tendrán dos o tres plantas, con escaleras, y cubrirán grandes extensiones de terreno. Estos edificios bajos ofrecerán servicios facilitando los desplazamientos cotidianos de los peatones. También habrá edificios altos, que implicarán el uso del ascensor. Todas las alturas intermedias pueden omitirse. Este contraste entre alto y bajo, entre torres y patios, entre espacios abiertos y cerrados, darán variedad y animación a los centros de vida colectiva. Las relaciones entre espacio y forma de esos grupos de edificios y los espacios abiertos para uso público constituyen en la actualidad un tema interesante para el arquitecto-urbanista. Estas formas expresarán nuestra cultura, nuestros conocimientos técnicos y, por encima de todo, expresarán un nuevo sistema de vida. Edificios administrativos, museos, bibliotecas públicas, teatros, salas de concierto, centros receativos, zonas deportivas y comerciales, parques, paseos y plazas, centros turísticos, hoteles, salas de exposición y de conferencias, etc., son elementos que deben formar parte de estos centros de la comunidad. Los ejemplos de diversos tipos de núcleo que ofrecemos en este libro pueden servir para aclarar los conceptos que hemos dejado expuestos. De entre los muchos proyectos presentados por los grupos de los CIAM al VIII Congreso, hemos seleccionado los más adecuados para ilustrar los diversos tipos de núcleo.

La presentación de dichos proyectos fue unificada y adaptada al sistema de retícula ideado por el grupo ASCORAL y modificada por el grupo MARS para esta finalidad determinada.

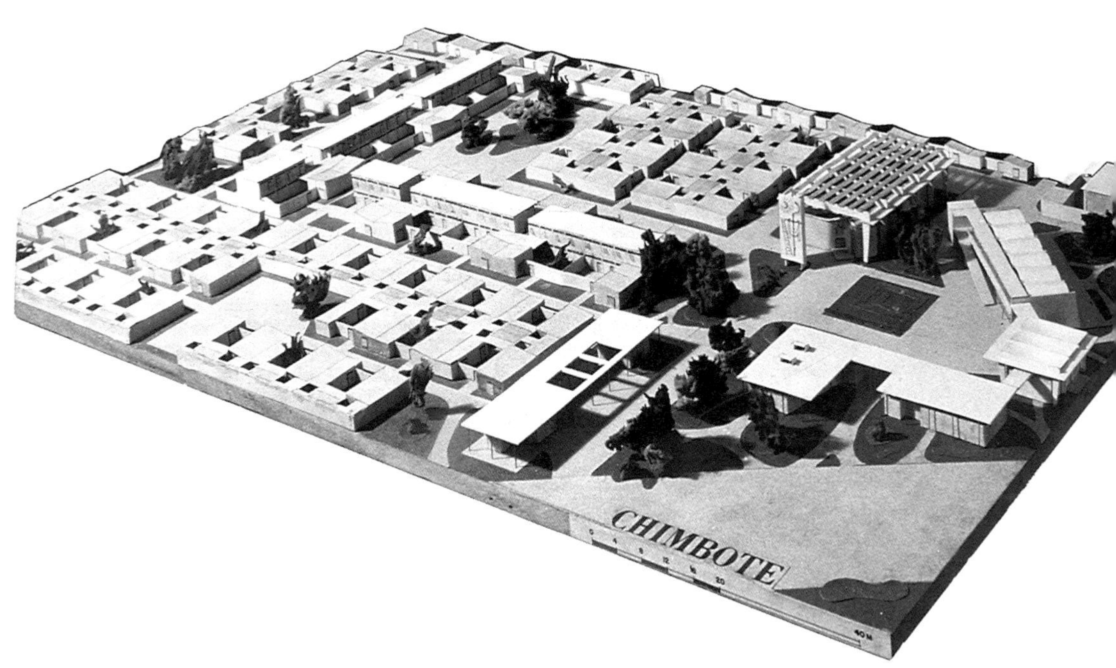

Una de las primeras versiones de un centro colectivo para la ciudad de Chimbote, en Perú (P.L. Wiener, J.L. Sert y la Oficina Nacional de Planeamiento y Urbanismo). Como las ciudades coloniales marítimas tradicionales, el núcleo de Chimbote se abre al frente marítimo. La nueva plaza ofrecerá una vista de la bahía y acceso directo desde la playa. La plaza contendrá un edificio administrativo, una biblioteca pública y un museo, un hotel, un centro turístico y una iglesia con campanario. Los espacios de aparcamiento estarán situados en la periferia y sólo los peatones tendrán acceso al núcleo. El centro de esta ciudad de 40.000 habitantes cubre una superficie aproximada de seis hectáreas.

An early version for the main Core of the City of Chimbote, Peru (P.L. Wiener and J.L. Sert with the Oficina Nacional de Planeamiento y Urbanismo). Like the traditional seaside colonial cities, the Core of Chimbote opens on the water front, and the new plaza will have a view of the bay and direct access to the beach. The public square groups an administrative building, public library and museum, hotel and tourist centre, church and bell tower. Parking spaces are on the perimeter and only pedestrians enter the Core. The whole Core for this town of 40,000 covers about six hectares.

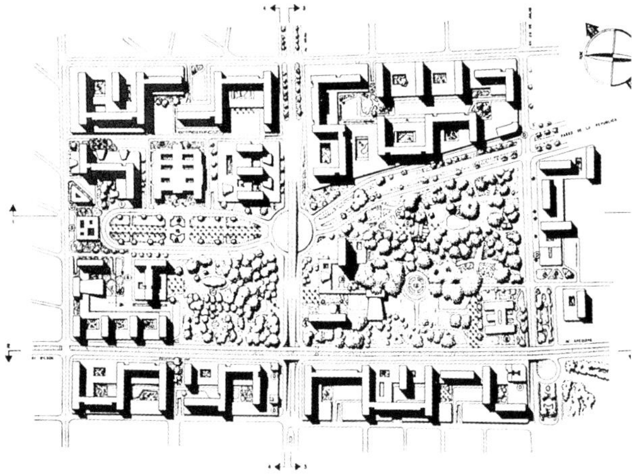

En la planificación de centros colectivos para las ciudades de Suramérica, los edificios de dos o tres plantas con patio resultan muy adecuados para tiendas y cafeterías, y los pequeños entresuelos abocados al patio recuerdan las formas y proporciones tradicionales de las ciudades coloniales. Losas o bóvedas de hormigón sobre pilares protegen al peatón del sol y de la lluvia, y los pórticos frente a las fachadas de las tiendas facilitan la circulación. El contraste entre estos edificios bajos y los altos edificios de oficinas ofrece una fórmula arquitectónica contemporánea para estas ciudades.

In planning Cores for South American cities, two and three-storied buildings with patios offer good facilities for shops and cafés, and small mezzanine offices overlooking the patio recall the traditional patterns and scale of the colonial cities.
Concrete slabs or vaults on posts protect the pedestrian from sun and rain, and pedestrian arcades between shopping façades facilitate circulations.
The contrast of these low buildings with high elevator office buildings offers a contemporary architectural formula for such cities.

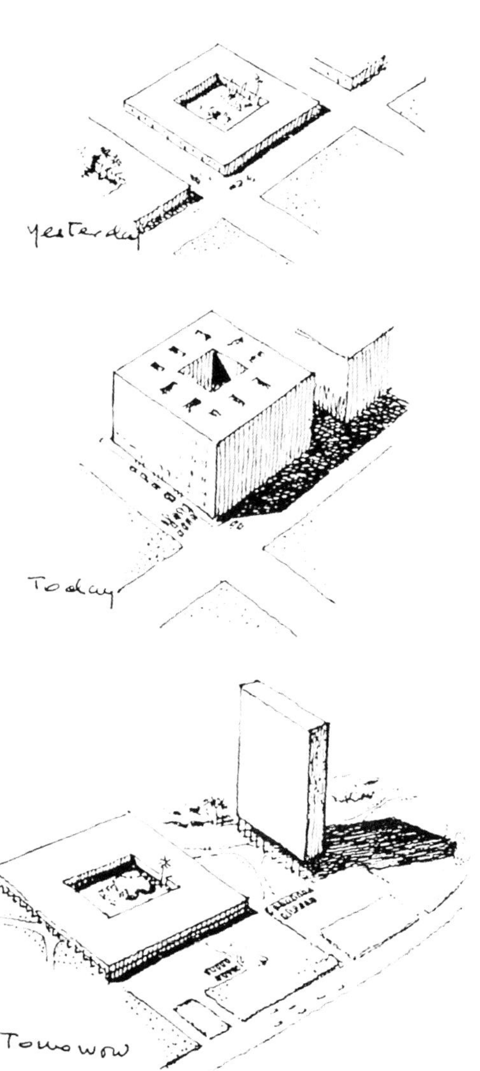

FIG. 15.

Ayer, Hoy, Mañana.
Estudios para el Plano Piloto de Lima, Perú (P.L. Wiener, J.L. Sert y la Oficina Nacional de Planeamiento y Urbanismo). El planteamiento fundamental que ha guiado nuestros planes para Chimbote, Lima, Medellín y Cali, ha sido la utilización de edificios de dos alturas contrastadas.
ARRIBA: Los edificios de dos o tres plantas, sin ascensor, que abarcan una considerable superficie de terreno y se agrupan alrededor de grandes patios, son característicos de las antiguas ciudades coloniales de América Latina.
ABAJO: Edificios altos, de 19 a 20 plantas, con ascensor. Este sistema permite la unificación de la parte antiua y la nueva y ofrece espacios abiertos utilizables, que no representan unos gastos de mantenimiento excesivos.

Yesterday, Today, Tomorrow.
Studies for the Pilot Plan, Lima, Peru (P.L. Wiener and J.L. Sert with the Oficina Nacional de Planeamiento y Urbanismo).
The basic approach in our plans for Chimbote, Lima, Medellin and Cali has been the use of two contrasted building heights:
TOP: The walk-up two or three-story buildings which cover considerable surface of the ground and are grouped around large patios, reminiscent of the old colonial cities.
BOTTOM: High buildings with elevators – 19-20 stories. This system permits the unification of old and new and provides open spaces that can be fully used and are not too extravagant to maintain.

La Arquitectura, la pintura y la escultura en el núcleo comunitario

A los CIAM no les interesa exclusivamente el estudio del núcleo como elemento urbanístico, sino que también considera importante esta labor de exploración, porque abre un nuevo campo a la arquitectura contemporánea. Los aspectos funcionales de la arquitectura contemporánea son valorados por gran número de personas, y se han ido aceptando para toda clase de edificios de carácter utilitario, tales como viviendas sociales, hospitales, escuelas, fábricas, etc. Pero estas mismas personas no imaginan aún las posibilidades de esta arquitectura aplicada a grupos de edificios públicos, sobre todo porque no existen ejemplos.
Por otra parte, la mayoría de los arquitectos contemporáneos son conscientes de que ya se ha acabado la época de la arquitectura racionalista de los años veinte y su tendencia a eliminar todo lo superfluo, una arquitectura cuya única preocupación consistía en expresar la función. Hoy se tiende decididamente hacia una mayor libertad plástica, hacia un vocabulario arquitectónico más completo. Por muy maravillosa que pueda resultar la estructura, ¿hay que olvidar la carne y la piel que recubren el esqueleto? La necesidad de lo superfluo es tan antigua como la humanidad. Ya es hora de reconocer abiertamente este hecho y poner fin a aquellas actitudes engañosas que intentan encontrar una justificación funcional a elementos que, según las rígidas normas arquitectónicas de los años veinte, serían francamente superfluos.
Esto no significa que los edificios no deban ser funcionales; deben serlo, como siempre hemos afirmado. Los elementos que se incorporen para lograr una mayor expresión arquitectónica, una mayor riqueza plástica o una mayor calidad escultórica no deben obstaculizar la funcionalidad. Tampoco los elementos que proporcionan expresividad deben apropiarse de los estilos del pasado. Los mejores pintores y escultores de nuestra época han encontrado nuevos medios de expresión, y nos han mostrado el camino hacia una arquitectura más completa, donde el color, la textura y los valores escultóricos pueden jugar un papel relevante. La arquitectura contemporánea se ha separado demasiado de las demás artes en estos últimos años, pese a que les debe gran parte de su inspiración inicial.
Por otra parte, son muchos los arquitectos modernos que experimentan la necesidad de colaborar estrechamente con pintores y escultores, como ocurría en los períodos de grandeza arquitectónica del pasado. *El acercamiento entre las artes plásticas enriquecerá el lenguaje arquitectónico, y esta colaboración ayudará a la arquitectura a desarrollar los valores plásticos y la calidad escultórica.*
Al estudiar los problemas relativos al planeamiento y reestructuración de ciudades, se hace evidente que la ordenación de los grupos de edificios públicos y de los espacios abiertos adyacentes requiere la colaboración entre todas las artes para alcanzar una expresión plástica más rica. Al idear los centros de vida colectiva de una ciudad, el arquitecto-urbanista se enfrenta a un *proyecto cívico* que asocia el urbanismo a la arquitectura. La vida colectiva modelará los núcleos del pueblo, del barrio o sector de la ciudad, de la ciudad misma. La historia nos demuestra que es precisamente en estos espacios de reunión pública —el ágora, el foro, la plaza de la catedral— donde se ha alcanzado con éxito la integración de las artes.
Hay que reiterar aquí que eso no implica que la reunión de las artes tenga que copiar ejemplos antiguos. Actualmente contamos con medios que eran completamente desconocidos en el pasado. La iluminación y los elementos móviles y *light* pueden hoy tener una gran importancia. Los centros de la vida colectiva podrán experimentar una continua transformación. Muchos de nuestros mejores artistas todavía piensan en términos de pintura mural y escultura monumental perdurable y eterna, pero la publicidad comercial ha desarrollado nuevas técnicas que podrían producir obras magníficas si los artistas menos convencionales las utilizaran con fines no comerciales. En nuestras ciudades, el estímulo visual está controlado por la publicidad comercial, que está en contacto con la gente. Las obras de los grandes artistas modernos no se exhiben en los lugares de reunión pública y sólo una minoría selecta tiene acceso a ellas. Los mejores artistas viven apartados del público; sus obras van del

of the elevator. All intermediate heights could easily be omitted. This contrast of low and high, of slab-like towers and patios, and of open and enclosed spaces will help animate these Cores. The spacing and form relations of these groups of buildings and the open areas for public use, presents an interesting subject to the planner-architect to-day. Such forms could be the expression of our culture, our technical knowledge, and above all, of a new way of living. Administration buildings, museums, public libraries, theatres, concert halls, recreation centres, commercial and sports areas, parks, promenades and squares, tourist centres, hotels, exhibition and conference halls, etc., all form part of these community centres. The examples of different types of Cores shown in this book may help to clarify the foregoing statements. We have chosen several projects, characteristic of these types, from the material presented to the 8th Congress by the CIAM Groups. These projects, unified in presentation, adopted the grid system devised by Ascoral and modified by the MARS Group for this particular subject.

Architecture, Painting and Sculpture in The Core

CIAM is not only interested in the study of the Core as an element of city planning, but also considers this exploratory work important because it opens a new field to contemporary architecture. The functional aspects of contemporary architecture are now fully appreciated by a great many people, and it has become generally accepted for utility buildings of all sorts, such as low-rent housing, hospitals, schools, factories, etc. But these same people cannot imagine its possibilities if applied to groups of public buildings, because there are no examples of this type. On the other hand, most contemporary architects are now well aware that the period of house-cleaning of the 'twenties is over. We have outlived that period when architecture aimed solely at expressing function. New trends are now apparent towards a greater freedom of plasticity, a more complete architectural vocabulary. No matter how beautiful structure alone may be, should we forget that flesh and skin can be added to the bones? The need for the superfluous is as old as mankind. This must now be openly recognised and an end made of the deceptive attitudes that try to find a functional justification for elements that are frankly superfluous when judged by the stern architectural standards of the 'twenties.
This does not mean buildings should not be functional. They should, as much as we have always wanted them to be. Elements that can be added towards a greater architectural expression, a richer plasticity, a more sculptural quality should not hinder function in any way. Neither should the elements lending more expression to a building borrow anything from past styles. The best painters and sculptors of our time have found new means of expression. They show us the way towards a more completed architecture, where colour, texture, and sculptural values could play a very important role. Contemporary architecture has been too much divorced from the sister arts in late years, though in its origin it owes much of its inspiration to them. Besides, many modern architects feel the need for a close collaboration with painters and sculptors such as has always existed in past periods of architectural greatness. *A reuniting of the plastic arts will enrich the architectural language, and this collaboration will help architecture itself develop greater plastic value – a more sculptural quality.*
When dealing with problems of planning and replanning cities, it becomes evident that the treatment of groupings of public buildings, together with their related open spaces, requires this reunion of the arts to display a more generous plastic expression. In these centres of community life the city planner-architect deals with *civic design* uniting planning and architecture. This community life will shape the Cores of the village, of the neighbourhood or city sector, of the city itself. Throughout history it is in such places of public gathering –the *agora*, the forum, the cathedral square– that the integration of the arts has been most successfully accomplished.

estudio a las casas de ricos coleccionistas particulares o a las gélidas salas de los museos. Allí son catalogadas y pasan a la historia; se unen al pasado antes de encontrarse con el presente. Este proceso antinatural no conduce a ninguna parte. La pintura y la escultura deben llevarse a los centros vitales de nuestra comunidad, al corazón de la ciudad, para que susciten el interés visual de la gente, para educarles y darles placer, para ser sometidas a su juicio.

El urbanismo, la arquitectura, la pintura y la escultura pueden combinarse de maneras muy diversas, pero pueden incluirse en tres categorías principales: la integral, la aplicada y la conexa. El hecho de aplicar una u otra categoría según los casos dependerá sore todo del carácter y función de los edificios, como también de los artistas y de la naturaleza de sus obras.

La colaboración integral está vinculada a la concepción del edificio, donde el propio arquitecto actúa a veces como escultor y pintor, o bien en estrecha colaboración con esos artistas. Su trabajo es inseparable y la colaboración debe establecerse como una labor de equipo, desde el principio hasta el fin. Podemos encontrar ejemplos de edificios que constituyen una unidad escultórico-arquitectónica en ciertos templos de la India, en algunas catedrales góticas y románicas, en algunas obras de Miguel Ángel, Borromini, Bernini, Churriguera y Gaudí. En esas obras es difícil trazar una línea de separación entre arquitectura y escultura. [3]

En el caso más habitual de colaboración aplicada, el edificio se concibe en primer lugar. Su expresión se intensificará mediante la cooperación del pintor y del escultor, pero el carácter de su obra y el espacio que se le destine es determinado generalmente por el arquitecto. El escultor o el pintor sólo participan en una parte del edificio; pero para que su obra se integre mejor con la del arquitecto, cada uno de ellos debe familiarizarse con la obra del otro y congeniar con ella. En la mayor parte de los casos en que esta combinación ha dado buenos resultados, el éxito se ha debido a la estrecha compenetración o la amistad entre arquitecto, pintor y escultor.

Finalmente, la arquitectura, la pintura y la escultura pueden estar simplemente relacionadas entre sí, sin que haya habido un trabajo de equipo. Los mejores ejemplos de este tipo pertenecen al ámbito del urbanismo. Nos referimos a los grupos de construcciones, generalmente edificios públicos, en los que se ha establecido una cierta relación entre el espacio abierto y el espacio edificado. La escultura y la pintura pueden intervenir enriqueciendo estos grupos, y como resultado de una asociación de valores, el conjunto tiene más fuerza que las partes separadas. Como en una orquesta, cada instrumento interpreta su parte, pero lo que cuenta es el efecto de conjunto. Los grandes ejemplos del pasado son bien conocidos. Entre ellos destaca la Acrópolis de Atenas, donde incluso el paisaje forma parte del conjunto y se incorpora, como las esculturas exentas, a los edificios y las relaciones espaciales. En un sentido distinto, pero al mismo tiempo similar, encontramos los ejemplos de Pisa, Florencia, Venecia, Versalles, etc. ¿Por qué no podría nuestro mundo moderno ofrecer ejemplos parecidos? Una vez se hayan establecido los núcleos de las comunidades modernas, tendremos a nuestro alcance el lugar físico de estos experimentos, y los medios con que contamos para hacerlo son muy superiores que en el pasado. Una gran sinfonía no es tarea fácil... nunca lo ha sido.

Este libro constituye el primer intento de estudiar a fondo el proyecto de los núcleos de nuestras ciudades, y ofrece una serie de ideas nuevas y opiniones de prestigiosos arquitectos, urbanistas y artistas de muy diversos países. También presenta, con un criterio unificado, algunos ejemplos de los trabajos realizados por diversos grupos de los CIAM sobre el tema del centro colectivo, y concluye con unos extractos de las resoluciones del VIII Congreso. Ninguna de estas resoluciones pretende ser definitiva, ya que esta difícil materia requerirá más investigación y estudio.

NOTAS

1. Ortega y Gasset, José. *La rebelión de las masas.* Libro VI.
2. Del programa del grupo MARS para el VIII CIAM.
3. Véase Giedion, Sigfried. *Espacio, tiempo y arquitectura.* Barcelona, 1955 (sobre Borromini).

Here again we do not imply that this reunion of the arts should copy old examples. We have means today that were totally unknown in the past. Light and mobile elements can play a very important role. Centres of community life could be constantly transformed. Many of our best artists today still think in terms of murals or monumental sculpture for eternity, but commercial advertising has developed new techniques that could produce wonderful works if used by our most creative artists for non-commercial purposes. Visual stimulus in our cities is today controlled by commercial advertising and it is this advertising that is in touch with the people. The works of the great creators of modern art are not shown in the places of public gathering, and are only known to a select few. Our best artists are divorced from the people. Their works go from their studios to the homes of wealthy private collectors, or to the deep-freeze compartments of the museums. There they are catalogued and belong to history. They join the past before they meet the present. This unnatural course leads nowhere. Painting and sculpture have to be brought to the living centres of our communities, to the Core of the city, for the visual stimulus of the people, for their enjoyment, for their education, to be submitted to their judgment. City planning, architecture, painting, and sculpture can be combined in many different ways, but these fall into three main categories – integral, applied, and related. Which way should be used in each case will depend greatly on the character and function of the buildings and on the artists themselves and the nature of their work. The integral approach is tied to the conception of the building, the architect himself often acting as a sculptor or a painter, or establishing a very close collaboration with them. Their tasks cannot be separated and this collaboration has to be carried through, in team work, from beginning to end. We find examples of this type where the buildings as a whole are a sculpto-architectural unit, in certain Indian temples, parts of Gothic or Romanesque cathedrals, some works by Michelangelo, Borromini, Bernini, Churriguera, and Gaudí. It is difficult in these works to determine a line of separation between architecture and sculpture. [3]

In the more frequent case of applied works the building is conceived first. Its expression will be intensified by the co-operation of the painter and the sculptor, but the character of their work and the space allocated for it, are generally outlined by the architect. Sculptor or painter only participate in one section of the building. But for the better integration of their work with that of the architect, each should be familiar with the other's work and congenial to it. In the majority of examples where this combination is successful, the success is due to close understanding or friendly relationship between architect, painter, and sculptor.

Finally, architecture, painting, and sculpture may be simply related to one another, each work standing alone. The best examples of this type belong to the field of city planning. We here refer to groups of buildings, generally public buildings, where a certain relationship has been established between open and built-up space. Sculpture and painting may come to enrich these groupings; and, as a result of a relationship of values, the whole becomes greater than the separate parts. Like instruments in an orchestra, each plays its part, but it is the added effect that counts. The best examples of the past are well known – the acropolis in Athens where also the landscape views are parts of the whole and incorporated, like the free-standing sculptures, to the buildings and their space relationship. In a different but similar way the examples of Pisa, Florence, Venice, Versailles, etc., are present in our minds. Why should not our modern world have similar examples to offer? Once the Cores of the modern communities are established, the containers for such experiments will be at hand, and the means at our disposal are greater than ever before. A great symphony is no easy task – it has never been one. This book is a first attempt to explore the subject of the contemporary design of the hearts of our cities, by presenting a series of fresh ideas and opinions on the matter from well-known architects, planners, and artists of many different countries. It also shows, in unified presentation form, some examples of the work on the Core prepared by several CIAM groups, and winds up with extracts from statements prepared by the 8th CIAM Congress. None of these pretends to be final, and this difficult subject will require further research and study.

NOTES

1. Ortega y Gasset, José. *The Revolt of the Masses*. W.W. Norton & Company Inc (New York 1932), pages 164-5.

2. From the MARS Group programme for the 8th CIAM Congress.

3. See Giedion, Sigfried. *Space, Time and Architecture*, page 54, on Borromini.

FIG.5: The Piazzetta, Venice.

A chronology of texts and projects
Two bodies of work and two contexts

GUIDO HARTRAY

In the 1940's, newly arrived in the United States, Josep Lluís Sert faces inevitable adjustments to a foreign urban and social environment. This tension leads naturally to a reflection on his New York surroundings, and their embodiment of the contemporary city in general. This reflection on an unfamiliar context finds a parallel in his professional work of subsequent years, work projected into the equally unfamiliar Latin American cities for which he and Paul Lester Wiener produce plans. Sert's ideas develop through a confrontation with the urban and natural conditions radically removed from those under which he had first developed his views on the city.
The result is a reflection on the Latin American city produced in the midst of the people and ideas brought together in wartime New York. In Latin America these plans and projects remain largely unbuilt, but in conferences, articles and exhibitions, Sert re-elaborates their ideas. In his writing he creates a parallel body of work which traces and drives the development of the projects and compensates for their incompletion by reintroducing their ideas into a broader architectural debate.
In ***1939***, Sert arrives in New York from Paris. His participation in the GATCPAC and in CIAM 5 gives him a key position in American CIAM, while his collaboration with Picasso, Miró and Calder on the Spanish Pavilion in Paris connect him to the New York art community as it swells with new European émigrés. He continues his work on the compilation of the conclusions of CIAM 4 and 5, adapting them for an Anglo-American audience. In ***1942*** these are published as *Can Our Cities Survive?*. In ***1943***, exploring the connection between modern art and modern architecture which had been fundamental to the Spanish Pavilion, Sert and fellow émigrés CIAM secretary Sigfied Giedion and painter Fernand Léger write "Nine points on Monumentality". This text would not be published until 1956 but its ideas are at the base of much of Sert's work in the next years. He specifically returns to the theme of civic centers in which art and architecture can come together in "The human scale in city planning", his contribution to the book *New Architecture and City Planning* of ***1944***. After outlining many emerging urban problems Sert writes:

"Man is lost in the vast extension of our metropolitan areas as they are today. There is no relationship between their vastness and the human scale... cities have fallen short of their main objective, that of fomenting and facilitating human contacts so as to raise the cultural level of their populations.
To accomplish this social function cities should be organic social structures... each organ or unit having a specific function to perform, and being so composed that each can fulfil this function to the greater efficiency of the city as a whole." [1]

Pabellón de España en la Exposición Internacional de París de 1937, proyecto de Josep Lluís Sert y Luis Lacasa.
Spanish Pavilion at the Paris World's Fair of 1937, by Josep Lluís Sert and Luis Lacasa.

La isla de Tumaco y sus alrededores.
Tumaco and its surroundings. Sert Collection. Harvard University.

Cronología de textos y proyectos Dos producciones paralelas y dos contextos

GUIDO HARTRAY

En la década de los cuarenta, recién llegado a Estados Unidos, Josep Lluís Sert se enfrenta a los problemas inevitables para adaptarse a un contexto social y urbano extranjero. Esta tensión lleva de forma natural a una reflexión sobre el entorno de Nueva York como encarnación de la ciudad contemporánea. Esta reflexión sobre un contexto extraño y ajeno encuentra un paralelismo en su actividad profesional de los años subsiguientes, centrada en los planes que elaboró junto con Paul Lester Wiener para las ciudades latinoamericanas, igualmente extrañas y ajenas. Las ideas de Sert evolucionan a partir de la confrontación con unas condiciones naturales y urbanas radicalmente distintas de aquellas en las que había desarrollado anteriormente su visión de la ciudad. El resultado es una reflexión sobre la ciudad latinoamericana, que se produce en medio de la gente y las ideas que la guerra ha congregado en Nueva York. Aunque la mayor parte de estos proyectos para América Latina no llega a realizarse, Sert reelabora sus ideas en conferencias, artículos y exposiciones. En sus escritos, crea un cuerpo de obra paralelo que refleja y a la vez impulsa el desarrollo de los proyectos y compensa su no realización reintroduciendo sus ideas en un debate arquitectónico más amplio.

En ***1939***, Sert llega a Nueva York procedente de París. Su participación en el GATCPAC y el V CIAM le confieren una posición clave en el grupo americano de los CIAM, mientras que su colaboración con Picasso, Miró y Calder en el pabellón español de París le conecta con la comunidad artística de Nueva York, que reúne cada vez más emigrados europeos. Sert continúa su trabajo de recopilación de las conclusiones del IV y V CIAM, adaptándolas para un público angloamericano. En ***1942***, este trabajo se publica bajo el título *Can Our Cities Survive?*

Explorando la relación entre arte moderno y arquitectura moderna, que había desempeñado un papel fundamental en el proyecto del pabellón español de París, Sert y otros colegas emigrados, el secretario de los CIAM Sigfried Giedion y el pintor Fernand Léger, escriben "Nine points on Monumentality" en ***1943***. Este texto no se publicaría hasta 1956, pero sus ideas están en la base de muchas de las obras de Sert de estos años. El tema del centro cívico como espacio donde se unen arte y arquitectura vuelve a plantearse sobre todo en el artículo "The Human Scale in City Planning", incluido en el libro *New Architecture and City Planning* de ***1944***. Tras describir muchos de los problemas que afectan a la ciudad contemporánea, Sert escribe:

"El hombre se pierde en la vasta extensión de las áreas metropolitanas actuales. No hay ninguna relación entre su magnitud y la escala humana... las ciudades no han alcanzado su objetivo principal, que consiste en fomentar y facilitar los contactos humanos para elevar el nivel cultural de sus poblaciones. Para satisfacer esta función social, las ciudades deberían ser estructuras sociales orgánicas... donde cada órgano, cada unidad tendría una función específica que cumplir, y su misión repercutiera en una mayor eficacia de la ciudad en su conjunto." [1]

Sert's emphasis on the neighborhood unit and the importance of planning to facilitate human contacts reveals the influence of American town planning, as well as a reaction to life in New York in which Sert missed the interchange of European café culture. [2]

While these concerns will develop in Sert's future work and writing he will move away from defining the city's ideal structure to deal directly with its common spaces and civic centers. After a few years working with the Yugoslavian émigré Ernest Weissmann on projects for Manhattan, Sert begins a collaboration with Paul Lester Wiener. [3] In ***1945*** they establish the Town Planning Associates with their first major commission, the Cidade dos Motores in Brazil. Their plan for this new town of 25,000 combines housing in widely spaced 8-story slabs with clusters of low buildings. A central pedestrian spine leads to the civic center and sports fields. The project is published in *Progressive Architecture* in 1946 and in ***1947*** is featured in the Museum of Modern Art's *Two Cities* exhibit along with Walter Gropius' plans for a neighborhood in Chicago. After closing at the MoMA, the exhibit would tour the United States for the next year.

Sert and Wiener begin work on a number of other plans for Latin American cities in which their approach must adapt to diverse social and meteorological conditions. The plan for Tumaco is influenced by the need to house a local population for whom the home could also be a workshop or store, and the need to build houses with local materials and labor. Sert and Wiener develop a horizontal layout of parcels, with each unit connected to independent pedestrian and vehicular circulation networks. They further develop this horizontal neighborhood in the plan for the new port city of Chimbote with its high-ground-coverage urbanization of 70 people per acre mostly in one and two-story units. The plan concentrates open space in defined green areas following irrigation canals; these become the neighborhood's common spine of pedestrian circulation leading to the civic center and the waterfront. In the plan for Lima the civic center has a heightened importance as the seat of the national government. The design is based on a typology of towers and slabs to which Sert and Wiener would consistently return in future projects: horizontal slabs matching the proportions of the colonial city define patios and squares and house services which require direct access from the ground; contrasting towers for offices and hotels allow increased densities with an efficient use of elevators.

Sert is elected president of CIAM at the first postwar congress held in Bridgwater, England. Following a line parallel to that being explored in the Latin American civic centers, debate in the congress develops around "new monumentality" and the expression of community life.

In ***1949*** the TPA undertake a plan for Medellín to guide the city's expansion from 250,000 to 700,000 inhabitants. They use the topography of the valley to define a system of two-sided

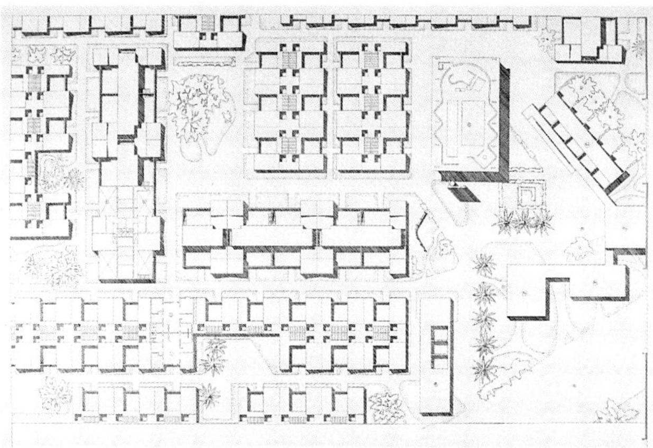

Un panel de Cidade dos Motores en la Exposición *Two Cities, Planning in North and South America.*
A panel for Cidade dos Motores in the exhibition *Two Cities, Planning in North and South America*. The Museum of Modern Art Archives

Proyecto de un sector residencial de Chimbote.
Chimbote, plan of a residential sector.
Arxiu Català-Roca

J.L. Sert, C. van Easteren y S. Giedion en una reunión del VI CIAM en Bridgwater. 1947.

J.L. Sert, C. van Easteren and S. Giedion in a session of CIAM 6 in Bridgwater. 1947.

neighborhood units: one side facing commercial streets and the other facing pedestrian paths which follow natural watercourses down to the Medellín River. The civic center repeats this bipolarity at a larger scale, one side connecting to the existing city and the other to the park and river. In the same year the Chimbote plan is presented internationally at CIAM 7 in Bergamo, Italy and Sert builds his house on Long Island.

Sert and Wiener present *L'Architecture d'Aujourd'hui* of January ***1950***, an issue featuring to Latin American architecture and planning. They present the plans of Medellín, Tumaco, Chimbote and Lima, and point out the difference of their approach from traditional European attitudes, little disposed to accept the particularity of the New World. Explaining the limited and defined open spaces of their projects they say,

> "The system permits the unification of old and new and solves present and future problems, taking into account traditions and customs of people, but avoiding large open spaces, which cannot be properly maintained or agreeably used in most of these South American cities. The "Green City" dream of modern town planners, cannot directly apply to Latin American countries." [4]

The integration of art and architecture and the "New Monumentality", is the subject of an exhibition at the Koots Gallery in New York which pairs artists and architects. Sert and Wiener collaborate with Hans Hofmann on a bell tower mural and plaza paving mosaic for a church in their project for Chimbote.

The TPA begin work on a number of projects in Venezuela in ***1951***: the new towns of Ciudad Pilar and Puerto Ordaz in the Orinoco Valley, and the Pomona neighborhood in Maracaibo. In the civic center of Puerto Ordaz the church becomes a particularly important element standing out against the minimal expression of the surrounding buildings. Ornamental reliefs are indicated for the bell tower and key points in the church which show formal influences of Léger's Audincourt window studies and were to be executed in a technique similar to the sand-casting developed by Costantino Nivola. It is on these elements in particular that Sert focuses when he publishes the church design in the Catholic magazine, *Liturgical Arts* in 1953.

At Pomona, Sert and Wiener build a neighborhood according to the principles of the residential sectors of their previous plans. Services and three-story housing are used as a screen along the major road on one side of the site, while the school is placed at the center. Visiting the site after construction Wiener considers it to be the most successful material execution of one of their plans. [5]

CIAM 8 is held at Hoddesdon, England, based on the Core theme proposed by Sert. His essay "Centers of community life" will introduce the publication papers from the congress in *The Heart of the City*.

At the Museum of Modern art, Sert participates in a symposium on collaboration between artists and architects. In his intervention Sert focuses on the lack of a common space for art and architecture saying, "Today we do not have a place where these things can get together - the agora, the forum, the cathedral square..." Sert connects the problem of bringing art and architecture together to the lack of spaces where individual artists and architects can come together to discuss their ideas. This superimposition becomes even clearer later in the symposium when, drawing from his experience of New York, he says,

Bajorrelieve realizado con molde de arena por Costantino Nivola instalado por Sert en su edificio para el Science Center de la Harvard University.
Costantino Nivola's sand cast bas-relief installed by Sert in his Harvard University Science Center.

Sert con John dos Pasos en Los Morros, Perú.
Sert with John dos Pasos in Los Morros, Peru.
Wiener Archives, University of Oregon

El énfasis de Sert en la unidad residencial y en la función del planeamiento para fomentar los contactos humanos refleja la influencia del urbanismo norteamericano, así como una reacción frente a la vida en Nueva York, una ciudad donde Sert echaba de menos el intercambio característico de la cultura europea de los cafés y las tertulias. [2] Si bien esas inquietudes se plasmarán en su futura obra y sus escritos, Sert pasará de definir la estructura ideal de la ciudad a abordar directamente los espacios colectivos y centros cívicos.

Tras algunos años trabajando con el emigrado yugoslavo Ernest Weissmann en determinados proyectos para Manhattan, Sert inicia su colaboración con Paul Lester Wiener. [3] En ***1945***, fundan la sociedad Town Planning Associates con su primer encargo, la Cidade dos Motores de Brasil. Su plan para esta nueva ciudad de 25.000 habitantes combina la vivienda en bloques espaciados de ocho pisos con grupos de edificaciones de baja altura. Una vía peatonal central lleva al centro cívico y los campos de deporte.

El proyecto se publica en *Progressive Architecture* en 1946, y en ***1947*** se incluye en la exposición *Two Cities*, del Museum of Modern Art, junto con los planos de Walter Gropius para un barrio de Chicago. Después del MoMA, la exposición inicia una itinerancia por Estados Unidos que se prolongará durante todo el año siguiente.

Sert y Wiener empiezan a trabajar en una serie de planes para ciudades latinoamericanas donde sus ideas tienen que adaptarse a condiciones sociales y metereológicas diversas. Así, el plan de Tumaco está condicionado por la necesidad de alojar a una población local cuya vivienda debía servir también como taller o tienda, y la exigencia de construir casas con materiales y mano de obra locales. Sert y Wiener establecen una distribución horizontal de parcelas, donde cada unidad se conecta a redes independientes de circulación rodada y peatonal. Posteriormente desarrollarán esta misma parcelación horizontal en el plan de la nueva ciudad portuaria de Chimbote, con su urbanización extensiva de unos 175 habitantes por hectárea, mayoritariamente en unidades de una o dos plantas. El plan concentra el espacio abierto en zonas verdes definidas a lo largo de canales de irrigación, que se convierten en ejes de circulación peatonal del barrio, conduciendo al centro cívico y al frente marítimo. En el plan de Lima, el centro cívico adquiere mayor importancia como sede del gobierno nacional. El proyecto se basa en una combinación de edificios altos y bloques bajos que Sert y Wiener utilizarán de forma recurrente en proyectos futuros: los bloques horizontales, que mantienen las proporciones de la ciudad colonial, definen patios y plazas, y acogen los servicios que requieren acceso directo desde la calle; las altas torres de oficinas y hoteles permiten mayor densidad y un uso eficaz de los ascensores.

Sert es elegido presidente de los CIAM en el primer congreso de la posguerra, que tiene lugar en Bridgwater (Inglaterra). Siguiendo una línea paralela a la que Sert y Wiener exploran en los centros cívicos latinoamericanos, el debate del congreso gira en torno a la "nueva monumentalidad" y la expresión de la vida comunitaria.

En ***1949***, Town Planning Associates elabora un plan para Medellín que pretende ordenar la expansión de la ciudad de 250.000 a 700.000 habitantes. Los arquitectos utilizan la topografía del valle para definir un sistema de unidades residenciales orientadas por un lado a las calles comerciales y por el otro a las vías peatonales que siguen el curso natural de los lechos torrenciales del valle. El centro cívico repite esta bipolaridad a mayor escala; un lado conecta con la ciudad existente y el otro con el parque y el río.

El mismo año, el plan de Chimbote se presenta internacionalmente en el VII CIAM, que se celebra en la ciudad italiana de Bérgamo, y Sert construye su casa de Long Island.

Instalaciones para el tranvía de Bogotá, en construcción.
The Bogotá tram station, under construction.
Town Planning Associates.

Wiener, Le Corbusier, Sert.
Bogotá 1951.

Sert y Wiener presentan el número de enero de ***1950*** de la revista *L'Architecture d'Aujourd'hui*, dedicado a la arquitectura y el urbanismo latinoamericanos. Los arquitectos incluyen los planes de Medellín, Tumaco, Chimbote y Lima, y diferencian su planteamiento de las actitudes europeas tradicionales, más reacias a aceptar la particularidad del Nuevo Mundo. Al explicar los espacios abiertos acotados y definidos de sus proyectos, dicen:

> "El sistema permite la unificación de lo viejo y lo nuevo y resuelve los problemas presentes y futuros, teniendo en cuenta las tradiciones y costumbres populares, pero evitando los grandes espacios abiertos, que no pueden mantenerse adecuadamente ni utilizarse de forma agradable en la mayoría de esas ciudades latinoamericanas. El sueño de la "ciudad verde" de los urbanistas modernos no puede aplicarse literalmente a los países latinoamericanos." [4]

La integración del arte y la arquitectura y la "nueva monumentalidad" son el tema de una exposición celebrada en la Koots Gallery de Nueva York que une a arquitectos y artistas. Sert y Wiener colaboran con Hans Hofmann en el pavimento de mosaico de la plaza de la iglesia y en el mural del campanario de su plan para Chimbote.

En ***1951***, Town Planning Associates empezó a trabajar en una serie de proyectos en Venezuela: los nuevos asentamientos de Ciudad Pilar y Puerto Ordaz en el valle del Orinoco y el barrio de Pomona en Maracaibo. En el centro cívico de Puerto Ordaz, la iglesia se convierte en un elemento de gran relevancia, destacando frente a la mínima expresión de los edificios que la rodean. Los relieves ornamentales diseñados para el campanario y los puntos clave de la iglesia muestran influencias formales de los estudios para los ventanales de Audincourt de Léger y habían de ejecutarse con una técnica similar al moldeado de arena utilizado por Costantino Nivola. Esos son precisamente los elementos en los que se centra Sert cuando publica el reportaje de la iglesia en la revista católica *Liturgical Arts* en 1953.

En Pomona, Sert y Wiener construyen un barrio según la concepción de los sectores residenciales de sus planes anteriores. Los edificios de viviendas de tres plantas y los servicios actúan como pantalla a lo largo de la carretera que limita el solar por uno de los lados, mientras que la escuela se sitúa en el centro. En una visita a la obra finalizada, Wiener considera que es la ejecución más satisfactoria de todos sus proyectos. [5]

El VIII CIAM se celebra en Hoddesdon (Inglaterra), basado en el tema del núcleo de la ciudad propuesto por Sert. Su texto "Centers of Community Life" constituye la introducción de las ponencias del congreso publicadas bajo el título *The Heart of the City*.

En el Museum of Modern Art, Sert participa en un simposio sobre la colaboración entre artistas y arquitectos. En su intervención, Sert se centra en la falta de espacios comunes para el arte y la arquitectura, diciendo: "Hoy día no existe un lugar donde estas dos disciplinas puedan encontrarse: el ágora, el fórum, la plaza de la catedral..." Sert vincula el problema de unir arte y arquitectura con la necesidad de unos espacios donde artistas y arquitectos puedan reunirse a discutir sus ideas. Esta superposición es aún más clara en una fase posterior del simposio, cuando, a partir de su experiencia de Nueva York, dice:

> "Ha pasado mucho tiempo desde que la arquitectura y la pintura estaban unidas, y hemos perdido la costumbre de colaborar en ese terreno. En Nueva York no nos reunimos. Nadie puede reunirse en ninguna parte. Quedamos en un bar y no tenemos tiempo de hablar, o nos encontramos en la calle o en el autobús y tampoco es el lugar idóneo para hablar." [6]

En 1949, Le Corbusier había iniciado un plan piloto para Bogotá con Sert y Wiener como asesores, que terminó en 1950. De 1951 a 1953, Town Planning Associates desarrolla el plan general. Utiliza grandes arterias de tráfico para definir los distintos sectores de la ciudad, manteniendo la estructura de retícula existente y considera la manzana

> "A lot of time has passed since architecture and painting were together, and we have lost the habit of collaborating in this matter.
> We don't meet in New York. Nobody can meet anywhere. We meet in a bar and have no time to talk, or we meet on the street or in a bus and that is no place to talk either." [6]

Le Corbusier had undertaken a pilot plan for Bogotá with Sert and Wiener as consultants in 1949 which he completed in 1950. From 1951 to 1953 the master plan is developed by the TPA. It uses major traffic arteries to define sectors within the city, maintaining the existing grid structure with the block becoming the basic unit of intervention. Particularly significant is the difference from the pilot plan in the treatment of the area surrounding the civic center. While Corbusier's plan proposed an area of widely spaced slabs, the TPA plan joins existing blocks in two -or four-block islands with linked interior patios. Proposed new buildings follow the high/low diagram developed in previous plans and maintain the sharp definition of the existing streets.

Sert is named Dean of the Graduate School of Design at Harvard in ***1953*** and moves his residence to Cambridge for part of the Year. With Wiener he publishes "Can Patios Make Cities?", The article includes much of their South American work, but rather than describing individual projects it highlights the "patio" at different scales as the defining element of their plans. Focusing on these defined outdoor spaces the article understates the specific architectural form of the projects to draw parallels with Radburn and other accepted North American models. [7]

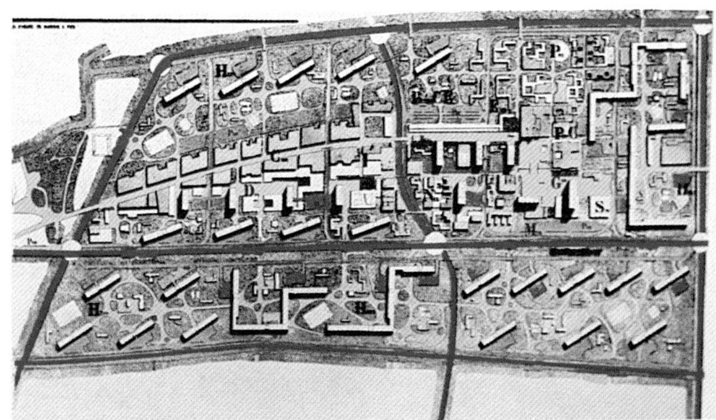

El centro cívico de Bogotá en el plan piloto de Le Corbusier de 1950 y el plan regulador de Town Planning Associates de 1953.
The Bogota civic center in Le Corbusier's pilot plan of 1950 y and the Town Planning Associates' master plan of 1953. Wiener Archives. University of Oregon.

Sert continues to emphasize the interrelation of buildings in his 1954 contribution to the AIA panel, "Changing thoughts on architecture". Discussing what has been lost in contemporary architecture he says, "The good average architecture made beautiful cities in the past and was in a way more important than the isolated outstanding monuments." [8]

As Dean he acts on this concern by proposing the creation of the school of Urban Design as a bridge between the abstraction of planning and individual architectural interventions. The proposal is eventually accepted and becomes a model for other design schools throughout the United States.

In the same year the TPA begin working in Cuba on the Quinto Palatino, a single project for a complete residential sector in the plan they would develop for Havana. This is followed in the next year by the design of the presidential palace.

On Mallorca in ***1955***, Sert builds a studio for Joan Miró, his first work in Spain since the Civil War. In New York, in his speech "Architecture and the City" he continues his argument against

como unidad básica de actuación. Resulta particularmente significativa la diferencia respecto al plan piloto en el tratamiento de la zona que rodea al centro cívico.

Si el plan de Le Corbusier proponía un área de bloques muy espaciados, el plan de Town Planning Associates une las manzanas existentes en grupos de dos o de cuatro y conecta los patios interiores. Los nuevos edificios siguen el esquema combinado de altura y horizontalidad desarrollado en planes anteriores manteniendo la pronunciada definición de las calles existentes.

En ***1953*** Sert es nombrado decano de la Graduate School of Design de Harvard y se traslada a vivir a Cambridge durante el curso. En colaboración con Wiener publica el artículo "Can Patios Make Cities?", en el que un repaso a gran parte de sus proyectos suramericanos le permite subrayar la aplicación del patio a distintas escalas como elemento definidor de los planes.

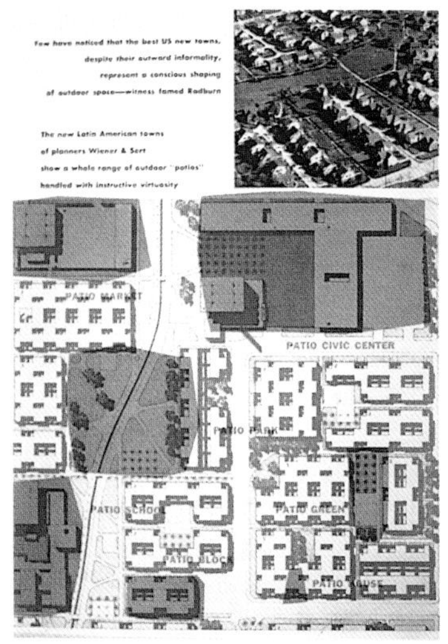
Few have noticed that the best US new towns, despite their outward informality, represent a conscious shaping of outdoor space—witness famed Radburn

The new Latin American towns of planners Wiener & Sert show a whole range of outdoor "patios" handled with instructive virtuosity

El artículo no se centra tanto en la descripción de la forma arquitectónica concreta de los proyectos y de esos espacios exteriores acotados, sino en establecer paralelismos con Radburn y otros modelos americanos conocidos y aceptados. [7]

En 1954, en su intervención en el debate del American Institute of Architects "Changing Thoughts on Architecture", Sert sigue insistiendo en la interrelación de los edificios. Hablando de lo que ha perdido la arquitectura contemporánea, afirma: "En el pasado, una arquitectura anónima de calidad produjo ciudades bonitas, y en cierto modo, desempeñaba un papel más importante que el de los grandes monumentos o edificios singulares." [8] Como decano, Sert responde a esta preocupación proponiendo la creación de una escuela de proyectos urbanos como puente entre la abstracción del urbanismo y las intervenciones arquitectónicas concretas. La propuesta es finalmente aceptada y se convierte en un modelo para otras escuelas de arquitectura en Estados Unidos.

El mismo año, Town Planning Associates empieza a trabajar en el Quinto Palatino de La Habana, en Cuba. Se trata de un proyecto unitario para un sector residencial, integrado en el plan que desarrollarían para La Habana, y al que siguió un año más tarde el proyecto del palacio residencial.

En ***1955***, Sert construye el estudio de Joan Miró en Mallorca. Es su primera obra en España después de la Guerra Civil.

En Nueva York, en la conferencia titulada "Architecture and the City", continúa su argumentación contra los proyectos de "ciudad verde". Sin embargo, lo que en sus proyectos suramericanos se había interpretado como una respuesta al clima, aquí encuentra una justificación general en la vida urbana:

> Las ciudades ideales de la arquitectura funcionalista de los años veinte, compuestas de edificios altos rodeados de espaciosos parques públicos, constituyen una utopía anticívica. Actualmente, muchos arquitectos y urbanistas están convencidos de que estas ciudades organizadas como parques continuos carecerían de calidad urbana y de interés visual. Necesitamos tiendas, luces, vida a ras del suelo; en la ciudad, queremos sentir todos esos elementos a nuestro alrededor. [9]

La película *8 x 8* de Hans Richter (1957) reúne a muchos amigos de Sert del mundo artístico neoyorquino en torno a una metáfora de ajedrez.

Entre los participantes, figuran Jacqueline Matisse, Marcel Duchamp, Yves Tanguy, Max Ernst y Jean Cocteau. Sert ejerce como matador del toro Frederick Kiesler y Paul Wiener es el árbitro.

Página de "Can Patios Make Cities?" artículo de Sert y Wiener en *Architectural Forum*.
A page from the article "Can Patios Make Cities?" by Sert and Wiener in *Architectural Forum*.

Fotograma de *8 x 8*, película de Hans Richter, 1957.
Scene from *8 x 8*, a film by Hans Richter, 1957.

"green city" schemes. However, what in his South American projects had been explained as a response to climate, here finds a more general justification in response to urban life:

> "The dream cities of functionalist architecture conceived in the twenties, where high buildings would be surrounded by vast public parks, would be an anti-civic Utopia. Many architects and city planners are now convinced that such cities developed as continuous parks would lack urban quality and visual interest. We need shops, lights, life near the ground. When in the city we want to feel these elements around us." 9

Hans Richter's 1957 film *8 x 8* brings together many of Sert's friends from the New York art community around a chess metaphor. Among others, Jacqueline Matisse, Marcel Duchamp, Yves Tanguy, Max Ernst, Jean Cocteau participate. Sert plays the matador to Frederick Kiesler's bull with Paul Wiener as umpire.

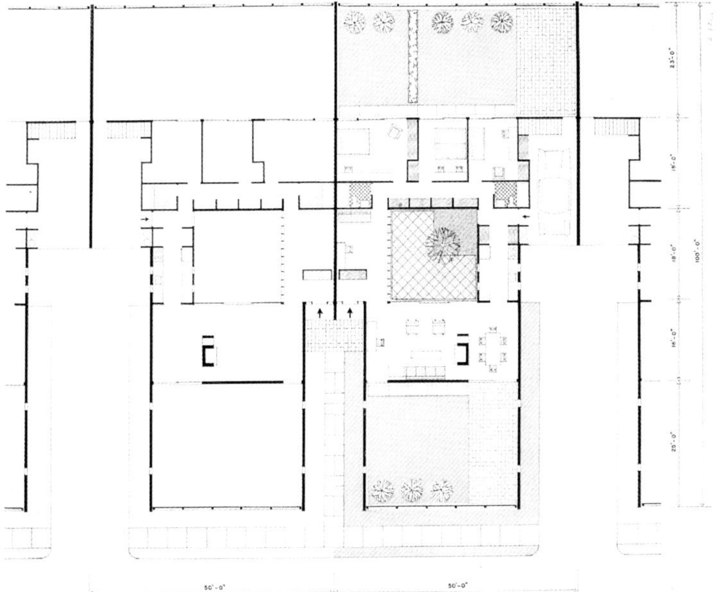

In ***1958*** Sert builds his house in Cambridge, Massachusetts, developing the model of patio houses he had designed for Venezuela and Cuba. The house stands alone on a corner lot, yet Sert draws and studies it as a prototype row-house. In the same year he founds an office in Cambridge with Huson Jackson and Ronald Gourley, with which he will perform the majority of his architectural work. With the completion of the plan for Havana in 1959 Sert ends his collaboration in the Town Planning Associates and dedicates himself entirely

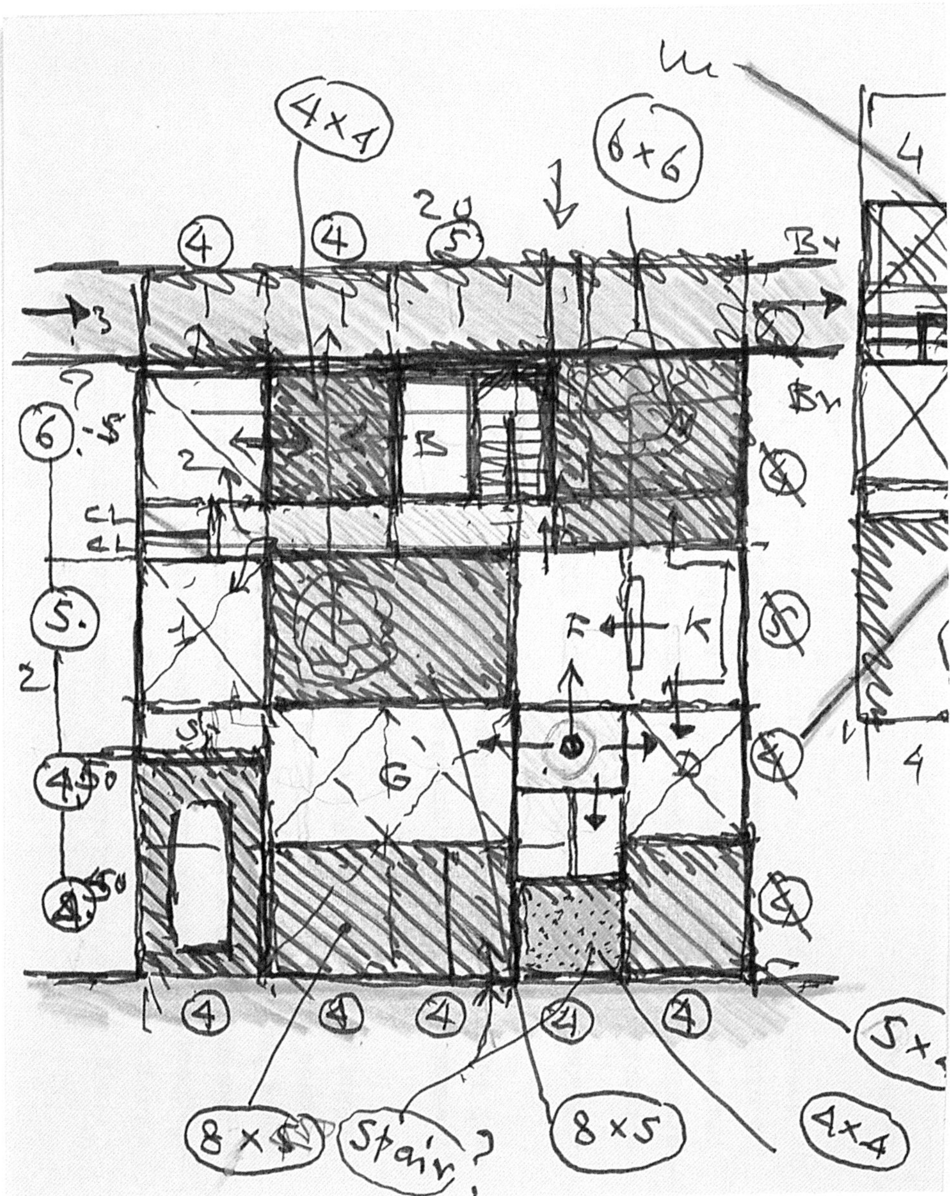

Patio de la casa de Sert y su entorno.
Patio of Sert's house and its surroundings.
Sert Collection, Harvard University

Planta de la casa de Sert en Cambridge como prototipo de casa en hilera.
Plan of house as a row house prototype.
Sert Collection, Harvard University.

Salón de la casa de Sert con pintura de Miró.
Living room Sert's house with a painting by Miró.
Sert Collection, Harvard University.

Croquis de la casa de Sert en Cambridge. Los vacios y llenos de la planta se inscriben en un solar cuadrado entre medianeras que recuerdan los estudios de vivienda de Chimbote.
Sketch of Sert's house in Cambridge. The solids and voids of the plan are inscribed in a square party-wall lot reminiscent of Sert's housing studies for Chimbote.
Sert Collection, Harvard University.

Sert con el escultor Mirko Basabella delante las viviendas para estudiantes Peabody Terrace de 1964.
Sert with sculptor Mirko Basabella in front of Peabody Terrace student housing of 1964. Sert Collection, Harvard University.

Exposición *Josep Lluís Sert. Architect to the Arts* en el Carpenter Center for the Visual Arts de Harvard, 1978.
Josep Lluís Sert. Architect to the Arts exhibition in the Carpenter Center for the Visual Arts at Harvard, 1978.

En ***1958***, Sert construye su casa de Cambridge, Massachusetts, a partir del tipo de vivienda con patio que había proyectado en Venezuela y Cuba. La casa se erige en solitario en un solar que hace esquina, pero Sert la concibe como prototipo para casas en hilera. El mismo año en Cambridge se asocia con Huson Jackson y Ronald Gourley, con quienes llevará a cabo la mayor parte de su obra arquitectónica. Al término del plan de La Habana, en 1959, Sert pone fin a su colaboración con Town Planning Associates y se dedica enteramente a la práctica arquitectónica y la enseñanza en Cambridge.

En ***1963***, en una conferencia pronunciada en el Royal Institute of British Architects titulado "Changing Views on the Urban Environment", Sert reflexiona sobre la ambición de la actividad urbanística compartida con otros arquitectos de décadas precedentes, y declara:

> "Durante la revolución arquitectónica de los años veinte y treinta, algunos arquitectos tomamos conciencia de la estrecha relación que une a edificios y ciudades, e intentamos formular una serie de principios, que no se han podido materializar ni valorar hasta unas décadas más tarde...
> Porque hasta que los planes no se realizan y se viven, no se hacen evidentes muchas cosas...
> Actualmente, la materialización de aquellos principios rígidos en muestras diseminadas ha disparado la señal de alarma...
> Tenemos ante nuestros ojos la confusión que hemos heredado del pasado (muchas veces, reciente) y las muestras de planes de nuevas ciudades ya construidas.
> En general, la gente prefiere el desorden del pasado que muchas de las visiones parciales que les ofrecemos sobre las ciudades del mañana." [10]

Sert continúa la conferencia con diapositivas de su obra arquitectónica más conocida, pero sin detenerse a considerar si sus planes urbanísticos siguen o evitan el rígido planeamiento que ahora critica. Ciertamente, su perspectiva de la ciudad ha cambiado mucho desde que, dos décadas antes, escribía esperanzado sobre la estructura ideal de la ciudad orgánica. La ambición que contenían los planes latinoamericanos dificulta su discusión en la época de mayor escepticismo que siguió a los años cincuenta, y en comparación con el volumen creciente de la obra construida de Sert, esos proyectos no realizados empiezan a parecer anecdóticos. Sin embargo, igual que su casa se basaba en prototipos anteriores diseñados para América Latina, los proyectos arquitectónicos que presentó en esta conferencia y en innumerables charlas y publicaciones posteriores, tratan de los temas que surgieron en su trabajo en Latinoamérica.

NOTAS

1. SERT, J. L., "The Human Scale in City Planning", en ZUCKER, Paul, ed., *New York Architecture and City Planning*, Philosophical Library, Nueva York, 1944, pág. 395.

2. Eric Mumford señala la relación con el urbanismo americano en "CIAM Urbanism after the Athens Charter", en *Planning Perspectives* núm. 7, y respecto al entorno norteamericano, Ruth Nivola comenta que Sert organizó una tertulia semanal en un salón de té del West Village, precisamente como respuesta a esta necesidad de contacto. Peter Blake describe un grupo similar en *No Place Like Utopia*.

3. Marc Dessauce, conservador de los archivos Weissmann.

4. WIENER, P.L.; SERT, J.L. "Conditions Générales de l'Urbuanisme en Amérique Latine", en *L'Architecture d'Aujourd'hui*, enero 1950, pág. 4.

5. Diario de viaje de Wiener, Paul Lester Wiener Collection, University of Oregon, Special Collections.

6. "A Symposium on how to combine architecture, painting and sculpture", *Interiors*, V110, mayo 1951, pág. 101.

7. "Can Patios Make Cities?", *Architectural Forum*, agosto 1953, pág. 124.

8. "Changing Thoughts on Architecture", *Architectural Record*, agosto 1954, pág. 181.

9. Copia mecanografiada de Sert, "New York - Architecture and the City" (Frances Loeb Library, Harvard University), pág. 5.

10. "Changing Views on Urban Environnment", *RIBA Journal*, mayo 1963, pág. 188.

to teaching and his Cambridge architectural practice. Addressing the Royal Institute of British Architects in ***1963***, Sert reflects on the ambition of his and other planning efforts of the preceding decades. In the speech entitled "Changing views on the urban environment", Sert states,

> "During the architectural revolt of the 20's and 30's, some of us architects became aware of the close ties between buildings and cities, and tried to form principles which we have had to wait decades to see materialize and to evaluate – for it is only when the plans are carried out and lived with that many things become obvious... Today the materialization of those rigid principles in scattered samples sounds the alarm note... Before our eyes today we have the confusion we have inherited from the past (much of it recent) and samples of the new city plans now built.
> The people in general prefer the disorder of the past to many of the partial views we give them of the cities of tomorrow." [10]

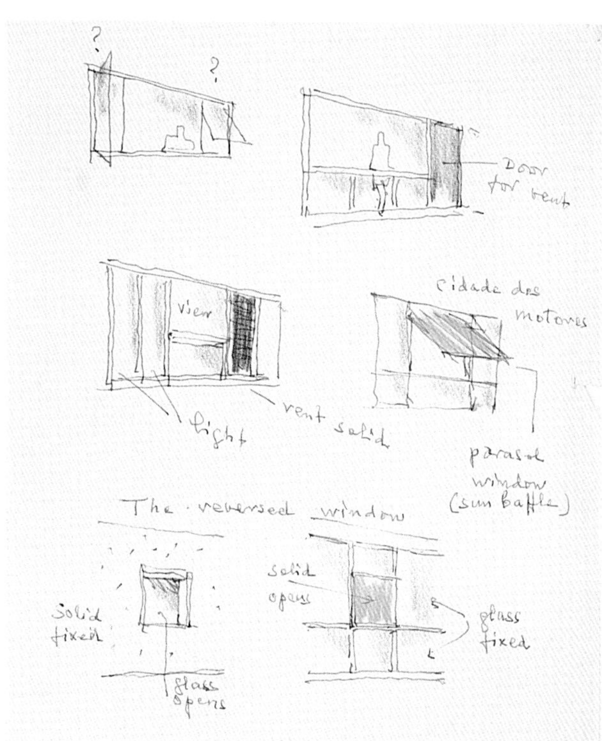

Sert continues the lecture with slides of the architectural work for which he would be most known and does not dwell on how his own town plans fit or escape the rigid planning which he now criticizes; certainly his perspective on the city has changed since writing hopefully on the ideal structure of the organic city two decades earlier.
The ambition of the Latin American plans make them hard to discuss in the more skeptical decades which follow the 1950's, and when compared with Sert's increasing body of completed work, the unbuilt projects of those years begin to appear incidental.
Yet, just as his house was based on earlier Latin American prototypes, so the architectural projects he would present in this lecture and in innumerable future talks and publications, deal with issues which emerge from his Latin American work.

NOTES

1. Sert, J.L., "The Human scale in City Planning" in *New Architecture and City Planning*, Paul Zucker ed., Philosophical Library, New York, 1944, p.395.
2. Eric Mumford points out the connection with American planning in "CIAM Urbanism after the Athens Charter", *Planning Perspectives* no.7, while the influence of the American environment is suggested by Ruth Nivola who recounts that in response to this need for contact Sert starts a weekly tertulia or conversation group in a West Village tea room.
Peter Blake describes another such group in *No Place Like Utopia*.
3. Marc Dessauce, curator of the Weissmann papers.
4. Wiener, P.L., Sert, J.L., "Conditions Générales de L'urbanisme en Amérique Latine", *L'Architecture d'Aujourd'hui*, January 1950, p.4.
5. "Wiener travel report", Paul Lester Wiener Collection, University of Oregon Special Collections.
6. "A Symposium on how to combine architecture, painting and sculpture", *Interiors*, V110 May 1951, p101.
7. "Can Patios Make Cities", *Architectural Forum*, August 1953, p.124.
8. "Changing thoughts on architecture", *Architectural Record*, August 1954, p.181.
9. Sert typescript, "New York-Architecture and the city", Frances Loeb Library, Harvard University, p.5.
10. "Changing views on the urban environment", *RIBA Journal*, May 1963, p.188.

Croquis de ventanas con distintas combinaciones de paneles de iluminación, ventilación y vista, desde Cidade dos Motores en Brasil a Holyoke Center en Massachusetts. Sert Collection. Harvard University.
Sketch of windows with different combinations of view, illumination and ventilation panels, from Cidade dos Motores in Brazil to Holyoke Center in Massachusetts. Sert Collection. Harvard University.

Vista del campus de Harvard desde Holyoke Center. Sert Collection. Harvard University.
View of the Harvard campus from Holyoke Center. Sert Collection. Harvard University.

Alexander Calder
Sin título. Untitled, 1961
Gouache sobre papel.
Gouache on paper
35 x 40 cm
Galería Senda

Catalogación Catalogue

Fernand Léger
Les plongeurs, 1935
Óleo sobre madera
38 x 46 cm
Fundació Joan Miró. Donación de Josep Lluís Sert

Hans Hofmann
Proyecto del mural de Chimbote
Estudio del mosaico de la plaza de Chimbote, 1950
Lápiz de cera y grafito sobre papel
60 x 48 cm
Cortesía André Emmerich Gallery

Hans Hofmann
Proyecto del mural de Chimbote
Sin título, 1950
Óleo sobre papel y madera
213 x 91 cm
Cortesía André Emmerich Gallery

Hans Hofmann
Proyecto del mural de Chimbote
Mural de Chimbote, Fragmento de Parte 1, 1950
Óleo sobre madera
213 x 91 cm
Cortesía André Emmerich Gallery

Hans Hofmann
Proyecto del mural de Chimbote
Mural de Chimbote, 1950
Óleo sobre madera
213 x 91 cm
Cortesía André Emmerich Gallery

Hans Hofmann
Proyecto para el mural de Chimbote
Sin título, 1950
Óleo sobre papel y madera
213 x 91 cm
Cortesía André Emmerich Gallery

Alexander Calder
El Corcovado, 1951
Aluminio y acero pintado
360 x 379 x 165 cm
Fundació Joan Miró. Donación de Josep Lluís Sert

Costantino Nivola
Maqueta del bajo relieve del Harvard University Science Center (originalmente concebido para el Olivetti Showroom de Nueva York), 1953
Mortero de yeso realizado con molde de arena, pintado y en marco de madera
50 x 238 x 6,8 cm
Colección de Ruth Guggenheim Nivola

Costantino Nivola
Bajo relieve del Harvard University Science Center
Fotografía
Cortesía Archivo Català-Roca

Hans Richter
8 x 8. A Chess Sonata for Strings, 1957
(Sonata de ajedrez para cuerdas)
Film, 80'
Herederos de Hans Richter
Película realizada con la participación de Jean Arp, Paul Bowles, Alexander Calder, Marcel Duchamp, Dorothea Tanning and Max Ernst, Jean Cocteau, Jacqueline Matisse, Josep Lluís Sert, Yves Tanguy y Frederick Kiesler, entre otros.

Programa publicitario
The Museum of Modern Art, Department of Film and Video

Josep Lluís Sert y Frederick Kiesler en una escena del film
Fotografía
Archivo Kiesler, Colección de Lillian Kiesler

Escenas del film
Fotografía
Cortesía de The Museum of Modern Art, Department of Film and Video

Josep Lluís Sert y Frederick Kiesler en una escena del film
Fotografía
Colección de Jaume Freixa

Escena del film
Fotografía
Colección de Jaume Freixa

Alexander Calder
Sín título, 1961
Gouache sobre papel
35 x 40 cm
Galería Senda

Hans Richter
Dadascope, 1961
Film, 41'
Herederos de Hans Richter
Película realizada con la participación de Jean Arp, Marcel Duchamp, Raoul Hausmann, Man Ray, Hans Richter, Kurt Schwitters, Tristan Tzara, Josep Lluís Sert y Frederick Kiesler, entre otros.

PROYECTOS PROJECTS

Josep Lluís Sert y Paul Lester Wiener
Town Planning Associates
Cidade dos Motores, Brasil, 1945

Esbozo de esquema urbano
Lápiz sobre papel
31x 31 cm
Colección Sert. Harvard University

Vista aérea
Tinta sobre papel
105 x 73 cm
Colección Sert. Harvard University

Estudio del centro cívico
Tinta y lápiz sobre papel
29 x 62 cm
Colección Sert. Harvard University

Perspectiva del centro cívico
Tinta sobre papel
34 x 25 cm
Colección Sert. Harvard University

Planta general
Reproducción
Colección Sert. Harvard University

Sector residencial
Fotografía de maqueta
Archivos Wiener. University of Oregon

Centro cívico
Fotografía de maqueta
Colección Sert. Harvard University

Escuela y equipamientos
Fotografía de maqueta
Colección Sert. Harvard University

Vista aérea de la zona industrial
Fotografía
Colección Sert. Harvard University

Construcción con plafones prefabricados
Fotografía
Colección Sert. Harvard University

Sert y Wiener delante de la planta general de Cidade dos Motores
Fotografía
Archivos Wiener. University of Oregon

Josep Lluís Sert y Paul Lester Wiener
Town Planning Associates
Tumaco, Colombia, 1947

Estudio preliminar de la planta general
Lápiz sobre papel
95 x 66 cm
Archivos Wiener. University of Oregon

Estudio de centro cívico y sector residencial 1
Lápiz sobre papel
30 x 30 cm
Archivos Wiener. University of Oregon

Estudio de la iglesia, sección y planta
Lápiz sobre papel
50 x 33 cm
Archivos Wiener. University of Oregon

Estudio de la iglesia, sección
Tinta y lápiz sobre papel
33 x 13 cm
Colección Sert. Harvard University

Croquis de los alzados de las viviendas
Lápiz sobre papel
86 x 48 cm
Archivos Wiener. University of Oregon

Entorno de Tumaco
Fotografías
Colección Sert. Harvard University

Maqueta de la iglesia
Fotografía
Colección Sert. Harvard University

Viviendas en construcción
Fotografías
Colección Sert. Harvard University

Josep Lluís Sert y Paul Lester Wiener
Town Planning Associates
Chimbote, Perú, 1948

Esquema urbano
Tinta y lápiz sobre papel
19 x 20 cm
Colección Sert. Harvard University

Perspectiva aérea
Tinta y lápiz sobre papel
23 x 18 cm
Colección Sert. Harvard University

Estudios de patios, viviendas y muros de patio
Lápiz sobre papel
19 x 27 cm
Colección Sert. Harvard University

Planta y sección de viviendas de dos plantas
Lápiz sobre papel
20 x 20 cm
Colección Sert. Harvard University

Estudio de ventanas
Lápiz sobre papel
22 x 29 cm
Colección Sert. Harvard University

Sección, alzado y perspectiva del interior de un dormitorio
Lápiz sobre papel
22 x 16 cm
Colección Sert. Harvard University

Centro cívico
Fotografía de maqueta
Colección Sert. Harvard University

Viviendas de dos plantas
Fotografía de maqueta
Colección Sert. Harvard University

Sector residencial
Fotografía de maqueta
Colección Sert. Harvard University

Vista aérea de la ciudad existente
Fotografía
Colección Sert. Harvard University

Sert y John Dos Passos. Los Morros, Perú
Fotografía
Archivos Wiener. University of Oregon

Canal de riego existente
Fotografía
Colección Sert. Harvard University

Sert al lado de un canal de riego
Fotografía
Archivos Wiener. University of Oregon

Josep Lluís Sert y Paul Lester Wiener
Town Planning Associates
Pomona, Venezuela, 1951

Alzado y planta de viviendas
Lápiz y película sobre papel
120 x 80 cm
Archivos Wiener. University of Oregon

Maqueta general
Fotografía
Archivos Wiener. University of Oregon

Viviendas
Fotografía
Archivos Wiener. University of Oregon

Escuela y viviendas
Fotografía
Archivos Wiener. University of Oregon

Escuela y viviendas
Fotografía
Colección de Jaume Freixa

Vista de las aulas
Fotografía
Colección de Jaume Freixa

Josep Lluís Sert y Paul Lester Wiener
Town Planning Associates
Puerto Ordaz, Venezuela, 1953

Estudio de emplazamiento
Tinta, lápiz y película sobre papel
43 x 26 cm
Colección Sert. Harvard University

Estudio preliminar del centro cívico y de la iglesia
Tinta sobre papel
21 x 27 cm
Colección Sert. Harvard University

Estudio del centro cívico
Tinta y lápiz sobre papel
35 x 50 cm
Colección Sert. Harvard University

Alzado de la iglesia
Lápiz sobre papel
25 x 15 cm
Colección Sert. Harvard University

Sección de la iglesia
Tinta sobre papel
25 x 15 cm
Colección Sert. Harvard University

Iglesia y centro cívico
Fotografía de maqueta
Colección Sert. Harvard University

Iglesia
Fotografía de maqueta
Archivos Wiener. University of Oregon

Vista aérea de Cerro Bolívar
Fotografía
Archivos Wiener. University of Oregon

Calle con viviendas en construcción
Fotografía
Archivos Wiener. University of Oregon

Viviendas para obreros
Fotografía
Archivos Wiener. University of Oregon

Vista aérea de viviendas para directivos
Fotografía
Archivos Wiener. University of Oregon

Vista aérea de la ciudad con los ríos Orinoco y Caroni
Fotografías
Colección Sert. Harvard University

Viviendas
Fotografía
Colección Sert. Harvard University

Construcción de cerramientos y celosías
Fotografía
Colección Sert. Harvard University

Josep Lluís Sert y Paul Lester Wiener
Town Planning Associates, en colaboración con Le Corbusier
Plan Director de Bogotá, Colombia, 1951-1953

Estudio de las vertientes y paseo elevado
Tinta sobre papel
27 x 21 cm
Colección Sert. Harvard University

Grupo de viviendas con cubiertas de bóveda
Tinta y lápiz sobre papel
21 x 24 cm
Colección Sert. Harvard University

Sector de servicios sociales
Lápiz sobre papel
18 x 24 cm
Colección Sert. Harvard University

Viviendas con cubierta de bóveda
Maqueta para el proyecto de Medellín
Fotografía
Archivos Wiener. University of Oregon

Plaza Mayor
Fotografía
Archivos Wiener. University of Oregon

Estación de tranvía en construcción
Fotografías
Archivos Wiener. University of Oregon

Bóveda de hormigón en construcción
Fotografía
Archivos Wiener. University of Oregon

Viviendas de cubierta de bóveda en construcción
Fotografía
Archivos Wiener. University of Oregon

Josep Lluís Sert y Paul Lester Wiener durante una recepción en Bogotá
Fotografías
Archivos Wiener. University of Oregon

Paul Lester Wiener, Le Corbusier y Josep Lluís Sert en Bogotá
Fotografía
Fundación Le Corbusier

Paul Lester Wiener, Le Corbusier, Josep Lluís Sert
Bogotá, 1951
Fotografía
Fundación Le Corbusier

Josep Lluís Sert
Casa Sert, Locust Valley, Long Island, Nueva York

Vista exterior
Fotografías
Colección Sert. Harvard University

Patio cubierto
Fotografía
Colección Sert. Harvard University

Interior de la casa con el plano de Medellín
Fotografía
Colección Sert. Harvard University

Interior de la casa
Fotografía
Colección Sert. Harvard University

Interior de la casa con dos obras de Alexander Calder
Fotografía
Colección Sert. Harvard University

Interior con plano de Medellín
Fotografía
Colección de Jaume Freixa

Salón visto desde la cocina con dibujo de Miró
Fotografía
Colección de Jaume Freixa

Salón visto desde la cocina con móvil de Alexander Calder
Fotografía
Colección de Jaume Freixa

Reunión en el salón
Fotografías
Colección de Jaume Freixa

Planta y sección
Colección Sert. Harvard University

OTROS DOCUMENTOS
OTHER DOCUMENTS

Josep Lluís Sert
Can our Cities Survive?
(¿Pueden sobrevivir nuestras ciudades?)
1947
Libro
Col·legi d'Arquitectes de Catalunya. Demarcació de Barcelona. Biblioteca

CIAM 6, Bridgwater, 1947
Josep Lluís Sert, C. von Eesteren, Sigfried Giedion
Fotografía
Eidgenössische Technische Hochschule Zürich

CIAM 7, Bergamo, 1949
Josep Lluís Sert, Le Corbusier, C. von Eesteren
Fotografía
Eidgenössische Technische Hochschule Zürich

CIAM 7, Bergamo, 1949
Le Corbusier, Helena Syrkens, Josep Lluís Sert, Sigfried Giedion
Fotografía
Eidgenössische Technische Hochschule Zürich

CIAM 8
The Heart of the City: towards the humanisation of urban life
(El corazón de la ciudad. Hacia la humanización de la vida urbana)
Redacción de Jacqueline Tyrwhitt, Josep Lluís Sert, Ernesto Rogers
Lund Humphries, Londres, 1952
Libro
Col·legi d'Arquitectes de Catalunya. Demarcació de Barcelona. Biblioteca

CIAM 10, Dubrovnik, 1956
Jacqueline Tyrwhitt, Josep Lluís Sert, P.A. Emery
Fotografía
Eidgenössische Technische Hochschule Zürich

Josep Lluís Sert
Fotografías
Colección de Jaume Freixa

Josep Lluís Sert y Paul Lester Wiener en su oficina
Fotografía
Archivos Wiener. University of Oregon

Life in a Modern World
Cartel, 1943
Colección de Jaume Freixa

Two Cities: Planning in North and South America
(Dos Ciudades: Planeamiento urbano en América del norte y del sur)
Exposición en The Museum of Modern Art, 1947
Catálogo
The Museum of Modern Art Archives

Two Cities: Planning in North and South America
(Dos Ciudades: Planeamiento urbano en América del norte y del sur)
Exposición en The Museum of Modern Art, 1947
Fotografía
The Museum of Modern Art Archives

Josep Lluís Sert y Paul Lester Wiener
"Urbanisme en Amérique Latine"
(Urbanismo en América Latina)
L'Architecture d'aujourdhui 33 (diciembre 1950)
Colección de L'Architecture d'aujourdhui

Josep Lluís Sert y Paul Lester Wiener
"Can Patios Make Cities?"
(¿Pueden los patios hacer ciudades?)
Architectural Forum (agosto 1953)
Escola Tècnica Superior d'Arquitectura de Barcelona. Biblioteca

PILOT PLAN OF CIDADE DOS MOTORES
factorie